AF607533

· Colección Sendero ·

Eliphas Lévi

La ciencia de los espíritus

LA CIENCIA DE LOS ESPÍRITUS

Edita: Olmak Trade S.L.
C/ Roca Plana 1
08110 - Montcada i Reixac
Barcelona (España)

www.olmaktrade.com
info@olmaktrade.com

Impreso en España / Printed in Spain

I.S.B.N: 978-84-10109-89-6
Depósito Legal: B 22588-2024

PREFACIO

Hemos anunciado nuevos estudios sobre la filosofía oculta.

La primera serie de estos estudios ha sido publicada.

Bajo la forma literaria y poética del apólogo, hemos trocado la vulgaridad y la enseñanza por las investigaciones esclarecidas de los más grandes misterios de la ciencia.

Hoy abordamos la segunda serie, que trata de la ciencia de los espíritus.

Este estudio se divide en tres partes.

En la primera, bajo el título de espíritus reales, tratamos de Dios y del hombre reunidos e idealizados en la persona de Jesucristo.

En la segunda, bajo el título de espíritus hipotéticos, hablaremos de los ángeles, los demonios y las almas de los fallecidos, siguiendo las doctrinas cabalísticas y mágicas.

En la tercera, consagrada a los supuestos espíritus. o fantasmas, nos ocuparemos de las evocaciones y apreciaremos los fenómenos y las doctrinas espiritistas.

La ciencia supone necesariamente a Dios, estudia el espíritu del hombre en sus aspiraciones más altas, examina las hipótesis relativas a los espíritus desconocidos y rechaza a los fantasmas.

Hemos dicho de Dios, en nuestro *Dogma y ritual de Alta Magia,* que Dios para nosotros es el Azoth de los sabios.

El señor de Mirville, que no ha comprendido este vocablo, lo explica muy naturalmente por una falta de ortografía que nos atribuye, y se imagina muy ingenuamente que nosotros adoramos al gas *(azote).*

La palabra Azoth, empleada por el sabio iniciado Valentin, para expresar el agente universal, está compuesta de la primera y de la última letra del alfabeto hebreo, griego y latino.

Equivale al INRI de la Masonería, es decir el principio y el fin, o sea el absoluto en los tres mundos.

Por encima de la ciencia está Dios, en la ciencia cabalística el Absoluto, en la física oculta, el agente universal.

En este nombre se comprenden tres cosas:

1ª La hipótesis divina,
2ª La síntesis filosófica,
3ª La síntesis física.

Es decir, una creencia, una idea y una fuerza.

No hemos dado estas explicaciones para el señor de Mirville, que no parece ser un ingenuo de buena fe, y que ha tomado el partido de no comprendernos y de injuriarnos, cuando menos.

Estos son, lo sabemos, los procedimientos de la escuela a la cual pertenece.

Hemos dado estas explicaciones para aquellos lectores que sólo buscan la verdad, y así comenzamos nuestro libro.

PRIMERA PARTE: ESPÍRITUS REALES

INTRODUCCIÓN

Dios o el espíritu creador, que la ciencia reconoce forzosamente como causa primordial.

Dios que es la hipótesis necesaria de la cual fluyen todas las certidumbres;

el hombre o el espíritu creado cuya vida aparente principia y acaba, pero cuyo pensamiento es inmortal;

el mediador o el espíritu de Cristo, hombre sobrehumano por el pensamiento, Dios humanizado por el trabajo y el dolor.

Tal es el triple objeto de la ciencia de los espíritus.

El hombre, no pudiendo concebir cosa alguna más alta que él, se idealiza para concebir a Dios. El Cristo, mediante sus sublimes pensamientos y sus admirables virtudes, ha realizado este ideal. Es pues en Jesucristo que se debe estudiar a Dios; y como el mediador es también el prototipo y el modelo de la Humanidad, es en él que todavía se debe estudiar al hombre, considerado exclusivamente desde el punto de vista del espíritu.

La ciencia de los espíritus se compendia pues, por entero, en la ciencia de Jesucristo.

Los ángeles y los demonios son tan sólo seres hipotéticos y legendarios; que se conserven, pues, en la poesía, no pueden pertenecer a la ciencia.

Contentémonos con los hombres, estudiemos a Jesucristo y busquemos a Dios.

Tanto menos se define a Dios cuanto más uno se ve obligado a creer en él. Negar a Dios indefinido y desconocido, principio existente e inteligente del ser y de la inteligencia, es afirmar temerariamente la más vaga y la más absurda de todas las negaciones; por eso Proudhon, esa contradicción encarnada, ha podido decir, con razón, que el ateísmo es un dogma negativo y que constituye la más ridícula de todas las creencias: la creencia irreligiosa.

Pero, un Dios definido es necesariamente un Dios finito y todas las religiones que pretenden ser reveladas de una manera positiva y particular se derrumban en cuanto la razón las toca; hay una sola religión, como bien lo dijo Víctor Hugo al exclamar: "Protesto en nombre de la religión contra todas las religiones".

Si Dios hubiera autorizado solamente a Moisés, no habría tolerado a Jesús. Si sólo hubiese autorizado a Jesús, no habría tolerado a Mahoma. Sólo puede haber una ley divina, pero aquí abajo hay una multitud de jueces y una gran cohorte de abogados que tratan de reedificar sin cesar, pese a sus perpetuos derrumbes, la Babel de las contradicciones humanas.

Pascal, ese ateo tan religioso, ese escéptico supersticioso que dudaba de todo ante la lógica inexorable de los números y creía en el Dios de los jansenistas sobre la fe de un amuleto; Pascal, quien contra su voluntad no era católico porque pretendía ser demasiado católico, se atrevió a decir que la Iglesia romana, amenazando con el infierno a los que no se adherían a sus dogmas, era siempre más prudente que los que creen en Dios como si una amenaza inhumana fuera una razón, como si al tratar de la fe el temor debiera, legítimamente, sobreponerse a la confianza.

Hacer las tinieblas para aumentar el miedo, redoblar la oscuridad de los misterios, exigir la obediencia ciega, es la magia negra de las religiones; es el secreto de los sacerdocios ambiciosos que quieren sustituir el sacerdote a la divinidad, el templo a la religión misma y las prácticas a las virtudes. Este fue el crimen de los Magos que perecieron todos en una reacción fatal; fue el crimen de los sacerdotes hebreos contra los cuales protestó Jesús, y que crucificaron a Jesús.

¡Acaso nos impondría el cielo una ley rigurosa sancionada por suplicios eternos, y no haría clara y evidente para todos la promulgación misma de esta ley! ¡Cómo! ¡La verdad, o más bien el libro cerrado que la contiene sería el patrimonio exclusivo de algunos fanáticos inexorables, y la Humanidad entera estaría abandonada al bamboleo del error y a la fatalidad de una maldición infinita! Sólo aquel que sea un maldito puede creerlo. Tal Dios se parece a esos monstruosos ídolos a quienes se humedecía los labios sin cesar con corazones sangrantes. Una religión exclusiva no es una religión católica. Católico, significa universal.

Apoderarse de las fuerzas fatales y dirigirlas para que sean la palanca de la inteligencia, es el gran secreto de la magia. Hacer una apelación a las pasiones más ciegas e ilimitadas en su desarrollo, someterlas a una obediencia de esclavos, es crear la omnipotencia. Por tanto, poner el espíritu bajo el imperio del sueño, exaltar hasta al infinito la codicia y el miedo mediante promesas y amenazas que parecerán sobrenaturales porque son contra la natura; formar un ejército con la inmensa multitud de cabezas débiles y de corazones cobardes, que se volverán generosos por interés o por temor, y realizar la conquista del mundo con este ejército, he aquí el gran sueño sacerdotal y todo el secreto político de los pontífices de la magia negra. Por el contrario, ilustrar a los ignorantes, emancipar las voluntades, librar a los hombres del miedo y gobernarles por el amor; hacer accesibles a todos la verdad y la justicia; imponer solamente a la fe las hipótesis necesarias a la razón; atraer así todos los pueblos hacia un dogma único, simple, consolador y civilizador, he ahí la realidad divina, lo que el Evangelio dio al mundo.

El Evangelio es el espíritu de Jesús, y este espíritu es divino. Tal es nuestra profesión de fe netamente formulada sobre la divinidad de Jesús.

"Mis palabras son espíritu y vida", dijo este sublime revelador; aquí la carne no entra para nada.

El Evangelio es la historia de su espíritu. No es la crónica de su carne.

Hombre por la carne, Dios por el espíritu.

Ha muerto y ha resucitado.

"Si vosotros vivís de mi espíritu —dijo él a sus apóstoles— vuestra carne será mi carne y vuestra sangre será mi sangre, pero estas cosas tan inminentemente espirituales, materializadas por la estupidez de teólogos bárbaros, nos han valido hostias sangrientas y comuniones antropófagas.

El tiempo ha llegado ya de no confundir el espíritu con la carne. La ciencia de los espíritus es el discernimiento del espíritu, y cuando el espíritu de Jesucristo se comprenda, este espíritu que la Iglesia llama y adora como espíritu de ciencia, espíritu de inteligencia, espíritu de fuerza, espíritu de iniciativa o de consejo, y por consiguiente espíritu de libertad; cuando este espíritu, digo yo, sea comprendido, ya no se pedirán oráculos al sueño, a la catalepsia, al sonambulismo o a las mesas giratorias. La ciencia de los espíritus tiene como base el conocimiento del espíritu de Jesucristo, que es la más alta expresión de las aspiraciones inteligentes y amantes de la Humanidad.

Jesús, el hombre de luz y de bondad, ha sido presentido y saludado de antemano por los iniciados de todos los cultos. El Egipto, bajo el nombre de Horus, lo adoraba durmiendo todavía sobre el seno de Isis; la India le llamaba Krishna y lo colgaba de los pechos de Devaki; los druidas levantaban una estatua a la virgen que le debía concebir; Moisés y los profetas preludían con magníficos ditirambos la epopeya de los evangelios; Mahoma lo reconoce y no protesta sino contra la adoración idólatra de su carne. La Humanidad es pues cristiana desde el principio del mundo. Que se disfrace de india, de egipcia, de judía o de turca, en todas las partes de la Humanidad es la misma y el dogma es universal. Proclamemos, pues, hoy, la catolicidad del mundo y no excomulguemos ni siquiera a los que pretenden aislarse en un cielo cuyas nubes de gloria se forman de los vapores de la hoguera en que se quemaría la Humanidad entera. Llegará una época, y está cercana, en que tales ideas inspirarán horror al mundo, que nadie se atreverá a profesarlas en voz alta, y que la memoria de los inquisidores de todos los cultos será condenada por la inquisición del desprecio.

Una de las grandes pirámides de Egipto estaba medio escondida por montones de arena. Las hordas nómadas del desierto, siglo tras siglo, habían amontonado sobre ella construcciones híbridas y basura, de tal modo que ya no se la veía. Llega un gran príncipe y quiere despejar ese lugar para construir un templo; se cava alrededor de las basuras, se escala, se derriba y la gran pirámide reaparece en toda su majestad.

Esto es un apólogo.

La guerra que la filosofía hace a la Iglesia no la destruirá, sino que ha de libertarla, pues la Iglesia es la sociedad de los hombres animados por el espíritu de Jesucristo. A medida que las supersticiones religiosas, o mejor dicho irreligiosas bajan, el Evangelio sube; es estable, es eterno, inquebrantable, cuadrado por la base y simple como las pirámides. Siempre hay una lógica en el poderío; fuerzas sin razón serían fuerzas sin alcance y por consiguiente sin efecto. Si pues el Evangelio es un poderío, es porque hay una lógica en el Evangelio.

La lógica o la razón, el *logos* del poder supremo, es Dios. Esta razón, esta lógica universal ilumina a todas las almas razonables: luce en las oscuridades en la duda; entra, penetra, desgarra las tinieblas de la ignorancia, y las tinieblas no pueden asirla, encerrarla, aprisionarla. Esta razón que habla por boca de los sabios, es resumida en un hombre que por eso ha sido llamado el *logos* hecho carne, o la gran razón encarnada.

Los milagros de este hombre han sido milagros de luz, es decir de inteligencia y de razón. Él ha hecho comprender a los hombres que la verdadera religión es la filantropía. El vocablo es moderno pero se encuentra textualmente en griego en el evangelio de San Juan. Él ha hecho ver que no es en tal ciudad, ni sobre tal montaña, ni en el templo que se debe buscar a Dios, sino en el espíritu y en la verdad. Su enseñanza ha sido simple como su vida. Amar a Dios, es decir al espíritu y la verdad más que a cualquier cosa y al prójimo como a nosotros mismos; he aquí, decía él, toda la ley.

Es así como abría los ojos de los ciegos, obligaba a los sordos a oír y a los cojos a caminar derecho. Las maravillas que operaba en los espíritus han sido contadas bajo esta forma alegórica tan familiar a los orientales. Su palabra se ha vuelto un pan que se multiplica, su poder moral un pie que camina sobre las olas, una mano que apacigua las tempestades. Las leyendas se han multiplicado con la admiración siempre creciente de sus discípulos. Cuentos encantadores semejantes a los de *Las mil y una noches*, dignos de los siglos bárbaros que creemos haber atravesado pero que no han terminado aún de tomar estas graciosas ficciones por realidades materiales y groseras, de discutir anatómicamente la virginidad material de María, de establecer entre las manos de Jesús una panadería invisible y milagrosa para multiplicar los panes en el desierto, y ver correr sangre globular y serosa, sangre antropófaga sobre las blancas y puras hostias que protestan contra la sangre y que anuncian la eterna consumación del sacrificio.

El Evangelio pertenece a la ciencia como monumento de la Fe, pero no como documento histórico. Es el símbolo de las grandes aspiraciones de la Humanidad. Es la leyenda ideal del hombre perfecto. Esta leyenda, ya la había esbozado la India al contar las maravillosas encarnaciones de Vishnú, en la persona de Krishna. Krishna es también hijo de una virgen. La casta Devaki, criando a su hijo divino, se halla en el Panteón hindú y se parece a una imagen de María. Cerca de la cuna de Krishna se ve la figura simbólica del asno; su madre lo lleva para, sustraerlo a un rey celoso que quería hacerlo morir. Si los Vedas no fueran anteriores al Evangelio, se creería que todo eso ha sido copiado de nuestro Nuevo Testamento. ¿Podemos decir que todo eso es despreciable y que no contiene nada de divino? Creemos que es preciso arribar a una conclusión diametralmente opuesta.

El espíritu del Evangelio es eterno y su fórmula es la de las aspiraciones de la Humanidad, tan antigua como el mundo. La idea de una encarnación, es decir de la manifestación de Dios en el hombre, se encuentra en todos los dogmas de los santuarios antiguos; el libro de ocultismo *Siphra Dzeniuta*, que contiene sobre Dios las más altas doctrinas del judaísmo, nos representa a la divinidad saliendo de la Humanidad como una luz y a la Humanidad bajando de la divinidad como una sombra, es decir, que habiendo Dios creado al hombre, el hombre, a su turno, está llamado a realizar y a crear, en cierto modo, la idea de Dios.

Los apóstoles no han negado que el Evangelio sea un libro simbólico. Cristo es el fundamento, dice San Pablo, y sobre este fundamento algunos han edificado con piedra, otros con madera, y otros con paja. El fuego probatorio vendrá, y todo lo que no es sólido será consumido. Así es como se puede explicar la elección que más tarde se ha hecho de los libros canónicos y la repulsa definitiva de los Evangelios apócrifos.

San Juan también lo dice: "Jesús hizo y dijo todavía muchas cosas, que si quisiera escribirlas todas, no creo que el mundo entero pueda contener los libros que con ellas se podrían hacer". Pues bien, el campo de la Historia es limitado, pero el de la alegoría es inmenso, y si Juan no hubiera querido indicar con estas palabras el verdadero alcance del Evangelio, habría dicho un absurdo.

Pero aunque los apóstoles callaran, la evidencia hablaría de sobra. ¿Es preciso, por ejemplo, demostrar a gentes razonables que el diablo, es decir, el personaje ficticio que representa el mal, no ha transportado material y efectivamente a Jesús sobre una montaña tan alta que de allí podía ver todos los reinos de la Tierra? El Evangelio está lleno de semejantes historias, compuestas conforme al genio de los hebreos, que ocultaban siempre su doctrina secreta mediante enigmas e imágenes conforme también al genio de Jesús, el cual, según dicen los evangelistas, no hablaba casi nunca sin parábolas. El *Talmud* entero está compuesto según éste método, por eso Maimónides dice que los absurdos más evidentes de este libro encubren secretos de la más alta sabiduría. "Observaremos solamente —dice el abate Chiarini en su *Théorie du judaism*— que, para estudiar el *Talmud*, es además indispensable echar una ojeada sobre las antigüedades religiosas de todos los pueblos del Oriente, para no achacar, como se hace ordinariamente, al solo judaísmo, al estilo alegórico y a ese inmoderado amor a las fábulas sagradas, común a todos los intérpretes de las religiones orientales."

¿Se debe creer que bajo todas estas alegorías la persona real de Cristo desaparece y se aniquila? ¿Es menester pensar, con Dupuis y Volney que la existencia humana y personal de Jesús es tan dudosa como la de Osiris, tan fabulosa como la del indio Krishna? ¿Cómo se atrevería uno a afirmarlo, ya que Jesucristo vive todavía en sus obras, está presente en su espíritu, ya que ha cambiado, y seguramente transfigurará la faz entera de la Tierra? Se ha puesto en duda la existencia de Homero; pero ¿de cuál Homero? El de los comentadores tal vez; pero ¿no está allí la *Ilíada* y la *Odisea*? ¿Se han compuesto solos estos divinos poemas? Hay mucho trecho sin duda entre estos libros admirables y el poema viviente del Cristianismo, esta *Ilíada* de mártires donde los dioses combaten y son vencidos por mujeres y niños; a esta *Odisea* de la iglesia, la cual, tras persecuciones y tempestades, llega, mendicante sublime, hasta el umbral del palacio de los Césares lanza con brazo victorioso las flechas que atraviesan los corazones de sus enemigos y se sienta sobre el trono del mundo.

El espíritu de Jesús existe más cierta y más evidentemente que el genio de Homero. Pero éste es un espíritu de abnegación y de sacrificio, y por eso es divino. Tanto menos se busca el hombre, cuanto más se encuentra; tanto más se descuida, cuanto más merece la adopción del cielo; tanto más se olvida de sí, cuanto más se acordarán de él. Ahí están, en pocas palabras, los grandes secretos de la omnipotencia del cristianismo. Jesús, que ha dado estos preceptos, también ha dado el ejemplo. Se aniquiló en presencia de su obra. El hombre se ha vuelto un símbolo y es así como se hizo Dios. El

Evangelio nos cuenta que llevó a sus discípulos a una montaña y que en su presencia se transfiguró. Su cara se pareció al sol y sus vestimentas se pusieron blancas como la nieve, es decir, que el hombre desapareció en la luz de la nueva revelación. Más tarde la tradición, completando la leyenda, dijo que, al subir al cielo, Jesús no dejó nada de él sobre la tierra, salvo su espíritu derramado en toda la Iglesia y la imborrable huella de sus pies sobre la cima de la montaña.

¿Por qué buscar ahora, ya sea en Nazareth, o ya en Belén, la cuna del niño que fue Jesucristo, con la esperanza de encontrar sobre un trozo de pañal, huellas de su vida meramente humana? Hace mucho tiempo ya que la choza de José fue destruida y con los pañales del Salvador, blanqueados por la Virgen, se han hecho vendas para las llagas de la Humanidad. Jesús ha resucitado, ya no está aquí. ¿Por qué buscáis a un vivo entre los muertos?

El Evangelio de Jesús transfigurado; la epopeya de su admirable espíritu, son los milagros de su moral representados por las más patéticas imágenes. No hay que borrar una palabra de este libro, no se debe agregarle una sola letra. Pues es el testamento divino del hombre que se sacrificó por nosotros. Busquemos allí luces de fe y no datos para la historia de las creencias consoladoras, ni probabilidades científicas. Cuando los antiguos estatuarios del Oriente representaban a los dioses, les daban formas híbridas y monstruosas, para hacer comprender a todos que los dioses no son hombres. Así mismo, los evangelistas, al relatar hechos materialmente imposibles o cabalmente contradictorios, han querido dar a comprender que no escribían una simple historia, sino un profundo símbolo y que aquí, como en todos los libros sagrados, ¡la letra que mata sirve sólo de velo al espíritu que vivifica!

Es pues una impiedad, una verdadera profanación buscar, fuera de la huella que ha dejado sobre la montaña al subir al cielo, los rastros meramente humanos y materiales de este hombre, que mediante el más perfecto de los sacrificios, se ha sublimado al confundirse, por así decirlo, con Dios. Empero, si todos los críticos enemigos del cristianismo quisieren documentos para la historia de este hombre, no es trasvertiendo el Evangelio o agregándole variantes de fantasía, ni dando a sus milagros tomados al pie de la letra grotescas explicaciones, cómo lograrán hacer algo razonable. Jesús era judío, ha vivido y ha muerto entre los judíos.

Son judíos los que lo han conocido, lo han acusado y condenado, y si diecinueve siglos después de su glorificación se quiere revivir su proceso, es menester oír a los judíos. Pues a pesar de las risibles aserciones de Dupuis y de Volney, los judíos afirman la existencia real de Jesús y lo acusan aún de varios crímenes; sus recuerdos están consignados en el *Talmud,* ese inmenso y completo repertorio de todas sus tradiciones. Vidas de Jesús redactadas según el *Talmud* y amplificadas con comentarios rencorosos, han sido escritas por cabalistas y rabinos. Conocemos dos: el *Sepher Toldos Jeschu* y el *Maasé Talouy,* o sea la historia del ahorcado. Hemos buscado y hallado estos libros de los cuales damos un fiel análisis, descartando solamente las divagaciones y las injurias. Se comprenderá al leerlos por qué la grande y antigua sabiduría de Israel rechaza y desprecia nuestros misterios. ¡Qué deplorable malentendido separa a los padres de los hijos! Es como si dijéramos que hay otro Dios. Como si David hubiera blasfemado cuando dijo a los amos del mundo: "Vosotros sois dioses y moriréis como hombres". Como si el mismo Jesús no hubiera dicho: "Yo retorno a mi Padre, vuestro Padre; voy hacia vuestro Dios y mi Dios". Mas ¿para qué abogar por una causa que no tiene jueces? Aquí veo solamente partes interesadas, como al demasiado ilustre señor Renan, y el señor Veuillot, ultramontano tristemente célebre, y detrás de éstos dos abogados comprometedores, una plebe más ardiente que hábil. ¿Para quién pues escribiré yo? Mi libro no tendrá alcance para mi siglo si no trillo uno de los surcos abiertos por estos cultivadores de terrenos baldíos, pero ¿qué me importa? He consagrado toda mi vida a la verdad y la diré para quien quiera y pueda comprenderla; si no es dentro de un día, será dentro de un año; si no dentro de un año, lo será dentro de un siglo; pero estoy tranquilo, pues yo sé que allá se llegará. No tendré entusiasmo ni descorazonamiento. No busco prosélitos y no temo a los adversarios; no quiero ni un Tabor ni un cadalso, pero me resigno tanto al uno como al otro. La verdad no proviene de nosotros, y no es muestra. Insensato es el que la esconde como el que la revela y se glorifica de ello. He visto a hombres que la *vendían* como se vendió al Salvador; pero los que han creído pagarla eran unos inocentes y unos locos. La *verdad* no es una prostituta, *no se vende,* se entrega a los que la aman y la buscan con gran sinceridad.

La ignorancia de la mayor parte de los cristianos acerca de la teología de los judíos, de su exégesis, de su *Talmud,* de su Cábala, les impide comprender bien el genio de los Evangelios que vieron la luz en la Judea. Todos los doctores judíos concuerdan para ver alegorías en las tradiciones que el pueblo elegido quería ocultar a la inteligencia de los profanos. Maimónides, ya lo hemos dicho, encuentra tanta más ciencia y profundidad en las fábulas talmúdicas, cuanto más parecen desprovistas de buen sentido, pues la enormidad misma de los absurdos es un preservativo contra la credulidad ciega que toma todo a la letra; preservativo jerárquico, por decirlo así, que ilumina tan sólo a los sabios y ciega cada vez más a los insensatos. Es para los sabios que escribimos. Daremos en primer lugar la noticia talmúdica sobre Jesús, después analizaremos rápidamente los evangelios canónicos y consagrados, haciendo resaltar su genio; buscaremos en los evangelios apócrifos las manifestaciones excéntricas de este genio universal. Estudiaremos las hipótesis de los más antiguos y más grandes sabios del mundo. Volveremos después a considerar la cuestión de los espíritus y de los milagros; investigaremos sus principios y examinaremos, para explicar mejor los antiguos, los que ocurren hoy día. Diremos nuestra última palabra sobre el espiritismo, y nuestro libro, por entero, será un homenaje al verdadero cristianismo y a la eterna razón.

HISTORIA DE JESÚS SEGÚN LOS TALMUDISTAS

En el año seiscientos setenta y cuatro del cuarto milenio después de la creación del mundo, durante los días del rey Janne, por otro nombre llamado Alejandro, una gran desgracia vino en ayuda de los enemigos de Israel.

Nació cierto miserable, hombre sin conciencia y sin moralidad, descendiente de una rama excluida de la tribu de Judá, quien tenía como nombre José Panther.

Este hombre era alto, de gran fuerza y de una belleza notable. Había pasado la mayor parte de su tiempo en el libertinaje, las rapiñas y las violencias y vivía en Belén, ciudad de Judea. Tenía por vecina a una viuda cuya hija se llamaba María, la misma María peinadora de mujeres que se menciona en varias partes del *Talmud.* Cuando esta joven llegó a la adolescencia, fue desposada con un joven llamado Jochanan, dotado de gran modestia, de notable dulzura y verdadero temor a Dios.

Y sucedió por desgracia que José, al pasar delante de la puerta de María, la vio y se sintió presa por ella de una pasión impura; por eso pasaba y volvía a pasar continuamente, aunque ella ni siquiera lo miraba.

Cayó en estado de consunción y su madre viéndolo languidecer, le dijo: "¿Por qué enflaqueces y te vuelves pálido?" El contestó: "Porque muero de amor por María que es novia de otro". Su madre le respondió: "No tienes por qué atormentarte y desesperarte por eso; haz lo que yo te diré y podrás acercarte y hacer con ella lo que te plazca".

José Panther obedeció a su madre y daba sin cesar vueltas ante la puerta de María, acechando una oportunidad que no se presentaba. Un día sábado, habiéndose vestido como Jochanan y la cabeza tapada con un manto, halló a María en el umbral de su puerta, la tomó de la mano y sin decirle una palabra, la llevó dentro de la casa. Ella, creyendo que era su novio, le dijo: "No me toques, la hora en que he de ser tuya no ha llegado todavía, y en este momento estoy protegida de ti por los males ordinarios de mi sexo"; pero él, sin hacerle caso, llevó a cabo su designio y volvió a su casa; más tarde, a media noche, atormentado todavía por su pasión, se levantó y fue nuevamente a casa de María, la cual principió a quejarse y le dijo con enfado: "¿Por qué vienes a ultrajarme por segunda vez, tú al que yo creía incapaz de abusar de nuestro compromiso? ¿Cómo es posible que agregues el crimen a la vergüenza, ya que el estado en que estoy ahora debe hacerme sagrada para ti?" Pero él no hizo caso de sus palabras. Sin decir nada, aplacó su deseo, luego se fue y continuó su camino. Tres meses después, alguien dijo a Jochanan que su novia estaba embarazada, y Jochanan, muy horrorizado, fue donde su preceptor Simeón, hijo de Schetach, y habiéndole referido el caso, le preguntó qué debía hacer. Su maestro le preguntó: "¿Tienes sospecha de alguien?" Jochanan respondió: "Tengo sospechas tan sólo de José Panther que es un gran libertino y que vive en la vecindad". Su maestro le dijo: "Oye mi consejo y calla. Si este hombre ha gozado una vez de tu novia, puede ser que busque cómo verla otra vez. Trata de sorprenderlo, llama testigos y haz que el gran Sanedrín lo juzguen. El joven se retiró muy triste, pensando tan sólo en la desgracia de su novia y en la vergüenza que podía recaer sobre él; abandonó la Judea y se fue a residir en Babilonia.

María tuvo después un hijo que llamó Josué, nombre de su tío materno. Cuando creció el niño, su madre le dio como maestro a Elchanan y el niño hizo grandes progresos, pues tenía el espíritu bien dispuesto para la inteligencia de las cosas.

Esto está sacado y traducido textualmente del *Sepher Toldos Jeschu.*

La infancia de Jesús está contada de la manera siguiente por los autores talmudistas del *Sota* y del *Sanedrin,* que se citan en la página 19 del libro de la disputa de Jechiel:

El rabino Josué, hijo de Perachiah, que después de Elchanan continuó la educación del joven Jesús, lo inició en los conocimientos secretos, pero Janne hizo matar a todos los iniciados; para escapar a esta proscripción Josué huyó a Alejandría en Egipto.

Esta matanza de iniciados sustituida a la de los inocentes nos parece muy notables sobre todo si recordamos que en el libro 1°. de los Reyes, se dice que Saúl, iniciado hace poco por los profetas, era un niño de un año cuando ascendió al trono. Pues bien. Saúl tenía en realidad más de veinte años. Era costumbre, en las iniciaciones proféticas de la Judea, como en la

Francmasonería moderna, designar el grado de los iniciados por una edad simbólica, y el Evangelio, al hablar de la matanza de niños de dos años, y aun de menos edad, no contradice la aserción del *Talmud*, lo que por otra parte, haría históricamente más aceptable el relato evangélico. Se puede hallar rastros de la proscripción de los cabalistas, siempre perseguidos y denunciados por la sinagoga oficial, pero no se encuentra ninguno de esa abominable carnicería de niños que nos subleva el ánimo, y que habría infamado para siempre el reinado de Herodes, si es a Herodes, como lo dice el Evangelio y no a Janne, como lo pretenden los talmudistas, que se debe imputar la proscripción de que se trata.

Aquí los talmudistas principian a envolver su pensamiento de alegorías. He aquí lo que cuentan: Jesús y su maestro Ben-Perachiah fueron, pues, a residir a Alejandría, en casa de una dama rica y sabia que los recibió con honra y les ofreció todos sus tesoros. Se comprende que esta dama es el Egipto personificado. El joven Jesús le dijo al verla: "Esta mujer es hermosa, pero tiene un defecto en los ojos que perjudica la rectitud de su mirada. Esta tierra es hermosa, pero es un magnífico destierro". Entonces su maestro se enojó porque había encontrado alguna belleza a la egipcia y porque admiraba la tierra de la esclavitud. Jesús le dijo: "No hay esclavitud para los hijos de Dios y la tierra que los lleva es siempre de Israel". Ben-Perachiah entonces maldijo a su discípulo y lo despidió. Jesús se sometió humildemente y se allegaba a menudo a la puerta del maestro, rogándole que tuviera a bien recibirlo; el rabino permaneció inflexible. Un día, sin embargo, mientras estaba leyendo los mandamientos de Dios que prescriben amar al prójimo, Jesús se presentó y el maestro arrepentido le hizo señas de que se parara, teniendo la intención de aplacarse y recibirlo; pero Jesús, creyendo que lo rechazaba una vez más, se fue y no volvió. "Nuestros padres han hecho mal —dicen los doctores del *Talmud* a ese propósito—, de rechazar a Jesús sin oírlo, y sobre todo de maldecirle con las dos manos. ¡No peguemos jamás con las dos manos al que queremos castigar, guardemos una para levantarlo, consolarlo y sanarlo!" Palabras que contienen todo un devenir, palabras que, algún día deben promover la reconciliación entre los hijos y los padres, pues nosotros también hemos maldecido a los judíos rechazándolos con las dos manos; ahora, pues, es también con las dos manos que, para expiar esta falta recíproca, de ambas partes, habrá que perdonarse y bendecirse. Pero volvamos a la historia de Jesús según los autores del *Talmud*.

Hemos visto que el joven iniciado había admirado la ciencia del Egipto y había sido despedido por su maestro por haber soñado con una conciliación entre la filosofía del destierro y la religión de la patria. La persecución contra los cabalistas se apaciguó y Jesús volvió a la Judea con su maestro, o por lo menos al mismo tiempo que él. ¿De qué manera había vivido en Egipto? Sin duda trabajando en su oficio de carpintero. Cuando volvió a entrar en su ciudad natal que, según los talmudistas, no era Nazareth sino Belén, pasó delante de los ancianos que estaban reunidos, según la costumbre, cerca de la puerta de la ciudad, y no los saludó: pero acertó a pasar su maestro Josué Ben-Perachiah y Jesús lo saludó, lo que provocó la murmuración de los ancianos. En efecto, el joven los despreciaba porque no eran iniciados en la verdadera ciencia, y reconocía como su superior al que le había abierto la puerta en ella. Los ancianos indignados lo llamaron hijo de mujer impura. Esto sorprendió a Jesús, pues siempre había considerado a su madre como un modelo de pureza. Fue a consultar a uno de sus tíos, el mismo del cual llevaba el nombre, y éste le reveló la desgracia de María y el misterio de su nacimiento. Jesús se retiró con el corazón desgarrado y no volvió a casa de su madre, pero comenzó a predicar la nueva ciencia, la de la reconciliación de las naciones y de la religión universal que había soñado en Egipto. Aquí, los autores cuentan las bodas de Canaán, en Galilea, donde Jesús encontró a su madre y cuando ésta quiso hablarle, le contestó ásperamente: "Mujer, ¿qué hay de común entre tú y yo?" Después, viendo que la pobre mujer se resignaba con suavidad, se le conmovió el corazón, reunió a sus discípulos, les contó el crimen de Panther y les preguntó: "¿Creéis que yo pueda honrar a este hombre como Padre?" "No", contestaron a una voz. "¿Creéis que mi madre sea impura?" "No", contestaron ellos. "Pues bien —dijo Jesús— no tengo padre sobre la Tierra, Dios que está en el cielo es mi padre; en cuanto a mi madre, su virginidad no ha podido ser afectada por un crimen al cual no ha consentido. La considero siempre como virgen. ¿Lo creéis como yo?" "Sí", contestaron sus discípulos. Y es por eso, agregan los autores judíos, que todos los que creyeron en Jesús, decían que era hijo de Dios y de una virgen.

Esta historia apócrifa, por ofensiva que sea para los lectores cristianos, no carece de cierta grandeza; se puede advertir que los mayores enemigos del cristianismo rinden homenaje involuntario a la pureza de María y al elevado carácter de Jesús.

Aquí principia la relación de los milagros, que lejos de negarlos parecen empeñados en exagerarlos. Su recuerdo era pues todavía muy vivo y poderoso entre los judíos. He aquí cómo ellos explican estos milagros.

Existe, dicen ellos, en el santuario del Dios viviente, una piedra cúbica cuyas combinaciones explican las virtudes del nombre incomunicable. Esta explicación es la clave de todas las ciencias y de todas las fuerzas ocultas de la naturaleza. Es lo que se llama el *Schema hamphoraseh.* Esta piedra está custodiada por dos leones de oro que rugen a cuantos se quieren acercar a ella. Los lectores de nuestras obras saben lo que es *el Schema hamphoraseh* y reconocerán en los dos leones los gigantescos querubines del santuario, cuya figura monstruosa y simbólica era capaz de espantar y repeler a los profanos. Estas puertas del templo eran, por lo demás, bien custodiadas, agregan nuestros rabinos, y la puerta del santuario se abría tan sólo una vez al año y solamente para el Sumo Sacerdote; pero en Egipto, Jesús había aprendido los grandes misterios de la iniciación y había fabricado llaves invisibles con las cuales podía entrar sin ser descubierto. Copió los secretos de la piedra cúbica, los escondió en su muslo, así como en la mitología griega vemos a Júpiter esconder a Baco; después salió y principió a asombrar al mundo. A su voz, los muertos se levantaban y los leprosos sanaban; hacia subir del fondo del mar piedras que estaban sepultadas desde siglos; estas piedras formaban una montaña sobre el agua, y desde la cima de esta montaña, Jesús instruía a la multitud. Aquí hablamos bajo el genio del simbolismo oriental el motivo secreto del odio de los sacerdotes contra Jesús. Revelaba al pueblo la verdad que querían esconder sólo para ellos, había adivinado la teología oculta de Israel, la había comparado con la sabiduría del Egipto, y allí había encontrado el fundamento de una síntesis religiosa universal. Trataron pues de perderlo y mandaron cerca de él a un falso hermano llamado Judas Iscariote, para hacerle incurrir en algunas faltas y entregarlo a sus enemigos. En el momento mismo en que los jefes de la religión estaban más irritados contra Jesús, fue éste Judas que le indujo a efectuar una entrada triunfal en Jerusalén, que provocó un tumulto en el templo. Al mismo tiempo corrieron la voz de que Jesús encantaba los árboles volviéndolos estériles, de que blasfemaba contra la ley de Moisés y que quería hacerse adorar como Dios. Sin embargo, Jesús venía todos los días al templo, pero como los judíos rezan con la cabeza tapada, se perdía en esta multitud envuelta en thaliths blancos. Judas prometió a los sacerdotes entregarlo y al mismo tiempo promover un gran escándalo que lo desacreditara ante el espíritu del pueblo. Llegó con una tropa de gentes adictas a los fariseos y prosternándose ante Jesús lo adoró. Los cómplices de Judas, gritando que era un sacrilegio, quisieron echarse sobre Jesús. Los discípulos de Jesús trataron de defenderlo, logró huir y se refugió en el jardín de los Olivos, donde fue seguido y aprehendido por los guardias del templo. Entonces se le encerró en una prisión donde permaneció durante cuarenta días, durante los cuales se hizo pregonar a son de trompa su acta de acusación, pidiendo que alguien se encargara de su defensa, pero nadie se presentó. En consecuencia, Jesús fue flagelado como sedicioso, después lapidado como blasfemador, en un lugar llamado Lud o Lydda; se le dejó morir sobre una cruz en forma de horca. Algunos de sus discípulos que eran ricos rescataron su cuerpo y aparentaron ponerlo ostensiblemente en un sepulcro, pero lo llevaron en secreto y lo enterraron en el lecho de un torrente cuyas aguas habían desviado para cavar su tumba; después dejaron que las aguas volvieran a seguir su curso. Esto explica por qué no se encontró el cuerpo cuando los discípulos declararon que su maestro había resucitado.

A este relato fundamental, los autores del *Sepher Toldos Jeschu* han agregado fábulas ridículas, sacadas evidentemente de leyendas cristianas alteradas o trasvestidas. Es así como encontramos la historia de la ascensión de Simón el Mago, atribuida a Jesucristo en persona, con la intención evidente de confundir al Mesías de los cristianos con el famoso impostor. Por eso también, Simón-Pedro o Cefas está confundido con Simeón el Estilita, prueba evidente del escaso valor histórico de este *Sepher,* que fue compuesto seguramente varios siglos después del principio de la era cristiana. Los documentos talmúdicos son más serios, pues el *Talmud* es la compilación de todas las tradiciones judaicas, y es sólo allí, fuera de los monumentos cristianos, donde se debe buscar el recuerdo de este personaje tan importante para la Historia, pero que ha sido ignorado o poco conocido por todos los autores profanos.

Estas tradiciones que llevan grabado el menosprecio y odio para el sabio que los judíos han crucificado, contienen declaraciones preciosas a favor de las creencias cristianas.

De los datos del *Talmud,* resulta, en efecto, según las tradiciones judaicas:

1.°—Que Jesús ha existido realmente;

2.°—que nació en Belén;

3.°—que su madre, de una conducta intachable estaba solamente desposada con un hombre justo y temeroso de Dios, incapaz, por consiguiente de abusar de su novia;

4.°—que el nacimiento extraordinario de Jesús se explica tan sólo por un milagro, o por un atentado que los judíos han debido necesariamente suponer, ya que reconocían la alta moralidad de la joven virgen y que no admitían el milagro;

5.°—que Jesús fue perseguido por la Sinagoga a causa del misterio de su nacimiento, y más aún a causa de la superioridad de su doctrina;

6.°—que esta doctrina implicaba la iniciación a los secretos de la más alta teología hebrea, conforme sobre muchos puntos con la filosofía trascendental de los iniciados egipcios;

7.°—que efectuaba cosas prodigiosas, sanando enfermos, resucitando muertos y adivinando las cosas ocultas;

8.°—que se le pudo condenar y hacerle morir solamente por traición;

9.° —que no se pudo encontrar su cuerpo cuando sus discípulos declararon que había resucitado.

Razonablemente, no podemos pedir más a los doctores hebreos adversarios de Jesucristo.

Las aserciones del Talmud y del *Sepher Toldos Jeschu* son reproducidas en el *Nizzachon vetus* o antiguo libro de la Victoria; en la controversia del rabino Jechiel y en otras compilaciones rabínicas. El *Sepher Toldos* al que los judíos atribuyen una gran antigüedad y que escondían de los cristianos con precauciones tan grandes que durante mucho tiempo no se pudo encontrar, este libro fue citado por primera vez por Raimundo Martín de la orden dominicana, hacia fines del siglo XIII. Poco tiempo después, Porchetus Salvaticus publicó algunos fragmentos, de los cuales se aprovechó Lutero y se hallan en las obras de este reformador, en el volumen VIII, edición de Jena; pero no se conocía todavía el texto hebraico. Este texto, hallado al fin por Munster y por Buxtorf, fue publicado en 1681 por Christophe Wagenseilius en Nuremberg, y en Francfort, en un opúsculo titulado *Tela ignea Satanae* (Flechas ardientes de Satanás).

Este libro ha sido, sin duda, escrito por un rabino iniciado en los misterios de la Cábala; está escrito por dentro y por fuera, para usar una expresión de San Juan, el gran iniciado cristiano, es decir que encierra un sentido oculto y un sentido vulgar. Los cuentos absurdos que lo componen son parábolas que el autor pretende oponer a las de los evangelios. Se reprocha dos cosas a Jesús: 1.°— De haber sorprendido o adivinado los grandes misterios del templo. 2.°—De haberlos profanado, revelándolos al vulgo que los ha desfigurado y mal comprendido.

Según el autor del *Sepher Toldos,* no pudiendo él remover la piedra cúbica del Templo, ha fabricado una piedra de arcilla que enseñó a las naciones como siendo la verdadera piedra cúbica de Israel. Comparemos eso con la declaración de San Pablo en una de sus epístolas: "Sólo la naturaleza podía revelar Dios a los hombres, y son inexcusables de no comprenderlo. Pero, ya que en efecto, no llegaban a Dios por la sabiduría, ha sido menester salvarlos por la locura y pedir a la fe lo que no se conseguía con la Ciencia". *Quoniam non cognovissent per sapientiam Deum, placuit per stultitiam praedications salvos facere credentes.* Esta locura de la fe es la que los judíos no quieren comprender y llaman piedra de arcilla, como si la fe, que es la confianza del amor, no fuera también durable y a menudo más invencible que la razón; como si el amor, que es la razón de la fe, no fuera también la razón de la existencia de los seres sometidos a las investigaciones de la ciencia. El amor encuentra lo que la razón busca, y ve lo que escapa a los investigadores de la ciencia. Cuando ya no sabe más, él principia a crecer, y cuando la razón extenuada se detiene y cae en el umbral del infinito, la fe despliega sus alas, se lanza, desgarra las nubes, hace bajar hasta el suelo la luminosa escalera de Jacob y sonríe dulcemente tendiendo la mano a su hermana.

Al principio, tal vez, los cristianos han glorificado la fe, de manera que se pudiera creer que renunciaban a la razón; por eso los judíos han quedado entre nosotros, celosos guardianes de las antiguas tradiciones, protestando eternamente contra todas las idolatrías. Son adversarios que nos observan y con los cuales nos reconciliaremos algún día, probándoles que toda la disidencia que los separa de nosotros, descansa sobre una equivocación.

En los libros atribuidos a Hermes, se encuentran estas extrañas lamentaciones del sabio Trismegisto: "Ay, hijo mío, vendrá un día en que los jeroglíficos sagrados se volverán ídolos; se tomarán los signos de la ciencia por dioses, y se acusará al Gran Egipto de haber adorado monstruos. Pero los mismos que nos calumniarán así, adorarán la muerte en lugar de la vida, la locura en vez de la sabiduría; maldecirán el amor y la fecundidad, llenarán sus templos de osamentas, consumirán la juventud en la soledad y las lágrimas. Las vírgenes serán viudas de antemano y morirán en la tristeza, porque los hombres habrán despreciado y profanado los sagrados misterios de Isis".

Los judíos nos acusan de haber realizado lo que el profeta egipcio anunciaba con anticipación. Hemos despreciado el Dios verdadero, dicen ellos, y adoramos la carne de un ahorcado. Rendimos culto a estas reliquias de la muerte que Moisés declaró inmundas. Obligamos a nuestros sacerdotes y a nuestras monjas a un celibato que reprueba la Naturaleza y que condena el que ha dicho: "Creced y multiplicaos".

En cuanto a la moral de nuestros evangelios, confiesan que es pura, no reprochan nada a nuestros apóstoles, y el autor del *Sepher Toldos Jeschu* dice que San Pedro era un servidor del Dios Verdadero, que vivía en la austeridad y la penitencia, componiendo himnos, y que vivía en lo alto de una torre; que predicaba la misericordia y la dulzura, recomendando a los cristianos no maltratar a los judíos. Pero, agrega el mismo autor, después de la muerte de Cefas, otro doctor vino a Roma y pretendió que San Pedro había alterado las enseñanzas del Maestro. Mezcló un falso judaísmo a las prácticas cristianas, amenazó a los que no le obedecieran con un infierno ardiente y fangoso; prometía a la multitud un milagro en confirmación de su doctrina; pero como erguía orgullosamente la cabeza hacia el cielo, una piedra cayó del cielo y lo aplastó. Que perezcan así todos tus enemigos, Señor, agrega al terminar el autor del *Sepher,* y todos los que te aman sean como el Sol cuando luce en toda su fuerza.

Así, pues, según los judíos que aceptan el *Sepher Toldos Jeschu* no es el cristianismo, sino el anticristianismo que los repele.

Pues bien, el anticristianismo apareció en efecto dentro de la Iglesia desde los primeros siglos y en la época misma de los apóstoles. El Anticristo, decían San Juan, es el que divide a Cristo, y ya está en este mundo.

En otra parte, este apóstol escribe que no se atreve a visitar sus fieles, porque un prelado orgulloso, llamado Diotrephes, les prohibe recibirlo.

Sabed, decía San Pablo, que ya se está cumpliendo el misterio de iniquidad, de suerte que el que persiste ahora, persistirá hasta su muerte, después se manifestará el hijo de la iniquidad que se pone encima de todo lo que es divino, hasta llegar a poner su asiento en el templo de Dios, dando a entender que es Dios, hasta que el Señor lo aniquile por el espíritu de su palabra y por la luz esplendente de su segundo advenimiento.

Jesús era un verdadero profeta y un verdadero sabio, dicen los musulmanes, pero sus discípulos se han vuelto insensatos y lo han adorado como Dios.

Sin embargo, judíos y musulmanes se equivocan, no adoramos a Jesús como un Dios diferente del Dios único. Decimos como el Micael de los hebreos: *Quis ut Deus?* Con los creyentes de Islam, decimos: *No* hay otro Dios sino Dios; pero este Dios único, indecible, universal, lo adoramos manifestando la perfección humana en Jesucristo. Creemos en una alianza íntima de la divinidad con la Humanidad, de donde resulta, para emplear el lenguaje de los teólogos, no la confusión, sino la comunicación de los idiomas; Dios adoptando las debilidades humanas para sanarlas e invistiendo esta Humanidad que eleva hacia él con su fuerza y sus esplendores. Toda alma dotada del sentido interior que adora, todo corazón ansioso de la necesidad de amar hasta el infinito, sentirá que, en esta concepción sublime y solamente en ésta, se determina y se cumple el ideal religioso; que todos los sueños dogmáticos y simbólicos han podido ser tan sólo la investigación y el alumbramiento de esta síntesis, a la vez humana y divina; que Dios en nosotros y nosotros en Dios con Jesucristo y por Jesucristo, es la paz, es la fe, es la esperanza, es la caridad sobre la tierra; es en el cielo, la eternidad de la vida y de la felicidad. He aquí por qué ninguna religión podrá reemplazar jamás al cristianismo en el mundo. ¿Qué cosa se podría agregar al infinito? ¿Qué idea sería más grandiosa y más consoladora a la vez, que la del hombre Dios, estableciendo con su ejemplo la gran ley de la abnegación que realiza los sacrificios, consagrando así, para siempre, la alianza y en cierto modo, la identificación de Dios con la Humanidad?

Los antiguos creían que no conviene decir la verdad a todos, a lo menos de la misma manera, y ocultaban la ciencia bajo el velo de la alegoría. Es así como se han formado las mitologías.

Nuestro siglo que, contra la evidencia misma, no admite en principio la desigualdad de las inteligencias, abomina la mitología. Se buscan ahora hechos históricos y positivos, hasta en las teogonías de Sanchoniatón* y de Hesiodo. Lo que no se comprende se tilda de absurdo y de necedad, y de esta manera, Renan, mutilando y estropeando los textos de la leyenda evangélica, ha inventado su pretendida *Vida de Jesús.*

El Jesús de Renan, especie de pastorcillo entusiasta, entregado a una especie de onanismo intelectual, medio loco, medio bribón, perdonándolo todo, con tal que se le adore, es, pese a la suave poesía de la cual lo rodean las reminiscencias verdaderamente cristianas del autor, un ser ridículo y odioso. No es de modo alguno el Jesús de la leyenda evangélica.

Además, ¿cómo es posible que Renan, que es, según se dice, un distinguido hebraizante, haya ignorado o despreciado el *Sepher Toldos Jeschu,* las tradiciones talmúdicas y los evangelios apócrifos?

Es porque el genio simbólico repugnaba a su imaginación fría y positiva. Es que quería agradar a los ignorantes cuya pereza intelectual rechaza todo cuanto requiere trabajo para ser comprendido. Es que buscaba un gran éxito, y es preciso reconocer que lo consiguió plenamente.

Pero lograr hacer una obra agradable no es lograr hacer una obra buena. "Haga, pues, para refutar a Renan, algo que se lea como su libro", nos decía un gran artista, quien, en esta circunstancia, no dio prueba de ser un gran crítico. No podemos nosotros, en nombre de la ciencia, aceptar ese desafío. Al decir la verdad, no será uno leído tan universalmente ni con tanto afán, pero será leído por lectores más distinguidos y durante mucho tiempo.

El Evangelio es un libro simbólico, lo que no prueba que Jesús no haya existido nunca. Rousseau decía que el autor de semejante historia sería más asombroso que el héroe. Estamos muy conformes con este parecer. El

* Personaje fenicio semilegendario. Se le supone autor de la *Física* de Hermes y la *Teogonía* egipcia. (Nota del traductor)

Jesús bastante grande por la inteligencia y el corazón para crear esta leyenda admirable, es superior al que el vulgo adora tontamente o niega más tontamente aún; es verdaderamente la encarnación siempre viviente del Verbo de verdad y lo saludamos como hijo de Dios, con todo el resplandor y toda la energía del termino.

Hasta ahora se ha visto solamente del Evangelio la letra que mata y la corteza que se seca; venimos a revelar su espíritu y su vida. Mis palabras, decía Jesús, son espíritu y vida, y para comprenderlas, la materia y la carne no sirven de nada.

Pero para explicar este texto sagrado, ¿cuáles son nuestras autoridades? La ciencia y la razón.

—Pero la fe lo ha explicado de otra manera.
—La fe ciega, sí; la fe ilustrada, no.
—Pero sólo Dios puede ilustrar la fe.
—Sí, por la razón y la ciencia que son también hijas de Dios

Dicho esto, comencemos nuestro estudio.

Cristo significa ungido o sagrado, es decir sacerdote y rey.

El cristianismo es la religión jerárquica de las almas y la monarquía del sacrificio más perfecto.

El cristianismo primitivo de los apóstoles de Jesús era una doctrina secreta que tenía sus signos, sus símbolos y sus diferentes grados de iniciación.

Para los santos o elegidos, el dogma cristiano era una alta y profunda sabiduría; para los simples catecúmenos, era una maravillosa y oscura revelación. Sabemos que el Maestro se expresaba tan sólo por parábolas, y ocultaba la verdad bajo el velo transparente de las imágenes, a fin de proteger la nueva ciencia de las blasfemias de la ignorancia y las profanaciones de la maldad. "No echéis vuestras perlas a los puercos, decía él, porque no las hollen en los pies y que volviéndose contra vosotros os devoren " Por eso, Jesús nada escribió y dejó a sus apóstoles sus tradiciones y sus métodos de enseñanza.

Pues bien, he aquí lo que, en el fondo, era el dogma cristiano:

La inteligencia es eterna; es expansiva porque es viviente. La vida de la inteligencia, su expansión, es la palabra, el Verbo; el Verbo es eterno como la inteligencia, y lo eterno es Dios.

El Verbo se manifiesta por la acción creadora que produce la forma, se revistió de la forma humana, y la carne convertida en vestidura del Verbo ha sido el Verbo mismo por cuanto fue su expresión exacta: Así el *Verbo se ha vuelto carne.*

El Verbo perfecto, es la unidad divina expresada por la vida humana. El hombre verdadero, es nuestro Señor, Jefe del cual todos los fieles son miembros. La Humanidad, constituida sobre una escala jerárquica y progresiva, tiene como jefe al que es Dios, porque es, al mismo tiempo, el mejor de los hombres, el que ha muerto por nosotros para revivir en todos. Nosotros, pues, somos un solo cuerpo cuya alma debe ser la de Jesucristo, nuestro prototipo y modelo, el Verbo hecho carne, el Hombre-Dios.

En principio, pues, todo debe ser común entre nosotros como entre los miembros de un mismo cuerpo; pero, de hecho, cada miembro debe contentarse con el rango que ocupa, y el orden jerárquico es sagrado como la voluntad de Dios.

Cristo, al revelar la ley de la unidad, que es la ley del amor, dio al espíritu el poder de vencer el egoísmo de la carne, que es división y muerte, e instituyó un signo llamado Comunión, para oponerlo al egoísmo, que es el espíritu de división y de discordia.

Pues bien, la comunión no era sino la caridad figurada por una mesa común, y como el Cristo había entregado su carne al dolor y a la muerte para legar a sus fieles el pan fraternal al que unía para el porvenir su pensamiento perseverante y su vida nueva, les decía: ¡Comed todos, esto es mi carne! y decía del vino de la fraternidad: Bebed todos, es mi sangre, pues la verteré por entero para confirmaros la realidad de este signo.

La comunión era la fraternidad divina y humana, y, por consiguiente, era también la libertad; pues, ¿dónde puede haber un opresor entre hermanos cuyo padre es Dios mismo?

El cristianismo era un cambio muy radical y venía a trastornar al mundo antiguo. Eso basta para justificar la necesidad de los misterios; porque el mundo, hace mil ochocientos años, debía estar menos dispuesto que hoy día, a dejarse derribar.

Sin embargo, Cristo quería efectuar las revoluciones sólo con la fuerza moral, sabiendo muy bien que solamente ésta no es ciega; había sembrado el grano de mostaza, y decía a sus discípulos que esperaran el árbol; había colocado la levadura en la pasta y pedía que se la dejara fermentar.

La vida de Cristo estaba contenida por entero en su doctrina y para sus discípulos, sobre todo, su existencia debía ser exclusivamente moral. Lo que él decía, lo hacía en el dominio del espíritu; por eso es que los libros evangélicos contienen el dogma y la moral en parábolas, y a menudo el Maestro mismo es el objeto de los relatos alegóricos de sus apóstoles.

Debemos buscar las pruebas solamente en los evangelios apócrifos; sobradas razones de conveniencia nos impiden abordar ahora los evangelios consagrados. Empero, no aprobamos ni censuramos los trabajos del doctor Strauss, ya que no somos jueces en Israel.

Principiemos por la narración de algunas leyendas sacadas de estos antiguos libros tan poco estudiados en nuestros días.

PRIMERA LEYENDA: *Como una mujer lloraba por no ser madre y tuvo una hija que fue la madre de Dios*

Había una mujer llamada Hannah, que era estéril porque su marido se había alejado de ella.

Esta mujer estaba pues triste y apesarada como la Sinagoga cuando esperaba al Mesías.

Llegó la época de las pascuas nuevas y no se atrevió a ponerse trajes festivos, porque no era madre y sus sirvientas mismas le reprochaban su esterilidad.

Salió pues y se dejó caer debajo de un laurel.

En aquella época, Roma acababa de sojuzgar al mundo.

Y sobre las ramas de este laurel, vio un nido de gorriones y lloró amargamente repitiendo:

—Yo no soy madre.

Entonces el espíritu del Señor le habló y le dijo:

—Me conmueve tu dolor y te traeré tu esposo. Porque mi oído está siempre inclinado hacia los labios de los que lloran. Tú dices: "No he dado luz a un hombre", y yo te prometo algo más venturoso, pues parirás la mujer sin pecado. Aquella a quien yo diré, por boca de la Humanidad: "¡Vos sois mi madre!" La Sinagoga dará luz a la Iglesia de donde saldrá el principio de la asociación católica; la esclavitud engendrará la libertad, la mujer esclava dará luz a la mujer pura y libre.

Al oír estas palabras, Hannah sintió que sus lágrimas cesaban de correr; se levantó y echó a correr pues presentía que su esposo no estaba lejos.

Lo encontró arreando su rebaño; volvía del campo diciendo:

—Esta noche dormiré en mi casa.

Ella lo abrazó diciéndole:

—Mañana dejaré de ser estéril.

Y sucedió tal como lo había creído y al cumplirse el plazo fue madre.

Pero sus compañeras que la felicitaban le dijeron, para moderar su alegría:

—No es más que una mujer.

—Que se la llame María —respondió Hannah—, y que el mundo espere, pues mi hija tendrá un niño. María será madre de Dios.

Sus compañeras no comprendieron lo que quería decirles, pero envolvieron a la niña en paños blancos y la colocaron en una cuna nueva, admirando su hermosura.

Cuando la pequeña María alcanzó tres años, sus padres la llevaron al templo, y como la habían dejado en el suelo, subió sola las gradas del altar.

Así, pues, a una edad tan tierna, su religión ya fue libre, no le fueron impuestas sus creencias.

Quedó en el templo hasta la edad de catorce años y se enamoró de la belleza eterna, y por eso dijo:

—Yo soy la sierva del Señor.

Por eso, jamás fue la sierva de un hombre.

El espíritu de amor no había bajado todavía sobre la Tierra y se consideraba generación como una mácula. El hombre era hijo de la carne y el cristianismo no lo había hecho todavía hijo de Dios.

SEGUNDA LEYENDA: *Cómo Dios quiso que un viejo compañero carpintero se casara con una virgen de sangre real*

Había entonces, en la tribu de Judá, un buen anciano llamado José, carpintero de oficio, viudo y padre de varios hijos, muy trabajador, aunque medianamente hábil, sencillo en el pensar, pero equitativo en sus juicios, por lo que se le apodaba el Justo: era el verdadero modelo del hombre del pueblo, el tipo del genuino proletario.

La virgen debía serle confiada, porque el pueblo pobre sabe lo que cuesta la familia y comprende mejor que nadie la santidad del hogar, la pureza de la joven y la dignidad de la madre.

José pues, habiendo oído tocar las trompetas del Templo, que anunciaban el decimocuarto año después del nacimiento de María, dejó su hacha y fue a Jerusalén.

Allí se congregaban jóvenes de todas las tribus. Codiciaban la belleza de María; todos soñaban en la felicidad de poseerla; José pensaba en la dicha de ser su amigo y trabajar para mantenerla, dejándola dueña de sí misma.

El Gran Sacerdote dijo a los jóvenes:

—Tomen en su mano una varita; aquél cuya varita florezca y sobre su cabeza se pose la paloma, será el esposo de María.

Pero cuando María miró, ninguna varita de estos pretendientes estaba florecida, y la paloma no encontró dónde descansar.

En burla se llamó entonces al viejo José que había quedado aparte; y él fue quien tenía la varita florida.

Entonces la paloma descansó y María le alargó la mano.

José le dijo:

—¿Cómo es que el señor me ha elegido para que sea vuestro esposo? Soy viejo y tengo hijos grandes.

María le contestó:

—Sois justo y no oprimiréis a la virgen que Dios os confía. He prometido a Dios no ser la sierva de un hombre. Sed mi padre, pues todos los jóvenes que aquí están me desean sin amarme y yo no consentiré jamás al ultraje de sus deseos.

José le dijo:

—Que así sea.

Y la condujo a su casa en Nazareth, donde la dejó, y volvió a trabajar a Cafarnaúm.

Pues bien, María era de raza real y sacerdotal, y como dote trajo al artesano José, la herencia de la realeza y del sacerdocio.

Así, por haber comprendido la dignidad de la virgen, y por haberse constituido en su protector, el simple artesano se hizo sacerdote y rey; el mundo cambió de amos.

María había escogido, como guardián, no a un sacerdote o a un rey, sino a un pobre carpintero llamado José, porque era Justo.

Y ése fue el principio de este reino de la justicia que, pese a los esfuerzos de los malvados, se establecerá al fin sobre la Tierra.

TERCERA LEYENDA: *Cómo la virgen se hizo madre sin pecado, y de la ansiedad de José*

En aquel tiempo, habiendo salido María a buscar agua, se acercó a ella un joven muy hermoso y cerca de la fuente le dijo:

—Os saludo, llena de gracia.

María se turbó y volvió precipitadamente a su casa, pero allí se encontró nuevamente al mismo joven que la saludó otra vez, diciéndole:

—No tengáis miedo, soy un ángel del Señor, es Él que me envía a vos.

Lo que le dijo después está en los evangelios, donde se ve que este joven era el ángel Gabriel.

Pero los judíos maliciosos pretendieron que era un soldado llamado Phanter, que vino a ver a María varios días seguidos.

Seis meses después, José volvió a Nazareth y quedó consternado al ver que la virgen estaba encinta.

Él le preguntó cómo era posible que hubiera sucedido eso y ella contestó llorando:

—No falté a mis promesas y no soy infiel ante Dios ni ante vos.

José sabía muy bien que no la había tocado ni hecho uso de sus derechos sobre ella, ya que lo había elegido solamente como amigo y como guardián. Sin embargo, se le oprimió el corazón: no la interrogó más, pero pensaba repudiarla.

Una noche que se había dormido con este pensamiento, una mano le tocó y le habló una voz.

Abriendo los ojos, vio ante sí al mismo ángel que había aparecido a María.

—Padre José —le dijo—, has prometido proteger a María; ¿por qué quieres abandonarla cuando más tiene necesidad de los cuidados de un padre y de un amigo? No es tuya, eres tú quien perteneces a ella, ¿por qué pretendes abandonarla? Has prometido respetar los secretos de su pudor; la dejaste virgen y volviste a hallarla pronta para ser madre. Honradla siempre como virgen y protegerla como madre. ¿Por qué rechazarías al niño cuyo padre no conoces? ¿No sabes que siempre Dios es padre de un niño? Ámalo, pues, por María que se confió a ti, y guárdalo en nombre de Dios, su padre. Así evitaréis toda la maldad de los hombres, y tu casa será bendita.

José meditó en estas palabras durante el resto de la noche; al llegar la mañana, fue a ver a María y le dijo:

—Perdóname, os he avergonzado yo, vuestro padre; soy vuestro amigo y os he hecho llorar. Pensaba en repudiarte cuando ibais a ser madre; y ¿quién os habría recibido si vuestro viejo José os hubiera abandonado? Guardad vuestro secreto que es el de Dios, yo guardaré vuestro hijo, que también es de Dios, y será para mí una honra poderlo cuidar como si fuera mío.

María le contestó:

—Bendito seas porque la verdad eterna habló a vuestro corazón. Podías deshonrarme y no lo habéis hecho. Por eso, vuestro nombre será venerado, y cuando las generaciones me llamen María, la Bienaventurada, os llamarán José, el Justo; y el hijo de Dios os llamará padre, porque sois semejante a Dios que es justo y bueno, y os asistirá en vuestro postrer día, porque habéis sido fiel guardián de su nacimiento.

CUARTA LEYENDA: *Porqué María reía y lloraba al ir a Belén y de sus dos matronas Zelomi y Salomé*

Después de eso, José fue obligado a ir a Belén con María, para obedecer al edicto de César Augusto.

Y mientras estaban caminando, José, mirando a María que iba sentada sobre un asno, vio que lloraba y le dijo:

—¿Por qué lloráis?

María le contestó:

—Veo un gran pueblo que llora, y mi hijo se atormenta en mi seno. Pues están allí, acostados sobre la tierra desnuda, como ovejas flacas y esquilmadas hasta la piel, y como pastores, tienen carniceros.

José miró alrededor de él y nada vio. Pensó que María se sentía mal a causa del avanzado estado de su embarazo.

Un momento después la miró y vio que sonreía, aunque todavía las lágrimas humedecieran sus ojos.

—¿Sonreíais ahora? —le preguntó él.

—Sí —contestó María—, pues veo una multitud que es feliz porque mi hijo rompió sus cadenas.

—Cálmate —le dijo José bondadosamente—, espero que llegaremos pronto y que podréis descansar; no os canséis con desvaríos y palabras inútiles.

Entonces se presentó un ángel que dijo a José:

—¿Por qué tratas de inútiles las palabras que no entiendes? Disponed que María se apee, pues el tiempo apura y es aquí dónde debe parir —y con el dedo le señaló la entrada de una caverna.

María entró en esta caverna, que se iluminó por completo cuando sola y sin dolor dio a luz un niño.

Sin embargo, José, que había salido para ir en busca de ayuda, trajo dos matronas, la primera llamada Zelomi y la segunda Salomé, diciéndoles:

—Una virgen acaba de parir y ha quedado virgen.

Zelomi vio la luz celeste y creyó en las palabras de José, porque comprendió que había hablado conforme con el espíritu del Señor.

Pero Salomé permaneció incrédula, y cuando quiso tocar a María, su mano y su corazón se secaron.

María tuvo lástima de ella y le dijo:

—Es así como la vana curiosidad seca a los que quieren juzgar las cosas del espíritu con el testimonio de los sentidos. Zelomi representa la fe y tú representas la razón. Ella sabe porque cree, y tú ignoras porque dudas; ella es sana y activa, y he aquí que tú estás enferma y paralizada, pero si tú besas a mi hijo sanarás, pues serás sencilla como él si consientes en amarlo.

Salomé creyó en las palabras de la madre, se prosternó ante el niño, lo tomó en sus brazos y lo meció suavemente, besándolo con respeto.

Entonces se sintió sana, y quedó con Zelomi al servicio de María y de Jesús.

Se llevó después a Jesús a un establo y se le acostó en un pesebre, como está dicho en el libro de los Evangelios, y los pobres pastores de los campos vecinos vinieron a saludar a este niño del pueblo nuevo, cuyo conocimiento ya hacía temblar a los reyes del mundo antiguo.

QUINTA LEYENDA: *Cómo el hijo del carpintero endulzaba la hiel de las serpientes*

En aquel tiempo el rey Herodes, teniendo miedo del hijo del pobre artesano, hizo matar a todos los niños de Belén.

Pues el egoísmo usurpador de la tierra no quiere que haya lugar para todo el mundo, y ha puesto la muerte de guardia ante las puertas de la vida.

José se vio entonces obligado a huir con María y su hijo.

Cuando estaban sobre los confines de la Judea, se sentaron a la sombra cerca de una caverna donde jugaban algunos niños.

De repente, dos enormes serpientes salieron silbando de la caverna, y los niños huyeron gritando desaforadamente.

Pero el niño Jesús hizo una seña y las serpientes quedaron quietas ante él, como adorándolo, y arrastrándose despacio, apaciguadas, poco a poco colocaron sus cabezas a los pies de la madre.

José quiso entonces golpearlas con un bastón.

Pero se lo impidió María, diciéndole:

—Déjalas vivir, pues su veneno se ha trocado en miel, y ya que han dejado de dañar, no tenéis el derecho de matarlas. Está escrito que la mujer aplastaría la cabeza de la serpiente, pero si la serpiente puede dejar de ser mala y de envenenar con sus mordeduras, ¿por qué no tendría lástima de ella como de los demás seres vivientes? Dios nada ha creado que sea inútil, y cuando todas las criaturas guarden el rango que les ha sido asignado, cesarán de dañarse unas a otras. ¿No está escrito que los dragones mismos y las serpientes de la Tierra deben alabar a Dios? No destruyas, mas instruye y dirige a los seres vivientes.

Los niños que habían huido, viendo que las serpientes no hacían daño ni a Jesús ni a María, volvieron paso a paso y se atrevieron a jugar con los reptiles; y las serpientes jugaban con ellos, sin dañarlos ni irritarse, pues con una sola mirada de sus ojos dulces y un gesto de su mano tierna, Jesús las había despojado de todo su veneno y de toda su cólera.

SEXTA LEYENDA: *Del grande y maravilloso rebaño que se reunió alrededor del niño en el pesebre*

Cuando Jesús atravesaba el desierto en los brazos de su madre para ir a Egipto, los tigres y los leones salían de sus antros y los seguían; las panteras se acostaban a los pies de María para servirles de cojín mientras descansaba, los unicornios cavaban la tierra para hacer brotar vertientes, los leviatanes le suministraban su sombra; los ciervos y las gacelas se mezclaban sin temor con los leones y los tigres, pues Jesús venía a dar paz al mundo y a derramar su dulzura en toda la Naturaleza.

Este innumerable rebaño de todos los animales de la Tierra, símbolo de todas las pasiones humanas, caminaba alrededor de la divina madre, y un niño los conducía.

SÉPTIMA LEYENDA: *La palmera del desierto*

Llegaron a una soledad donde no había animales vivientes, ni vertientes ni fuentes, y al buscar alguna sombra, encontraron solamente una palmera.

María se apeó de su montura y se sentó a la sombra de esta palmera, y viendo que estaba cargada de frutos, dijo a José:

—Me gustaría probar estos frutos, pues el calor es excesivo.

José le respondió:

—El árbol es demasiado alto y ya no soy joven.

José dijo entonces a la palmera:

—Agáchate y presenta tus frutos a mi madre.

Entonces la palmera se doblegó y presentó sus frutos a María, quien cogió algunos y los ofreció a Jesús y a José.

Después, como quedara así doblada e inclinada sobre su tallo, Jesús le dijo:

—Enderézate.

Y la palmera se enderezó. Jesús le dijo:

—Dadnos agua de la fuente escondida que baña tus raíces.

E inmediatamente, de entre las raíces de la palmera brotó una vertiente límpida.

Y Jesús dijo también a la palmera:

—No morirás y fructificarás de nuevo en el jardín de mi padre. Pues todas las criaturas han sido dadas a los hombres para su uso, y deben someter a toda la Naturaleza mediante el trabajo; entonces dirán a las montañas: "Nivelaos", y las montañas se nivelarán; y a los árboles: "Dad vuestros frutos", y los árboles se inclinarán; y a las fuentes: "Sube y brota", y las fuentes subirán y brotarán; y los hijos de la mujer consolarán a su madre, y le dirán: "Descansa y refréscate, pues es para servirte que la Naturaleza nos obedece".

Un ángel apareció entonces sobre la cima de la palmera, cogió una rama y volvió a seguir su vuelo hacia el cielo para plantar la palmera del desierto en las campiñas del porvenir, que será el reino de Dios.

La tierra, entonces, ya no será una madrastra, porque será libre, y el antagonismo impío no la obligará a ser estéril.

Entonces el hombre dispondrá de la omnipotencia de Dios, hablará a la Naturaleza y la Naturaleza le obedecerá.

Eso es lo que Santiago el Menor, apóstol del Santo Evangelio, quiso decir con esta leyenda de la palmera.

OCTAVA LEYENDA: *Los tres malhechores*

Hemos descrito más extensamente esta leyenda. Héla aquí en toda su simplicidad, y tal como la encontramos en los Evangelios de la Santa Infancia.

La Santa Familia del Salvador, proscrita por Herodes, encontró dos ladrones en el desierto. Estos ladrones se llamaban, según unos, Titus y Dumachus; según otros, Dimas y Gestas; hemos seguido la costumbre de los hebreos al llamarlos en nuestra leyenda, Johanan y Oreb, es decir el Misericordioso y el Hombre de Sangre.

Uno de ellos era Oreb, que quiso degollar a la santa familia.

Pero Johanan se opuso a ello, y sirviendo él mismo de guía a los viajeros, les dio la hospitalidad en su caverna.

Dios se acordó de la misericordia y de la hospitalidad del ladrón: Jesús sobre la cruz, le perdonó sus pecados y le prometió a su turno la hospitalidad en el cielo.

Así pues, los fariseos debían crucificar tres malhechores, y entre éstos había de encontrarse el justo por excelencia y el culpable arrepentido.

Para que se sepa que la justicia de los hombres no será más que un azote mientras peque para castigar y no para sanar; que todo pecador que coopera a una sentencia de muerte asume, tal vez, la responsabilidad del decidio.

Vosotros, pues, que sois, sin duda, exentos de pecado, ya que os atrevéis a tirar la primera piedra al culpable, recordad a los tres malhechores, y tened cuidado de no pegar en el medio o a la derecha cuando queráis pegar a la izquierda.

NOVENA LEYENDA: *De cómo a la llegada del Salvador a Egipto cayeron los ídolos de oro y plata, y de los seres depravados que perecieron*

Está escrito en los Evangelios de la Infancia y en las crónicas antiguas que al nacer el Salvador tuvieron lugar varios milagros.

Primeramente, los oráculos callaron en Delfos y en toda la Tierra, lo que significa que las antiguas religiones habían cumplido su tiempo, y que el Verbo divino, habiendo penetrado muy adentro de la Humanidad y resumido en Jesús, los antiguos oráculos ya nada tenían que decir, sino para servirle de testimonio, como ocurrió en Egipto y en otras partes.

El segundo milagro simbólico del advenimiento del Salvador fue la muerte de todos los seres depravados que ultrajaban la Naturaleza con los extravíos de sus deseos; lo que es preciso entender tan sólo moralmente, porque la pureza y la castidad acababan de revelarse al mundo y de rehabilitar la generación humana.

Se agrega también que todas las aguas amargas se volvieron dulces y potables, para dar a entender que la doctrina de la fraternidad debía suavizar todos los pensamientos y servir como refrigerio a las almas ahítas de odio y de cólera.

Los antiguos evangelistas dicen también que cuando sus padres se levantaron de la sombra de la palmera milagrosa de la leyenda precedente, Jesús abrevió su viaje y se encontraron a las puertas de Memfis; entonces todos los ídolos de Egipto cayeron prosternados y la estatua de Isis, dejando caer de sus brazos el simulacro de Horus, bajó de su pedestal. Es fácil comprender todas estas imágenes poéticas. La doctrina de Cristo, abrevia, para la Humanidad, el tiempo del exilio, los cultos han concluido por cuanto fueron reemplazados por un culto más perfecto, y las imágenes vagas cedieron el lugar a imágenes más exactas, como al fin éstas cederán su lugar a la realidad.

DÉCIMA LEYENDA: *De cómo cuando Jesús volvía de Egipto los cautivos rompieron sus cadenas*

Las verdades nuevas no encuentran asilo seguro en ninguna parte.

Jesús había tenido que abandonar la Judea para evitar las sospechas de Herodes, y el encono de los sacerdotes iba a perseguirlo en Egipto.

José supo que Herodes había muerto, y partió con María y su hijo para regresar a Nazaret.

Se lee en el capítulo 13.° del evangelio de la Infancia, uno de los más antiguos evangelios apócrifos, que la santa familia, a su regreso, pasó cerca de una caverna donde unos ladrones detenían sus cautivos.

Al acercarse el santo niño, los ladrones creyeron oír el ruido de un gran ejército y las trompetas de heraldos que anunciaban la llegada de un gran rey, y huyeron despavoridos.

Habiendo quedado solos, los cautivos rompieron sus cadenas mutuamente y se apoderaron de nuevo de todo lo que se les había hurtado; después salieron para ir al encuentro del gran rey y de su ejército, viendo solamente un niño, una joven y un anciano, y les preguntaron:

—¿Dónde está el gran rey que asustó a nuestros enemigos e hizo romper nuestras cadenas?

—Viene detrás de nosotros —contestó José.

En efecto, la idea Cristiana asusta a los ladrones del mundo antiguo.

No los echa, huyen ante la ley del cristianismo que se aproxima, y los pobres cautivos rompen mutuamente sus cadenas.

El gran rey y el gran ejército que los ladrones han oído, es el pueblo justiciero cuyo reino ha de venir después del cristianismo simbólico; por eso José decía: —Vendrá detrás de nosotros. Es extraño encontrar ideas parecidas en leyendas tan antiguas.

Pero sabemos que en la Humanidad, el sentimiento precede siempre a la concepción, y es por eso que la religión se informa antes que la filosofía. Las fábulas anteceden a los dogmas, los principios suceden después a los dogmas; y es siempre la misma verdad que germina, florece y fructifica, al desarrollarse sucesivamente bajo la influencia de las diferentes estaciones.

UNDÉCIMA LEYENDA:

I. Los apólogos de la santa infancia de Jesús y los pajaritos

Un día el niño Jesús jugaba con otros niños que estaban haciendo pajaritos de arcilla, y cada uno prefería su obra a la de los otros.

Pero Jesús, habiendo bendecido a los pajaritos que acababa de hacer, les dijo: "Váyanse", y éstos alzaron el vuelo.

Así pasa con los sistemas religiosos en las épocas de duda: Cada uno prefiere el suyo, pero el mejor es el que vivirá.

II. Jesús y el niño caído

Otro día, Jesús también jugaba sobre un terrado con niños de su edad.

Uno de ellos cayó de lo alto del terrado y murió.

Al ver esto, todos los demás huyeron, excepto Jesús.

Entonces, los padres del niño muerto vinieron corriendo y gritando, y acusaron a Jesús de haberlo empujado.

Jesús, sin hacer caso de sus palabras, bajó tranquilamente, tomó al niño de la mano y lo resucitó.

Es así como se acusa a la idea cristiana de los males que viene a subsanar.

III. Jesús y el grano de trigo

Un día Jesús tomó un grano de trigo, y habiéndolo bendecido lo enterró en el suelo.

Este grano brotó, y produjo sólo lo necesario para alimentar a todos los pobres del país, y aun a José le quedó un sobrante.

Esta leyenda, referida por Tomás el Israelita, es al parecer la primera idea del milagro de la multiplicación de los panes. El grano que Jesús ha sembrado es la palabra: Sois hermanos, asociados.

La asociación centuplicará los recursos de la Humanidad, y en verdad, se puede decir que el pan se multiplicará.

DUODÉCIMA LEYENDA: *La muerte del carpintero José*

Cuando llegó la época en que el buen anciano José decía descansar, sus facultades se debilitaron, su memoria se oscureció y mermó su inteligencia.

María lo cuidaba con ternura y paciencia, así como él había cuidado al mirlo.

Llegó el momento de la agonía, y José principió a turbarse, diciendo:

—¡Desgraciado de mí!, pues he pecado en el transcurso de mi larga vida. ¿Qué será de mi pobre alma si Dios la juzga con rigor?

El terror del infierno me embarga. Desgraciado de mí, pues he trabajado mucho durante mi vida, y mi muerte aparece pavorosa.

Jesús entonces se acercó al lecho del enfermo, y le dijo:

—José, padre mío, varón justo y laborioso, descansa en paz. El infierno del pobre trabajador está en esta Tierra, ¿cómo podría Dios, después de una vida tan penosa, atormentarlo todavía después de su muerte?

Y alzando la vista, Jesús vio avanzar los fantasmas de la noche eterna, los esqueletos de los ojos ardientes, los horribles demonios con miembros velludos y monstruosos, las larvas doloridas y pálidas, los grifos negros con alas de murciélago; el infierno entero, moviéndose sobre olas de sombras tupidas y como la ballena de Jonás, abriendo la enorme boca como para tragar al mundo.

Jesús sopló sobre estas horribles quimeras, y desaparecieron como el recuerdo de un sueño.

Y José ya no vio cerca de él sino a Jesús y a María, que sostenían su cabeza entre sus manos y secaban el sudor helado de su frente, mientras que el ángel de la muerte rozaba sus ojos con una flor de lis, cuyo perfume parecía esparcir sobre sus facciones la serenidad y la sonrisa eterna.

Los ángeles de la fe, de la esperanza y de la caridad recibieron su alma y su cuerpo fue devuelto a la Tierra.

Pero Jesús ordenó que fuera preservado de la corrupción, pues, dijo él, su muerte es tan sólo un sueno. hasta que el reinado de los malvados haya terminado.

—Entonces vendrá mi reino, el de la justicia y de la fraternidad, y me acordaré de mi padre, el viejo y valiente trabajador. Le despertaré de su sueño de muerte, y vendrá a sentarse junto a mí en el banquete de la comunión universal. Que la tumba sea para él como la crisálida para el insecto laborioso que teje su mortaja y espera una vida más libre y más brillante. Duerme, José, duerme, pobre obrero. Cuando despiertes serás el heredero del cielo, y mediante el trabajo podrás conquistar el mundo.

DECIMOTERCERA LEYENDA: *El sermón de la montaña*

Después que en visión Jesús hubo rechazado con el pie todas las coronas de la Tierra que le ofrecía el genio del mal a quien pertenecían, y que le proponía comprar la tiranía mediante la esclavitud, como estaba escrito en la ley del antiguo mundo.

Después de haber triunfado del hambre, del orgullo y de la ambición del poder, Jesús, el conquistador pacífico, subió sobre la montaña, y rodeado de pastores y de pescadores, principio su primer discurso:

"Bienaventurados son los pobres de espíritu, porque el reino de los cielos les pertenece!"

Lo que quería decir: Pobres de los esclavos de la riqueza egoísta, pues adquirirán solamente una miseria eterna.

"¡Bienaventurados los que son bondadosos, porque poseerán la Tierra!"

Que es como si dijera: Pobres de los que quieren reinar sobre la Tierra por la violencia, pues el poder se les escapará.

"¡Bienaventurados los que tienen hambre y sed, porque se saciarán!

Esperad, pues, pobres y desheredados, el cristianismo os abre la puerta de un porvenir venturoso.

"¡Bienaventurados los misericordiosos, porque conseguirán misericordia!"

Comprendemos que eso significa también: Desgraciados de los hombres sin piedad, pues no habrá piedad para ellos.

"¡Bienaventurados los que tienen el corazón puro, pues verán a Dios!"

Dios es la verdad y la justicia.

"¡Bienaventurados los pacíficos, porque serán llamados hijos de Dios!"

Uno de nuestros poetas ha dicho: "El amor es más fuerte que la guerra. La fuerza brutal pasará y acabará, pero la razón tranquila y dueña de sí misma triunfará y adquirirá siempre un nuevo poder".

"¡Bienaventurados los que sufren persecución por la justicia, pues el reino de los cielos es de ellos!"

Los mártires prueban su realeza perdonando. Quien persigue abdica, y quien sufre resiste. Resistir es poder y poder es reinar.

"No vengo a destruir, sino a realizar", decía también el hijo del carpintero, proclamándose así como iniciador del progreso; y lo que decía entonces al judaísmo, podemos decirlo al catolicismo, nosotros los hombres del progreso religioso, ¡nosotros sus discípulos y los continuadores de su obra!

"Si vuestra justicia —decía él— no es más abundante que la de los escribas y de los fariseos, no entraréis en el reino de los cielos. Y nosotros podemos decir:

Si no sois mejores y más justos que los fervientes del antiguo mundo y de la Edad Media, no entraréis en la asociación universal del cristianismo cumplido.

Cristo ha dicho: "El que injurie a su hermano, merecerá condenación. Y nosotros decimos: El que no cuidare a su hermano y trate como si fuera extraño a un solo miembro de la familia humana, merecerá ser renegado por la familia y ser juzgado como fratricida."

Cristo dijo: "Perdonad siempre; no os ofendáis siquiera por el mal que se os pueda hacer. Los malvados son enfermos, cuidadlos, no os irritéis en contra de ellos.

Él ha dicho: "Pensad, antes de vuestro sacrificio, si vuestro hermano nada tiene que reprocharos y reconciliaos con él antes de rezar". Y nosotros decimos: Antes de sentaros a la mesa, preguntad si nada le falta a vuestro hermano; llevad primero una parte de vuestro pan al que no lo tiene, después sentaos al banquete de la comunión y Dios os reconocería como hijo.

El dijo: "El que abandona a su mujer es un adúltero y el que rechaza a su compañera la entrega a la prostitución."

Y nosotros decimos: El que prostituye a una mujer, ultraja a su madre; el que casa a su hija por dinero, vende a su hija, y el que compra o vende un mujer, la prostituye, pues la esencia del matrimonio es el amor,* y relaciones conyugales sin amor son impureza.

Cristo ha dicho: "No juréis, pero que vuestra palabra sea sagrada". Y nosotros decimos: Para que la palabra sea sagrada, es preciso que sea libre. Libremos la inteligencia: cerremos la boca a la mentira. Él que ahoga la palabra verídica es un deicida. Condenar no es contestar. Perseguir una idea es sancionarla. Un hombre inteligente que habla fuera de sazón, tal vez no tenga la razón; para juzgarlo hay que oírlo. Al que uno obliga a callar, siempre tiene razón. En cuanto a la perversidad y a la necedad, el buen sentido mismo le impone silencio.

Él ha dicho: "Poned la mejilla izquierda si se os pega en la derecha, y si se os quita la túnica, entregad también el manto". Y nosotros decimos a nuestros hermanos: Si se os calumnia por haber dicho la verdad, exponeos también a la injusticia, y cuando sufráis la injuria y la calumnia, exponeos con alegría a la miseria y a morir despreciados. Cuanto más os pegan vuestros enemigos, tanto más se debilitan; cuanto más sufrís, más fuertes sois.

Cristo dijo: "No seáis hipócritas". Nosotros decimos: Haced que la hon-

* Por amor no entendemos la ley física de los sexos; el amor es el absoluto de los sentimientos y de los afectos humanos; nuestros afectos son regidos por la ley Cristiana y debe ser una *monarquía*.

radez sea posible para todos, hablad menos de moral y sed menos infames, sed franca y modestamente hombres y no tratéis de cubrir las ignominias del bruto con las alas del ángel.

Él ha dicho: "No se puede servir a Dios y al dinero". Nosotros decimos: La propiedad no se hace respetar cuando no tiene el trabajo por origen y por regla la fraternidad en la asociación.

Él dice: "No juzguéis y no seréis juzgados".

Y nosotros decimos: Transformad la penalidad en higiene moral, levantad al que cae, no le peguéis; dad a las enfermedades morales cuidados morales y no castigos impíos; no deis vuelta en un círculo sangriento al castigar el homicidio por el homicidio, pues al obrar así, dais algo de razón a los asesinos y perpetuáis una guerra de caníbales. Si queréis que el homicidio sea realmente un crimen, tratad de que no sea nunca un derecho y acordaos de ese condenado que decía: "Al asesinar he jugado mi cabeza, habéis ganado, yo pago, nada nos debemos". Y en pensamiento agregaba: "Somos iguales".

Cristo dijo: "Buscad primero el reino de Dios y su justicia y lo demás os será dado por añadidura".

Y nosotros decimos: El reino de Dios no es el reino del hambre para Lázaro y de las orgías del rico malo. El reino de Dios, es el sol para todos, y la tierra para todos, es la fraternidad del trabajo, es la prostitución hecha imposible por el respeto a la mujer, es la escala social accesible en todos sus grados al trabajo y al mérito de todos. Es el trabajo para todos, la familia para todos, la propiedad para todos, es la realeza de la razón, es el sacerdocio del amor, es la comunión de cada uno con todos y de todos con cada uno, es la unidad divina y humana, Dios viviente en la Humanidad, Cristo resucitado y viviente en el gran cuerpo del pueblo cristiano; la libertad progresiva y sometida al orden, la igualdad relativa en el orden de la jerarquía, y la fraternidad distribuyendo todo a todos, según las leyes de la armonía, que es la eterna Sabiduría.

DECIMOCUARTA LEYENDA: *Algunas palabras de Jesucristo que no están en los Evangelios Canónicos y que han sido conservadas por la tradición de los primeros siglos*

Jesús estaba un día con sus discípulos en los confines de la Judea vecinos al desierto y se extraviaron en las montañas.

Encontraron un pastor acostado a la sombra de un sicomoro y le preguntaron por su camino.

El pastor que era indolente, no se tomó el trabajo de levantarse, ni de contestarles; extendió solamente el pie en la dirección que debían tomar y después ni siquiera los miró.

Al irse, encontraron a una joven que volvía de la fuente llevando sobre la cabeza un cántaro de agua.

También le preguntaron por su camino, y la joven no solamente lo indicó, sino que, cargada como estaba, caminó delante de ellos y los dejó solamente después de haberlos puesto en su camino.

—Maestro —dijo Pedro—. ¿Cuál será la recompensa de esa joven tan diligente y caritativa?

—Se casará con el pastor holgazán —contestó Jesús.

Y como sus discípulos se admiraran, les dijo:

—La felicidad de la mujer es ser madre, y cuando salva con su amor al hombre que hace partícipe de sus virtudes, es dos veces madre, pues su esposo y el hijo que le da su esposo, tienen igualmente necesidad de ella. Todo sacrificio hecho por amor aumenta el amor, y todo lo que aumenta el amor acrecienta la felicidad. Que oiga el que tiene oídos para oír.

Entonces, Juan, el discípulo bien amado, habiéndose acercado al maestro, le dijo:

—Yo creo en vuestras palabras y sé que así será en vuestro reino. Pero —preguntó—, dime, ¿cuándo llegará vuestro reino y con qué signos los hombres lo reconocerán?

Jesús respondió:

—Cuando dos serán uno, cuando lo que está dentro estará fuera, y cuando el hombre con la mujer no serán ni hombre ni mujer. Es decir: cuando el antagonismo haya cesado entre la inteligencia y el amor, entre la razón y la fe, entre la libertad y la obediencia. Cuando el pensamiento evangélico que es la fraternidad esté realizado por las formas políticas y sociales. Y cuando la mujer sea la hermana pura y la esposa bien amada del hombre ante la sociedad como ante Dios, sin que haya antagonismo entre los dos sexos.

Esta palabra, referida por el papa San Clemente, autor contemporáneo de los apóstoles, es un programa complejo de renovación social operada por el pensamiento cristiano.

Jesús dijo también:

—La vida es una banca: sed hábiles cambistas, el que da gana más que el que recibe; si deseáis enriqueceros, dad.

DECIMOQUINTA LEYENDA: *La derecha y la izquierda de Jesús, el Thabor y el desierto, el pueblo organizado en grupos*

Jesús se reveló a tres de sus más inteligentes discípulos como el centro de la Humanidad, colocándose, en el pasado, entre Moisés, el hombre de orden y de doctrina, y Elías, el hombre de la protestación y de la profecía independiente.

Tal es el significado de la transfiguración del Thabor, donde Pedro quería edificar tres tabernáculos, uno para Moisés, uno para Cristo y el tercero para Elías: mas la época de la síntesis no había llegado todavía.

No olvidemos que los evangelistas han representado por acciones toda la parte esotérica u oculta del Evangelio, y que para decir: "Jesús elevó el espíritu de sus discípulos a gran altura y les hizo concebir toda la verdad de su doctrina, dicen: "Jesús los llevó sobre una montaña, y transfigurándose ante ellos, les apareció resplandeciente de luz, de suerte que su faz era brillante como el Sol, y sus vestimentas deslumbrantes como la nieve".

Juan y Santiago le dijeron entonces:

—Maestro, haced sentar a uno de nosotros a vuestra derecha y al otro a vuestra izquierda, cuando haya llegado vuestro reino.

Jesús les dijo:

—Puedo participarles de mi cáliz y de mi bautismo, pero no me corresponde concederles un asiento a mi derecha o a mi izquierda siendo este lugar reservado por mi Padre a sus predestinados.

Así, pues, Jesús esperaba todavía dos hombres para completar su doctrina y acabar su obra: El hombre de la derecha, es decir el hombre de orden y de organización y el hombre de la izquierda, el de expansión, de amor y de armonía.

En cuanto a la organización social, Jesús la indicó someramente en la parábola de la multiplicación de los panes, donde leemos: que Jesús dividió al pueblo por grupos de cien y de cincuenta, *secundum contubernia*, según vivían o podían vivir juntos.

Después, repartió los cinco panes y los dos peces, que representan el primer anticipo de la pobreza creyente de la asociación; y la asociación multiplicó tanto estos escasos recursos, que del sobrante se pudo llenar doce canastos.

Aquí, lo que afirmamos acerca del simbolismo de los milagros evangélicos está probado de sobra por lo absurdo de la letra y la imposibilidad material del hecho, como el doctor Strauss se ha tomado tanto trabajo en demostrarlo.

Pero el sentido de la palabra es admirable; la parábola es necesaria cuando es peligroso o inútil descubrir la verdad.

Por eso Jesús había dicho:

—Tengo todavía muchas cosas que enseñaros, pero no podríais aprovecharlas ahora. El espíritu de inteligencia vendrá y os enseñará la verdad entera.

Antes, el mundo antiguo debía disociarse y perecer después; este espíritu debía venir y renovar la faz de la Tierra.

Hemos llegado tal vez a la hora de la disolución universal, pero tranquilicemos nuestro corazón y esperemos; pues sobre las ruinas, vemos ya cernerse la celeste paloma, y el soplo de la revelación renovada disipa y a las nubes del oriente.

DECIMOSEXTA LEYENDA: *Lo que es la comunión*

Para enseñar que todos tienen derecho al pan que alimenta y al vino que vigoriza, Jesús, hablando en nombre de la Humanidad, ha dicho del pan: "Esto es mi carne"; y del vino: "Esto es mi sangre".

Y el pan es verdaderamente la carne de la Humanidad, como el vino es realmente la sangre de los que lo beben; pues el pan renueva la carne y el vino aviva la sangre.

Y bien, Jesús, hablando en nombre de la Humanidad misma ha dicho: "El pan que he conquistado con mis trabajos y mi muerte es mi carne, y la doy a todos, a fin de que todos la coman; el vino es mío, es mi sangre, y lo derramaré para todos, a fin de que todos beban de él y vivan de mi vida.

Es así como Cristo constituía la unidad divina y humana, dándole como base la comunión del pan y del vino, a la cual todos son llamados de parte de Dios y la cual no se puede negar a nadie.

Así, pues, el que priva injustamente a su hermano de su parte de la comunión del pan, arranca y se apropia un trozo de la carne de Cristo; come lo que debía ser la carne de su hermano, y esta antropofagia deicida, en lugar de comulgar con la Humanidad, comulga con sus verdugos. Mas para que la comunión del pan sea posible en realidad y sin metáforas es menester que no haya haraganes. El que no trabaja no debe comer.

Y para que la comunión del vino no sea un desorden, es preciso que no haya borrachos. ¡Que el pueblo entienda!

DECIMOSÉPTIMA LEYENDA: *El Juicio de Jesús*

No repetimos aquí los hechos que los cuatro evangelistas han relatado, porque son conocidos de todo el mundo.

El gran drama de la pasión es, hace dieciocho siglos y medio, el juicio escrito de los sacerdotes y de los reyes, es la sangrienta condena de las leyes del mundo antiguo, y la protestación inmortal de los condenados contra una sociedad deicida.

Uno sólo de los evangelios apócrifos o secretos, el de Nicodemo, agrega al relato de los cuatro algunas circunstancias notables. Helas aquí:

Cuando Pilatos hizo entrar a Jesús en el pretorio para interrogarlo, las águilas romanas y las imágenes de los dioses que llevaban los portaestandartes, se inclinaron solas ante el rey del porvenir.

Los judíos, irritados, exclamaron: "César ha sido traicionado, se rinde a ese hombre los honores del Imperio."

Pilatos mismo se asombró y preguntó a los portaestandartes el significado de lo que acababa de suceder. Estos protestaron de que había sido contra su voluntad y que no pudieron impedirlo.

Pilatos llamó a los hombres más robustos del pretorio y los más hostiles a Jesús (los que una hora más tarde lo azotaron y lo coronaron de espinas), y les entregó las banderas, encomendándoles mantenerlas firmes, y los simulacros divinos se inclinaron por segunda vez ante Jesús, a la vista de todos; quedó así probado que la fuerza de los hombres nada puede contra el cambio de ideas, y que los signos religiosos más protegidos por el poder, caen por sí mismos y se inclinan ante los símbolos proscritos que el progreso revela; protestan contra el juicio de los hombres y simpatizan con la agonía de los mártires.

Jesús fue interrogado en secreto por Pilatos, después fue llevado nuevamente ante los judíos y se oyó a sus acusadores: eran, como se sabe, el príncipe de los sacerdotes, los señores del pueblo, los fariseos, los escribas y los doctores, es decir todo lo que había de más considerable y respetado en la nación judía.

Pilatos preguntó si no había algunos testigos en descargo. Al principio se hizo un gran silencio, pues los escasos amigos de Jesús tenían miedo.

Al fin, Zachee, el publicano, alzó tímidamente la voz para decir que Jesús había bebido y comido en su casa y después le había conmovido el corazón con la sabiduría de sus discursos. La risa y gritería de la multitud no lo dejaron terminar, pues los publicanos eran considerados como hombres infames, y los fariseos hicieron valer el testimonio de Zachee como una prueba más contra Jesús.

Después de Zachee, una mujer muy llorosa se echó a los pies del procónsul; no se le permitió ni siquiera proferir una palabra; un grito de reprobación se alzó en la multitud: era Magdalena, la prostituta, ella, la que derrama sobre los pies de este vagabundo los perfumes preciosos que paga con su cuerpo; es digna de él y él no es indigno de ella. ¡Anatema sobre los infames!

Sin embargo, el ciego de Jericó, logrando atravesar la multitud, gritó, extendiendo las manos para que se le oiga:

—He nacido ciego y Jesús me devolvió la vista.

—¡Es un miserable! —gritaron los sacerdotes—, no le escuchen, no merece ninguna fe; nosotros lo hemos echado de la sinagoga.

—Había muerto y me resucitó —dijo entonces un hombre de Betania, llamado Lázaro.

Pilatos y los romanos se echaron a reír; los judíos saduceos dieron gritos salvajes, y Lázaro fue expulsado por los lictores.

Entonces, una dama rica y estimada se adelantó y dijo:

—Yo soy viuda, me llamo Serafia, sufría de una hemorragia de sangre que me hacía morir lentamente. Un día, Jesús pasaba acompañado de numerosos pobres que estaba instruyendo, de mujeres del pueblo que consolaba y de enfermos que había sanado. Me acerqué a él sin decirle nada; y toqué solamente la túnica de su vestido; entonces sufrí veneración y espanto, pues me sentí curada.

Al oír esto, los judíos principiaron a murmurar, pero conteniendo sus clamores, porque Serafia era rica y generalmente respetada.

Entonces Pilatos tomó la palabra y dijo:

—Haced retirar a esa dama, no se la puede admitir a declarar en este asunto; pues según vuestras leyes, que son las de todo el Oriente, el testimonio de una mujer es nulo ante los tribunales.

Después de Serafia, nadie se atrevió a levantar la voz a favor de Jesús; los que se consideraban honrados, lo acusaban; en su defensa sólo tenía personas desconocidas, gente sospechosa de lepra o de libertinaje, entre el populacho y las mujeres.

Fue, pues, condenado, y como no se encontró una fórmula para resumir sus crímenes, se escribió por burla: "Es el rey de los judíos".

Serafia, que después fue llamada Verónica, viendo que su testimonio no había podido salvar a su Salvador, fue llorando a esperarlo en su camino al salir de la ciudad, cargado con una cruz, y a pesar de los gritos de los verdugos y de los empellones de los soldados, se acercó a él y le limpió la cara con un lienzo fino, que conservó la marca sangrienta de los rasgos de Jesús.

Y los mártires de los primeros siglos no tuvieron más imagen de su Maestro que las huellas de sangre que señalaban los rasgos de Jesús sobre el lienzo de Serafia.

DECIMOCTAVA LEYENDA: *Pedro y Juan*

Jesús tuvo un discípulo poco inteligente, pero del cual se sabía amado, y que creía firmemente en él. Tenía el carácter simple y ardiente del trabajador; todas las virtudes y todos los defectos del pueblo; tan pronto para desalentarse como para reanimarse; por lo demás, siempre amigo de su maestro y dispuesto a dar su vida por él. Este discípulo era un hombre del puerto llamado Simón. Jesús lo tomó como el tipo verdadero del trabajo esforzado y le dijo:

—Tú eres la piedra sobre la cual fundaré mi asociación (*ecclesiam*), y las puertas* del infierno, es decir los poderes de este mundo nada podrán contra ella. La piedra bruta que ha sido rechazada por los arquitectos de la presente sociedad, será la piedra angular de una sociedad nueva, yo te daré las llaves del reino de la inteligencia y del amor, que es el reino de los cielos, y eres tú quien realizará la voluntad de Dios sobre la Tierra. Sólo serán encadenados los que tú encadenares, y serán libres los que tú libertares, pues eres el hombre del trabajo, y te hago mi representante en el porvenir.

La Iglesia antes de la venida del espíritu de inteligencia, ha creído ver en estas palabras la consagración del poder absoluto e infalible de los Papas, y un Alejandro VI pretendió ser el heredero legítimo de las promesas hechas a Pedro, el hombre de la fe, el trabajador y el mártir. Sin embargo, los primeros Papas eran solamente los representantes del pueblo ante Dios, y por lo tanto los de Dios ante el pueblo, ya que era el pueblo que los elegía; por eso, los grandes pontífices de los hermosos tiempos del cristianismo han sido tribunos que resistían a los emperadores, que castigaban los crímenes de los grandes, y que preservaban a los pueblos de los vicios de sus amos.

Micntras el papado reinó, fue santo; la corrupción había de ser para él la decadencia. "Cuando seas viejo —dijo Jesús a Pedro—, otro te ceñirá y te hará ir adonde no querrás." ¡Triste cuadro de la servidumbre temporal en la cual cayó el papado decaído!

Sin embargo, el papado es un principio, es la primera monarquía cristiana y el cristianismo no reinará sin él.

Hasta el fin, el apóstol Pedro fue la imagen del genio laborioso y despreciado; se le crucificó como a su maestro, y se le puso cabeza abajo, porque los verdugos tenían miedo de verlo de pie. Jesús se lo había profetizado milagrosamente según cuenta la leyenda; pues cuando Pedro salía de Roma huyendo de la persecución de Nerón, el Salvador se le apareció, llevando su cruz y le dijo: "Voy a Roma, donde debo ser crucificado por segunda vez". Pedro comprendió que el cristianismo debía conquistar su salvación por el martirio, volvió pues sobre sus pasos y se dispuso a morir.

Otro discípulo de Jesús, al que se llama el discípulo del amor, se le representa siempre joven, porque, según la leyenda, no debía morir: Juan el evangelista de la síntesis, que relaciona el cristianismo con el genio de Platón, mediante la filosofía del verbo. Jesús había resumido toda la ley en dos palabras: "Amad a Dios, amaos unos a otros". San Juan incluye el amor a Dios en el amor al prójimo; afirma que nadie jamás ha visto a Dios, pero que vemos a los hombres, y que en ellos debemos amar a la divinidad que los anima. Amar a Dios en la Humanidad, tal es, pues, toda la religión; al adoptar esta fórmula, nuestro siglo no hizo sino resumir la doctrina de San Juan.

San Pablo dice que la fe y la esperanza pasarán, pero que la caridad no pasará. Esta palabra es la promesa del reino de la fraternidad, y es porque el porvenir es del amor que los legendarios suponen que Juan es inmortal. Se decía que dormía en su ataúd y que su soplo agitaba suavemente el polvo de su tumba.

Él esperaba el regreso de su Maestro, como las vírgenes cuerdas que han tenido el cuidado de proveerse del aceite de la caridad para prender nuevamente su lámpara, cuando le plazca a Dios manifestarse otra vez. Se decía, en efecto, que un aceite maravilloso brotaba de la tumba de San Juan que devolvía la salud a los enfermos. Es así cómo la leyenda continúa el evangelio y adopta imágenes, de la misma manera que el Evangelio reproduce y explica las grandes figuras de la Biblia. Pero, en lo tocante al conjunto de los libros sagrados y de la tradición mística, un apóstol toma el cuidado de advertirnos que la letra mata y que el espíritu vivifica. Es por eso que todos los cultos deben morir al adherirse a la letra de la palabra; el espíritu se les escapa agrandando su expansión, así como el hombre adulto abandona los vestidos de su infancia.

El signo característico de San Juan, el último evangelio, es un águila, símbolo de libertad, de inteligencia y de soberanía, porque el reino del amor, al facilitar el progreso, debe emancipar a todos los hombres para su trabajo y su virtud, alternativamente, a los mayores de la familia humana, reyes y dueños del mundo.

Fecisti nos reges et sacerdotes et regnabimus super terram.

Nos habéis hecho sacerdotes y reyes y reinaremos sobre la Tierra. *San Juan.*

Es por eso que, últimamente, el águila apareció de nuevo en el mundo.

Es por eso que la guerra no será la preparación del imperio universal.

El verdadero imperio es la paz; el águila vencedora descansará sobre el trueno y fijará el Sol.

Ya no será el águila del conquistador, será el águila del evangelista.

DECIMONOVENA LEYENDA: *La visión de Aasverus*

"¡Anda!", había dicho el judío Aasverus a Cristo encorvado bajo la cruz.

—¡Anda! —le contestó el Salvador del mundo—, hasta que yo regrese aquí y te diga: "Descansa".

Desde aquel momento, Aasverus da, sin cesar, la vuelta al mundo; y cada año, en los alrededores de la Pascua, vuelve allí donde estaba su casa maldita, para ver si no encuentra allí a Jesús. Anda, anda, llega, cansado; jadeante, pronto para caer muerto de fatiga, y no encuentra a nadie.

Alza los ojos y ve en el cielo, siempre implacable, una mano que le señala el Occidente. "¡Anda!", le grita una voz, que al parecer es el eco eterno de la suya el día del crimen, y el viejo Aasverus agacha la cabeza; el sollozo de liberación que ya se hinchaba en su corazón se apaga silencioso y sin lágrimas; y él reanuda su viaje eterno.

Cuando los cruzados tomaron Jerusalén, el Judío Errante había oído decir que el Cristo había vuelto a la montaña santa; allí encontró solamente un sacerdote rodeado de soldados.

—¡Un judío!, ¡un judío! —gritaron unos hombres cuyas manos eran sangrientas...

—¡Anda, anda! —dijeron los soldados golpeando al anciano con sus bastones y aguijoneándole con la punta de sus lanzas.

Aasverus sacudió la cabeza y reanudó su camino en medio de las maldiciones de la multitud.

—¡Ay! —murmuró—, la cruz no puede absolverme todavía, ya que no enseñó el perdón a sus defensores. Los hombres la adoran tan sólo como instrumento de suplicio y como recuerdo de venganza. Insensatos, quieren vengar al que los salvó perdonando, y no comprenden que ellos mismos se condenan al desvirtuar el perdón del Hombre-Dios. No saben que la persecución efectuada por los cristianos es la desaprobación de los mártires y la rehabilitación de sus verdugos.

Por eso, desde entonces, cuando Aasverus encontraba judíos perseguidos por cristianos, los exhortaba a morir antes de abjurar las creencias de sus antepasados, y él mismo, con su bastón secular en la mano, la barba y los cabellos erizados por el viento, los conducía de exilio en exilio... y sin embargo, mejor que nadie comprendía que Jesús es el hijo único de Dios.

Más tarde vio caer las cruces y levantarse los patíbulos, oyó hablar de la santa guillotina y no se asombró de ello; ¿no habían ya los inquisidores inaugurado las fiestas de la muerte en el nombre de la Cruz santa? El culto era el mismo, sólo el altar había cambiado. Entonces se hablaba también de humanidad y de progreso; era justo: el hacha es más expeditiva y menos cruel que la sangrienta picota del Gólgota.

Vio en seguida renovarse las solemnidades del Becerro de oro; él sabe cómo terminan semejantes orgías, y cuando se le pregunta: "¿Qué hace ahora el hijo del Carpintero?", contesta sacudiendo la cabeza: "¡Un ataúd!"

Pero siente que la época se está acercando y parece que modera su marcha; a su turno, mira el siglo que pasa y los acontecimientos que se precipitan.

El día en que el sucesor de San Pedro cayó por haberse apoyado en un cetro y salió de la ciudad eterna, maldito y exiliado a su vez, Aasverus entró en el Vaticano desierto, y con el codo apoyado sobre la sede vacía de los Papas, dejó caer la cabeza en su mano y pareció dormitar un momento.

Volvió a ver en sueño las campiñas de Jerusalén, ostentando su prístina fertilidad; la viña con los gigantescos racimos de la Tierra Prometida, los olivos cargados de frutos que cubrían las colinas, y los valles estaban llenos de laurel, cerezos y rosales en flor.

El monte Moria estaba atestado de una innumerable multitud formada por diputados de todos los pueblos de la Tierra, y sobre la cima de la montaña sagrada, se alzaba un altar inmenso.

En medio del altar se erguía un gigantesco candelabro de oro que llegaba hasta las nubes, coronado por un sol radiante, y en medio de este sol se veía, blanca y transparente, la divina hostia del sacrificio del amor, la síntesis del trigo, el símbolo de la unidad divina y humana, el pan de la unión social y de la comunión universal.

Delante del altar, de pie, había un anciano que tenía en una mano un pan blanco y liviano, como el de la custodia, y un cáliz en la otra mano.

Una música celestial se dejó oír, y desde el frente de todas las falanges se elevaron nubes de incienso.

Varios hombres cubiertos de vestimentas espléndidas trajeron una mesa que cubrieron con un lienzo blanco.

Uno de estos hombres llevaba la vestimenta de los soberanos pontífices de la ley cristiana, otro la del jefe de los imanes, un tercero ostentaba los ornamentos del gran Lama, y un cuarto estaba vestido como los grandes sacerdotes de la ley judaica, y los cuatro obraban y oraban de consuno y parecían amarse como hermanos.

Era el día en que, antaño, el Cristo había salido de la tumba, y hacía ya dos mil veces que el mundo había conmemorado este aniversario; pero ninguno había sido tan solemnemente espléndido como éste.

La música cesó, la multitud quedó silenciosa y todos los ojos se volvieron hacia el Occidente.

Entonces se adelantó otro anciano, cuyos cabellos y cuya barba le cubrían el pecho y la espalda; dejó caer su bastón de viaje, se enderezó con un hondo suspiro y se dejó vestir con un talar blanco, alzando al cielo sus ojos llenos de lágrimas.

Miró la hostia y exclamó llorando:

—¡Es él!

Miró al sacerdote, quien elegido por el sufragio de todos ejercía el oficio de Pontífice universal y repitió:

—¡Es él!

Miró a la multitud silenciosa y recogida, y extendió los brazos en acción de gracias, diciendo siempre:

—¡Es él! ¡El viviente en todas partes y para siempre!

Entonces, el sacerdote del pueblo bajó del altar, un asiento fue colocado delante de la Mesa santa, sobre la cual se depositó la hostia y el cáliz, y el sacerdote dijo, dirigiéndose al anciano:

—Descansa, Aasverus.

En seguida, los pontífices de todos los cultos pretéritos vinieron después del sacrificador de la asociación universal a dar el ósculo de paz sobre la barba blanca del maldito reconciliado.

Después, todos, de pie alrededor de la mesa, comulgaron con él.

Entonces, Aasverus se sintió vivir con vida nueva, le pareció que él era el Cristo y que él mismo partiendo panes que se multiplicaban sobre la mesa, los distribuía a la multitud.

Así concluyó el sueño del Judío Errante; un ruido de armas y gritos de angustia lo despertaron; eran los bandidos de las naciones que se repartían la ciudad santa.

Salió del palacio de los Papas, que se bamboleaba sobre tumbas entreabiertas, y reanudó su marcha para continuar la vuelta al mundo que, tal vez, pronto no volverá a dar.

No lo compadezcáis, cuando lo encontréis encorvado, jadeante y polvoriento; es más feliz que todos los grandes políticos de nuestro siglo y que los últimos reyes de este mundo; él sabe adonde va.

VIGÉSIMA LEYENDA: *El reino del Mesías*

Cuando el espíritu de inteligencia se haya extendido en la Tierra, vendrá un tiempo en que el espíritu del Evangelio será la luz de las naciones.

Se comprenderá que el principio del poder es la razón soberana, como está dicho al principio del Evangelio de San Juan, mal entendido desde tanto tiempo.

Entonces, el Cristo renacerá todos los días, no ya simbólicamente sobre los altares, sino real y corporalmente sobre toda la superficie de la Tierra.

¿No ha dicho que el menor de nosotros es él? Por tanto, el nacimiento de cada niño será una Pascua. y todos los hombres respetarán al Salvador unos en otros.

El Cristo entonces ya no será pobre, hambriento, proscrito, sin esposa y sin hijos, perseguido y crucificado; será rico como Job después de su prueba, tendrá todo en abundancia; será esposo y padre; reinará y perdonará a los que lo hayan perseguido.

Y así algún día todas las naciones no serán más que una sola nación; todos los tronos serán sometidos a un solo trono, sobre el que se sentará un justo que tendrá el espíritu de Jesucristo, el que de ese modo será el mismo Cristo, como todos nosotros podemos serlo, cuando está en nosotros.

Este rey reconciliará el Oriente con el Occidente y el Norte con el Sur. Dará a los pueblos la verdadera libertad, porque hará inmutables las bases de la justicia.

Al reprimir la licencia, suprimirá la miseria. Todos tendrán el derecho y los medios de obrar bien; nadie tendrá derecho de embrutecerse y ser vicioso.

La penalidad será sustituida por la higiene moral, los culpables serán considerados como enfermos y sometidos al tratamiento de los dementes. La gran expiación de la cruz bastará para todas las ofensas humanas y se suprimirá el patíbulo, que se considerará execrable, por inútil.

No se concederá existencia real al error ya que sólo lo verdadero existe y la mentira es tan fugaz como el sueño. No habrá más que una religión en el mundo, y el pontífice universal proclamará, desde el pináculo de la suprema autoridad, que los judíos, mahometanos, budistas, etcétera, son tan cristianos como los otros y que de todos ellos es el jefe y el padre. Bendiciéndolos, los convocará al gran concilio de las naciones. Abrirá para ellos el inagotable tesoro de las indulgencias y de las preces, y dará de verdad su bendición a la ciudad y al mundo.

Habrá llegado la época del retorno del hijo pródigo, que no tiene nada, pero que su hermano le ofrece lo que le falte para que trabaje y adquiera riquezas. Será la hora en que las vírgenes locas, teniendo al fin aceite en sus lámparas, volverán a llamar a la puerta; y si el esposo se niega a abrirles, las vírgenes cuerdas les darán la mano y las harán entrar, por la ventana. La última palabra del cristianismo es solidaridad, reversibilidad, caridad universal; pues os lo digo en verdad, que no hay un santo en el cielo que no esté pronto para bajar al infierno, a libertar a las pobres almas, aunque deba quedar solo en su lugar y cerrar para siempre las puertas tras de él. ¿Se concibe un cielo superpuesto al infierno, un banquete eterno frente a una hoguera eterna, una casa de paz y de oración sobre una cueva llena de lágrimas y de torturas? Un sueño único debe llenar el sueño eterno de cada justo; la redención de un reprobado; y si este sueño no tuviera esperanzas, se volvería una pesadilla más terrible que los suplicios mismos del infierno.

Es así cómo los gnósticos, es decir *los que sabían,* o en otros términos, los iniciados del cristianismo primitivo, interpretaban los oráculos del espíritu de Jesucristo; fueron imitados por los discípulos de Orígenes, pero la Iglesia los condenó, y quizá con razón: divulgaban las doctrinas secretas y profanaban los misterios del Maestro.

Al exagerar la esperanza del vulgo no se debe quitar a la ley su sanción terrible, pues el dogma de la eternidad del infierno no expresa, a fin de cuentas, más que el divorcio eterno entre el bien y el mal.

Los apócrifos son el lado revolucionario del espíritu de Jesús; su lado jerárquico, edificante y constituyente pertenece de derecho a la Iglesia docente, de la cual no nos pertenece usurpar las funciones.

Después de estas sencillas leyendas orientales, podríamos citar los relatos, evidentemente simbólicos, de la leyenda dorada, las actas apócrifas de los apóstoles, la historia del gigante Cristóforo doblegado bajo el peso misterioso de un niño, el martirio de Santa Fe, de Santa Esperanza y de Santa Caridad, y tantas otras inspiradas por el mismo espíritu, brillantes todas con los mismos colores maravillosos. Un nuevo soplo de inspiración había pasado sobre el mundo, y este soplo era el de Jesucristo. Lo que diferencia a los evangelios apócrifos de los evangelios canónicos es tal vez la mayor audacia de las ficciones y la prudencia menor en la manifestación de las tendencias revolucionarias y radicales, que en lo demás es el mismo genio emancipador del pobre y protector del débil; la misma fe, humana porque es divina y divina porque es humana. Las historias maravillosas varían, porque la forma de la parábola es arbitraria. Sólo el espíritu vivifica. Tales historias, por lo demás, son esencialmente judías y se las puede comparar a los opólogos del Talmud; tal vez se puedan tildar de misticismo o de idealismo exagerados; pero en todo caso, ¡qué sueños tan magníficos son, si sólo se les toma por sueños! Fotografías de aspiraciones colectivas, son las parábolas póstumas de Jesús, que revive por entero en sus discípulos; son los oráculos, no de las mesas giratorias sino de las mesas eucarísticas; pues es así cómo los espíritus divinos hablan después de su muerte. Los grandes pensamientos no mueren y no necesitan, para transmitirse, de golpes contra los muros. Mueven las almas y no los muebles; golpean los corazones y no las piedras ni las tablas; son como los árboles que echan su semilla y propagan los bosques. En vano se las quiere captar y circunscribir, tienen una savia que hace estallar las barreras y que derriba las prisiones; corren como el incendio en la leña seca. ¡No busquéis más a Jesús en la tumba donde los sacerdotes lo habían sepultado! ¡Resucitó, ya no está aquí; no busquéis al vivo entre los muertos!

¿Qué quieren estas larvas y vampiros que en círculos de supuestos espiritistas tratan de menoscabar al Hombre-Dios? ¿Qué tenemos que ver con un Jesús sin divinidad y sin milagros? ¿Sus mayores milagros no son acaso los de su espíritu? ¿Queréis escribir su historia? Escribid la historia del mundo transfigurado por su genio. Su vida es su doctrina y su doctrina vive todavía. "Os doy un Jesús de mármol", dice Renán. ¡Ay, qué nos importa vuestro mármol! Tenemos un Jesús de espíritu y de carne, su espíritu está en todas partes. Su carne palpita en el pecho inocente de nuestros hijos, su sangre calienta y rejuvenece el corazón de nuestros ancianos. Filósofo de mármol, guarda vuestra estatua sin alma y déjanos a nuestro Hombre-Dios.

Alfred de Vigny escribió que muchas veces la leyenda es más verídica que la historia, porque la leyenda relata, no los actos a veces incompletos y malogrados, sino el genio mismo de los grandes hombres y de las naciones. Al Evangelio se puede aplicar este hermoso pensamiento. El Evangelio no es meramente el relato de lo que ha sido, sino que es la revelación sublime de lo que es y de lo que será siempre. El Salvador del mundo será siempre adorado por los reyes de la inteligencia, figurados por los magos; siempre multiplicará el pan eucarístico, para alimentar y consolar las almas; cuando lo invoquemos en la noche y durante la tempestad, siempre vendrá hacia nosotros, caminando sobre las ondas; nos tenderá la mano y salvará haciéndonos pasar sobre la cresta de las olas; sanará nuestras dolencias y devolverá la luz a nuestros ojos; siempre aparecerá luminoso y transfigurado sobre el Thabor, explicando la ley de Moisés y reglando el celo de Elías.

Los milagros del Eterno son eternos. Admitir el simbolismo de las maravillas del Evangelio, es agrandar la luz, es proclamar su universalidad y su duración. Estas cosas no han sucedido como se cuentan, no pasarán jamás, quedarán eternamente. Las cosas que pasan son accidentes pasajeros, las cosas que el genio divino revela con el simbolismo, son inmutables verdades.

Leed a los Padres de los primeros siglos, pensad en las grandes épocas del cristianismo, oíd a San Agustín aspirando al Infinito, y a San Jerónimo, pensando en el cielo, pese al ruido del Imperio Romano que se derrumba; oíd tronar la elocuencia de San Juan Crisóstomo y de San Ambrosio. Y si después os rebajáis hasta las divagaciones espiritistas de Home, o hasta las elucubraciones panteísticas de Allan Kardec, os sonreiréis de lástima y de asco.

¡Qué! ¡La muerte sería una decepción amarga!

¡Las realidades de la otra vida serían el escarnio de nuestras aspiraciones en la presente! El verdadero paraíso sería menos resplandeciente que el de Dante, y el verdadero infierno menos terrible que su infierno. ¿Acaso los espíritus desencarados se pasarían como los de Swedenborg, con sombrero en la cabeza, y vendrían a importunar a los vivos para hacerles escribir sandeces? ¿No veis, pues, que el infierno de la Edad Media con sus grandiosos horrores sería preferible a esta ridícula decadencia del alma? ¡Que Dios me torture pero que no me vuelva idiota! Preferiría más bien al diablo con sus cuernos que las casas de Victori en Sardou, construidas con claves de sol y patas de moscas, a estas flores ideales que brotan del lápiz de los *médiums,* y que parecen pústulas de lepra vistas al microscopio. Despertad, espiritistas, ¿no sentís que sois presa de una pesadilla?

SEGUNDA PARTE: ESPÍRITUS HIPOTÉTICOS

TEORÍA DE LOS CABALISTAS SOBRE LOS ÁNGELES, LOS DEMONIOS Y LAS ALMAS DE LOS MUERTOS

Sobre las cosas que nuestra ciencia no sabría alcanzar en esta vida, se puede razonar solamente por hipótesis. La Humanidad nada puede saber de sobrehumano, ya que lo sobrehumano es lo que está fuera del alcance del hombre; los fenómenos de descomposición que acompañan a la muerte parecen protestar, en nombre de la ciencia, contra esta necesidad, pues la Naturaleza, que nada hace inútil, no da a los seres necesidades que no deban ser satisfechas. La ciencia, pues, obligada a ignorar, debe suponer, a lo menos, la existencia de las cosas que no conoce, y no podría poner en duda la continuación de la vida después del fenómeno de la muerte, ya que nada bruscamente interrumpido se observa en la gran obra de la Naturaleza, la cual, según la filosofía de Hermes, no obra nunca a saltos.

Las cosas que están más allá de esta vida pueden ser supuestas de dos maneras: o por los cálculos de la analogía, o por la intuición del éxtasis; en otros términos, por la razón o por la locura.

Los sabios de la Judea habían elegido la razón, y nos han dejado en libros generalmente ignorados sus magníficas hipótesis. Al leerlos, se comprende desde luego, que nuestras creencias han salido de ellas como fragmentos inexplicables, y que lo absurdo aparente de nuestros dogmas desaparece, cuando se completan con las grandes razones de estos antiguos maestros. Asombra encontrar allí realizadas y determinadas filosóficamente todas las más bellas y más grandiosas aspiraciones de nuestra poesía moderna. Goethe había estudiado la cábala, y la epopeya de Fausto ha salido de las doctrinas del *Sohar.* Al parecer, Swedenborg, Saint-Simon y Fourier han visto la divina síntesis cabalística a través de las sombras y las alucinaciones de una pesadilla más o menos extraña; según los peculiares caracteres de estos soñadores. Esta síntesis es, en realidad, lo que el pensamiento humano puede abordar de más completo y de más hermoso.

Los libros que tratan de los espíritus, según los cabalistas, son *Pneumatica kabbalistica* que se halla en la *Kabbala denudata* del barón de Rosenroth, el *Liberde revolutionibus animarum*, de Isaac de Loria, el *Sepher Druschim,* libro de Mosché de Corduero, y algunos otros menos célebres. Aquí damos no tan sólo el resumen sino, por decirlo así, la quintaesencia de ellos. A eso hemos agregado los treinta y ocho dogmas cabalísticos, tal como se hallan en la colección de cabalistas publicado por Pistorius. Estos dogmas compendian casi toda la ciencia y si nos hemos contentado con agregarles unas breves explicaciones, es porque en nuestras obras precedentes hemos desentrañado la ciencia de la cual estos dogmas son la expresión.

CAPÍTULO I: *Unidad y solidaridad de los espíritus*

Según los cabalistas, Dios crea eternamente al Gran Adán, el hombre universal y completo, que encierra en un espíritu único todos los espíritus y todas las almas.

Los espíritus viven, pues, a la vez, dos vidas: la una general, que es común a todos, y la otra especial y particular.

La solidaridad y la reversabilidad entre los espíritus proviene de que viven realmente los unos en los otros, todos iluminados por las luces de uno solo, y todos afligidos a causa de las tinieblas de uno solo.

El Gran Adán estaba representado por el árbol de la Vida, que se extiende arriba y debajo de la tierra mediante ramas y raíces: el tronco es la Humanidad; las diferentes razas son las ramas, y los innumerables individuos son las hojas.

Cada hoja tiene su forma, su vida particular y su porción de savia, pero vive exclusivamente por medio de la rama, así como la rama misma vive por medio del tronco.

Los malvados son las hojas secas y las cortezas muertas del árbol, que caen, se corrompen y se transforman en abono que vuelve al árbol mediante las raíces.

Los cabalistas comparan también los malvados o los réprobos a las excreciones del gran cuerpo de la Humanidad.

Estas excreciones sirven de abono a la tierra que da frutos para alimentar el cuerpo; así la muerte vuelve siempre a la vida, y el mal mismo sirve para renovar y sustentar el bien. Así, pues, la muerte no existe y el hombre no sale nunca de la vida universal. Los que consideramos como muertos viven todavía en nosotros, y nosotros vivimos en ellos; están sobre la Tierra porque allí estamos nosotros, y nosotros estamos en el cielo porque allá están ellos.

Tanto más se vive en los otros, cuanto menos se debe temer la muerte. Nuestra vida después de la muerte se prolonga sobre la Tierra en los que amamos, y nosotros sacamos del cielo, para dársela, la serenidad y la paz.

La comunión de los espíritus del cielo a la Tierra y de la Tierra al cielo se hace naturalmente, sin perturbación y sin prodigios: la inteligencia universal es como la luz del sol que descansa a la vez sobre todos los astros, y que los astros se envían de nuevo para alumbrarse unos a otros durante la noche.

Los santos y los ángeles no precisan palabras ni ruidos para hacerse oír; piensan en nuestro pensamiento y aman en nuestro corazón.

El bien que no han tenido el tiempo de hacer, nos lo sugieren y lo hacemos por ellos; y gozan de él en nosotros y nosotros compartimos con ellos la recompensa, porque las recompensas del espíritu se agrandan cuando se comparten; uno duplica para sí lo que da a otro.

Los santos sufren y trabajan en nosotros, y sólo serán felices cuando la Humanidad entera sea dichosa, ya que hacen parte de la Humanidad indivisible.

La Humanidad tiene en el cielo una cabeza que irradia y que sonríe, sobre la Tierra un cuerpo que trabaja y que sufre, y en el infierno, que es un purgatorio según nuestros sabios, pies encadenados que se queman.

Pues bien, la cabeza de un cuerpo cuyos pies se queman no puede sonreír sino a fuerza de valor, de resistencia y de esperanza; la cabeza no puedo ser alegre cuando los pies se queman.

CAPÍTULO II: *La transición de los espíritus o el misterio de la muerte*

Al dormir el último sueño, el hombre cae primero en una especie de sueño antes de despertar del otro lado de la vida.

Cada uno ve entonces, en un hermoso sueño o en una terrible pesadilla, el paraíso o el infierno en los cuales ha creído durante su existencia material.

Por eso es que, a menudo, el alma espantada vuelve violentamente a la vida que acaba de abandonar y que los muertos, bien muertos, cuando fueron sepultados, despiertan vivos en la tumba.

Entonces, el alma, no atreviéndose a morir, gasta esfuerzos inauditos para conservar la vida, por decirlo así, leguminosa de su cadáver.

Aspira el vigor fluídico de los vivos durante su sueño y lo transmite al cuerpo enterrado, cuyos cabellos crecen como hierbas venenosas, coloreando sus labios con sangre roja.

Estos muertos se han convertido en vampiros; viven conservados por una enfermedad póstuma que tiene su crisis como todas las demás, y acaba por horribles convulsiones durante las cuales, el vampiro que trata de aniquilarse, devora sus brazos y sus manos.

Las personas propensas a las pesadillas pueden formarse una idea de las visiones infernales. Estas visiones son el castigo de una creencia atroz que acosan sobre todos los creyentes supersticiosos y los ascetas fanáticos; la imaginación ha creado atormentadores, y en el delirio que sucede a la muerte, estos monstruos aparecen al alma como una pavorosa realidad, la rodean, la atacan y la destrozan, tratando de devorarla.

El sabio, al contrario, está acogido por visiones dichosas, cree ver a sus antiguos amigos que vienen a recibirlo y que le sonríen. Pero todo eso, como lo hemos dicho, es un mero sueño, no demora el alma en despertar.

Entonces ha cambiado de medio, está arriba de la atmósfera, que se ha solidificado bajo los pies de su envoltura que se ha vuelto más liviana. Esta envoltura es más o menos pesada; hay algunas que no pueden elevarse arriba de su nuevo suelo; otras, al contrario, suben y se ciernen a voluntad en el espacio como águilas.

Pero lazos simpáticos las sujetan siempre a la Tierra sobre la cual han vivido y sobre la cual se sienten vivir más que nunca; pues estando destruido el cuerpo que las aislaba, tienen conciencia de la vida universal, participan de las alegrías y de los sufrimientos de todos los hombres.

Ven a Dios tal como es, es decir, presente en todas partes, en la precisión infinita de las leyes naturales, en la justicia que triunfa siempre, pese a los acontecimientos, y en la caridad infinita que es la comunión de los elegidos. Sufren, hemos dicho, pero esperan porque aman, y se estiman felices de sufrir. Saborean tranquilamente la dulce amargura del sacrificio y son los miembros gloriosos, pero siempre sangrantes, de la gran víctima eterna.

Los espíritus creados a imagen y semejanza de Dios son creadores, como él; pero como él, no pueden crear sino sus imágenes. Las voluntades atrevidas y desordenadas producen larvas y fantasmas; la imaginación tiene la facultad de formar coagulaciones aéreas y electromagnéticas que reflejan, por un momento, los pensamientos y, sobre todo, los errores del hombre o del círculo de hombres que les dio luz. La creación de abortos excéntricos agotan la razón y la vida de los que los producen, y tienen como carácter general la estupidez y la maleficencia, porque son los tristes frutos de la voluntad descarriada.

Los que no han cultivado su inteligencia durante su existencia quedan, después de la muerte, en un estado de sopor y de entorpecimiento lleno de angustias y de inquietud; se encuentran en el vacío y en la noche, sin poder subir o bajar, incapaces de comunicarse ya sea con el cielo o con la

Tierra, apenas han recobrado la conciencia de sí mismos. Poco a poco son sacados de este estado por los elegidos que los instruyen, los consuelan y los ilustran; después se les somete a nuevas pruebas cuya naturaleza nos es desconocida, pues es imposible que un hombre nazca dos veces sobre la misma Tierra. Una vez caída la hoja de un árbol ya no se junta con la rama. La oruga se convierte en mariposa, pero la mariposa jamás vuelve a ser oruga. La Naturaleza cierra las puertas detrás de todo lo que pasa y empuja la vida adelante. El mismo pedazo de pan no podría ser comido y digerido dos veces. Las formas pasan, el pensamiento queda y no toma de nuevo lo que ya usó una vez.

CAPÍTULO III: *Jerarquía y clasificación de los espíritus*

Existen espíritus elevados, hay otros inferiores, y también mediocres.

Entre los espíritus elevados, se pueden distinguir también los más superiores, los menos elevados y los que ocupan un lugar medianero.

Lo mismo sucede con los espíritus mediocres y con los inferiores.

Esto nos da tres clases y nueve categorías de espíritus.

Esta jerarquía natural de los hombres ha hecho suponer, por analogía, los tres rangos y los nueve coros de ángeles y, después, por inversión, los tres círculos y las nueve escalas del infierno.

He aquí lo que leemos en una antigua clavícula de Salomón, traducida por primera vez del hebreo.

Yo te daré ahora la clave del reino de los espíritus.

Esta clave es igual a la de los números misteriosos de Jesirah.

Los espíritus son regidos por la jerarquía natural y universal de las cosas.

Tres mandan a tres por intermedio de tres.

Están los espíritus de arriba, los de abajo y los del medio; después si invertís la escala santa, si caváis en lugar de subir, encontraréis la contra jerarquía de las cortezas o de los espíritus muertos.

Sabed solamente que los principados del cielo, las virtudes y los poderes no son personas sino dignidades.

Son los grados de la escala santa a lo largo de la cual suben y bajan los espíritus.

Miguel, Gabriel, Rafael y los demás no son nombres, sino títulos.

El primer número es uno.

La primera de las concepciones divinas, llamada Sephirot es *Keter* o la Corona.

La primera categoría de espíritus es la de *Hajoth Hacoadosch* o las inteligencias del tetragrama divino, cuyas letras están representadas en la profecía de Ezequiel por animales misteriosos.

Su imperio es el de la unidad y de la síntesis.

Corresponden a la inteligencia.

Tienen por adversarios a los Thamiel o bicéfalos, demonios de la rebeldía y de la anarquía, cuyos jefes siempre en guerra el uno contra el otro, son *Satanás y Moloch*.

El segundo número es dos, y la segunda Sephira, Chomac o la Sabiduría.

Los espíritus de la sabiduría son los Opharhim, nombre que significa ruedas, porque todo funciona en el cielo como inmensas ruedas salpicadas de estrellas. Su imperio es el de la armonía. Corresponden a la razón.

Tienen por adversarios a los *Chaigidel* o las cortezas que se pegan a las apariencias materiales o engañosas. Su jefe, o más bien su guía, ya que los malos espíritus no obedecen a nadie, es *Belcebú,* nombre que significa Dios de las moscas, por el hecho de que las moscas hormiguean sobre los cadáveres en putrefacción.

El tercer número es tres.

La tercera Sephira, *Binah,* o la inteligencia.

Y los espíritus de Binah son los *Aralim,* o los fuertes.

Su imperio es la creación de las ideas; corresponden a la actividad y a la energía del pensamiento.

Tienen por adversarios a los *Satariel* o los escondedores, demonios de la insensatez, de la inercia intelectual y del misterio.

El jefe de los *Satariel* es *Lucífugo*, llamado equivocadamente y por antifrasis *Lucifer,* así como las Eumenidas, que son las Furias, y fueron llamadas en griego *Las Graciosas.*

El cuarto número es cuatro; la cuarta *Sephira, Gedulah o Chesed,* la magnificencia o la bondad.

Los espíritus de *Gedulah* son los *Haschmalim o los lúcidos.*

Su imperio es el de la beneficencia; corresponden a la imaginación.

Tienen por adversarios a los *Gamchicot* o perturbadores de las almas.

Jefe o guía de estos demonios es *Astaroth o Astarté,* la Venus impura de los asirios, que se representa con una cabeza de burro o de toro y pechos de mujer.

El quinto número es cinco; la quinta *Sephira, Geburah o* la justicia.

Los espíritus de *Geburah* son los *Seraphin* o espíritus ardientes de celo.

Su imperio es el castigo de los crímenes.

Corresponden a la facultad de comparar y de escoger.

Tienen por adversarios a los *Galab* o incendiarios, genios de la cólera y de las sediciones, cuyo jefe es *Asmodeo,* llamado también el *Samael negro.*

El sexto número es seis; la sexta Sephira, *Tiphereth,* la suprema belleza.

Los espíritus de Tiphereth son los *Malachim* o los reyes.

Su imperio es el de la armonía universal.

Corresponden al juicio.

Tienen por adversarios a los *Tagaririm* o los disputadores, cuyo jefe es *Belphegor.*

El séptimo número es siete; la séptima Sephira. *Nestash* la victoria; los espíritus de *Netsah* son los *Eloïm* o los dioses, es decir los representantes de Dios.

Su imperio es el del progreso y de la vida; corresponden al *sensorium* o a la sensibilidad.

Tienen por adversarios a los *Harab-Serapel* o los cuervos de la muerte, cuyo jefe es *Baal.*

El octavo número es ocho; la octava Sephira. *Hod* o el orden eterno; los espíritus de *Hod* son los *Nebi-Eloïm* o los hijos de los dioses.

Su imperio es el del orden, corresponden al sentido íntimo; tienen por adversarios a los *Samaël,* los batalladores, cuyo jefe es *Adramelech.*

El noveno número es nueve; la novena Sephira, *Jesod o* principio fundamental.

Los espíritus de *Jesod* son los *Cherubim* o los ángeles, poderes que fecundan la tierra y que se representan en el simbolismo hebreo con la figura de un toro.

Su imperio es el de la fecundidad.

Correspondan a las ideas verdaderas.

Tienen por adversarios a los *Gamaniel* o los obscenos, cuya reina *Lilith* es el demonio de los abortos.

El décimo número es diez; la décima Sephira, *Malchuth* o el reino de las formas.

Los espíritus de *Malchuth* son los *Ischim* o los viriles que son las almas de los santos, de los cuales Moisés es el jefe.*

Tienen por adversarios a los malvados que obedecen a *Nahema,* el demonio de la impureza.

Los malvados son figurados por los cinco pueblos malditos que Josué debía destruir.

---

* No olvidemos que es Salomón quien habla.

Josué o *Jehoshua,* el Salvador, es la figura del Mesías.

Su nombre se compone de las letras del tetragrama divino convertido en pentagrama por la adición de la letra Schin.

Cada letra de este pentagrama representa una potencia del bien atacada por uno de los cinco pueblos malditos.

Pues la historia real del pueblo de Dios es la leyenda alegórica de la Humanidad.

Los cinco pueblos malditos son los Amalecitas o agresores; los *Geburim* o violentos; los *Raphaim* o cobardes; los *Nephilim* o voluptuosos y los *Anacim* o anarquistas.

Los anarquistas son vencidos por la *Iod* que es el cetro del padre.

Los violentos son vencidos por la *He,* que es la espada de Miguel y la generación por el trabajo y el dolor.

Los cobardes son vencidos por la *Vau*, que es la espada de Miguel y la generación por el trabajo y el dolor.

Los voluptuosos son vencidos por la segunda *He,* que es el alumbramiento doloroso de la madre.

Por fin, los agresores son vencidos por la *Schin*, que es el fuego del Señor y de la ley equilibrante de la Justicia.

Los príncipes de los espíritus perversos son los falsos dioses que ellos adoran.

El Infierno no tiene más gobierno que la ley fatal que castiga la perversidad y que corrige el error, pues los falsos dioses existen tan sólo en la falsa opinión de sus adoradores.

Baal, Balphegor, Moloch, Adramelech han sido los ídolos de los asirios; ídolos sin alma, ídolos hoy aniquilados, de los cuales queda tan sólo el nombre.

El Dios verdadero ha vencido a todos estos demonios, así como la verdad triunfa del error. Esto ha sucedido en la opinión de los hombres, y las guerras de Miguel contra Satanás son figuras del movimiento y del progreso de los espíritus.

El diablo no es más que un dios ruin.

Las idolatrías acreditadas antaño fueron religiones.

Las idolatrías caducadas son supersticiones y sacrilegios.

El panteón de los fantasmas de moda, es el cielo de los ignorantes.

El sumidero de los fantasmas que la locura misma repudia, es el infierno.

Pero todo eso existe tan sólo en la imaginación del vulgo.

Para los sabios, el cielo es la suprema razón, y el infierno es la locura.

Se comprenderá que empleamos aquí el vocablo cielo en el sentido místico que se le da al contraponerlo a la palabra infierno.

Para evocar a los fantasmas, basta embriagarse o volverse loco. Los fantasmas son los compañeros de la embriaguez y del vértigo.

El fósforo de la imaginación entregada a todos los caprichos de los nervios sobreexcitados y enfermizos se llena de monstruos y de visiones absurdas.

También se logra la alucinación mezclando la vigilia al sueño por el empleo gradual de excitantes y narcóticos; pero estas prácticas son crímenes contra natura.

La sabiduría ahuyenta los fantasmas y nos hace comunicar con los espíritus superiores mediante la contemplación de las leyes de la Naturaleza y el estudio de los números sagrados.

Aquí el rey *Scholmoh* se dirige a su hijo Roboam:

Recuerda hijo mío, Roboam, que el temor de Adonai es solamente el principio de la sabiduría.

Mantiene y conserva a los que no tienen inteligencia en el temor de Adonai, que te dará y conservará mi corona.

Pero aprende tú mismo a triunfar del temor por la sabiduría, y los espíritus bajarán del cielo para servirte.

Yo, Salomón, tu padre, rey de Israel y de Palmira, he buscado y conseguido participar de la santa Chomah, que es la sabiduría de Adonai.

Y he logrado ser el rey de los espíritus tanto del cielo como de la Tierra, el amo de los habitantes del aire y de las almas vivientes del mar, porque poseía la llave de las puertas ocultas de la luz.

Yo he realizado grandes cosas con la virtud de Schema Hamphorasch y las treinta y dos vías de Jesirah.

El número, el peso y la medida determinan la forma de las cosas: la sustancia es una y Dios la crea eternamente.

Dichoso es el que conoce las letras y los números.

Las letras son números, y los números ideas, y las ideas fuerzas, y las fuerzas, *Elohim.* La síntesis de los Elohim es el Schema.

El Schema es uno, sus columnas son dos, su poder es tres, su forma cuatro, su reflejo ocho, el que multiplicado por tres da los veinticuatro tronos de la sabiduría.

Sobre cada trono descansa una corona de tres florones, cada florón lleva un nombres y cada nombre es una idea absoluta. Hay setenta y dos nombres, sobre las veinticuatro coronas del Schema.

Escribirás estos nombres sobre treinta y seis talismanes, dos sobre cada talismán, uno de cada lado.

Dividirás estos talismanes en cuatro series de nueve cada una, según el número de letras del Schema.

Sobre la primera serie grabarás la letra *Iod,* representada por la vara florida de Aarón; sobre la segunda, la letra *He* representada por la copa de José.

Sobre la tercera, *Vau,* representada por la espada de David, mi padre.

Y sobre la cuarta, la *He* final, representada por el ciclo de oro.

Los treinta y seis talismanes serán un libro que contendrá todos los secretos de la Naturaleza, y por medio de sus diferentes combinaciones harás hablar a los genios y a los ángeles.

(Aquí termina el fragmento de la clavícula de Salomón)

CAPÍTULO IV: *Los dogmas cabalísticos*
(Tomados de la colección de cabalísticas de Pistorius)

1. Noven sunt hierarchiae

Nueve es el número jerárquico

Es lo que hemos explicado en el capítulo anterior.

2. Shema misericordiam dicit, set et judicium

El hombre divino significa misericordia, porque quiere decir jucio

El infinito, al ejercer su poder sobre lo finito, debe necesariamente castigar para corregir y no para vengarse. Las fuerzas del pecado no exceden las del pecador, y si el castigo fuera más grande que la ofensa, el castigador, convertido en verdugo, sería el verdadero criminal, completamente inexcusable y digno de un suplicio eterno. El torturado, enaltecido por lo infinito de la pena, se convertiría en Dios, que es lo que los antiguos han figurado en Prometeo, inmortalizado por las mordeduras de su buitre y que debe destronar a Júpiter.

3. Peccatum Adae fuit truncatio Malchuth ab arbore sephirotica

El pecado de Adán, es Malchuth caído del árbol sefirótico

Para tener una existencia personal e independiente, el hombre ha tenido que separarse de Dios. Es lo que sucede al nacer. Un niño que viene al mundo es un espíritu que se separa del seno de Dios, para probar el fruto del árbol de la ciencia y gozar de libertad. Es por eso que Dios le da una túnica de carne. Está condenado a muerte por su nacimiento mismo que es su pecado: pero mediante este pecado que lo emancipa, obliga a Dios a rescatarlo y es el conquistador de la verdadera vida que no existe sin la libertad.

4. Cum arbore peccati deus creavit seculum

El árbol del pecado ha sido el instrumento de la creación del mundo

Las pasiones del hombre lo incitan al combate de la vida; pero no lo arrastrarían a su pérdida si no tuviera la razón para vencerlas y subyugarlas. Es así como fomentan en él la virtud que es la fuerza moral, y para eso las tentaciones le son necesarias. Pues la fuerza se genera en proporción a la resistencia.

Es así cómo según el *Sohar,* para crear lo relativo Dios hizo un vacío en lo absoluto. El tiempo parece una laguna en la eternidad y según dice la Biblia, Dios se arrepintió de haber hecho al hombre. Pues bien, si uno solamente puede arrepentirse de una falta, la creación es, por decirlo así, el pecado de Dios mismo.

5. Magnus aquilo fons est animarum

El gran aquilón es la fuente de las almas

La vida necesita calor. Los pueblos emigran del Norte al Sur, y las almas inertes tienen sed de actividad. Es para encontrar esta actividad que vienen al mundo. Tienen frío en su inacción primitiva, puesto que su creación no está terminada. El hombre debe cooperar a su creación: Dios la principia, pero él mismo debe rematarla. Si no debiera nacer ni morir, dormiría, dormiría absorbido en la eternidad de Dios, y no sería nunca el conquistador de su propia inmortalidad.

6. Coelum est Keter
El cielo es Keter (la corona)

Los cabalistas no tienen nombre para designar al monarca supremo; hablan solamente de la corona que atestigua la existencia del rey, y aquí dicen que esta corona es el cielo.

7. Animae a tertio lumine ad quartam descendunt, inde ad quintam ascendunt, Dies unos, post mortem noctem subintrant
Las almas hijas de la tercera luz bajan hasta la cuarta, y después se elevan a la quinta; es un día. Cuando llega la muerte, es la noche

En Dios como en la Humanidad, el número tres expresa la generación, el amor es la tercera persona o concepción divina; es lo que el cabalista quiere indicar por esta tercera luz, de la cual bajan las almas para llegar a la cuarta, que es la vida natural y elemental. De allí deben subir hasta cinco que es la estrella pentagramática, símbolo de la quinta esencia, símbolo de la voluntad que dirige los elementos. Después compara una existencia a un día seguido por una noche, para hacer presentir un despertar seguido de una nueva existencia.

8. Sex diesgeneseos sunt sex litterae Bereschith
Los seis días del génesis son las seis letras de la palabra

9. Paradisus est arbor sephiricus. In medio magnus Adam est Tiphereth
El paraíso, es el árbol sefirótico; el gran Adán que está en el medio, es Tiphereth

10. Quatuor flumine ex uno fonte, in medio unius sunt sex et dat decem
Las cuatro fuentes del Edén salen de una fuente del medio formada por seis, lo que da diez

Estos tres artículos significan que la historia del paraíso terrestre es una alegoría. El paraíso terrestre es la verdad sobre la Tierra. La descripción que la Biblia da de este jardín contiene los números separados de la cábala. La historia de la creación del mundo, que precede la descripción del Edén, antes que un relato es un símbolo que expresa las leyes eternas de la creación, cuyo resumen está contenido en las seis letras jeroglíficas de la palabra

11. Factum fatum quia fatum verbum est

Un hecho es una fatalidad, porque una fatalidad es una razón

Una suprema razón dirige todo, y no hay fatalidad; todo lo que es, debía ser. Todo lo que sucede, debía suceder. Un hecho consumado es irrevocable como el destino; pero el destino es la razón de la inteligencia suprema.

12. Portae jubilaeum sunt

Las puertas son un jubileo

Según los cabalistas, las puertas de la ciencia son cincuenta, es decir que son una clasificación general en cinco series de diez ciencias particulares cuyo conjunto forma la ciencia general y universal. Cuando se ha recorrido todas estas series, se alcanza el jubileo del verdadero saber, figurado por el gran jubileo que tiene lugar cada cincuenta años.

13. Abraham semper vertitur as austrum

Abraham se vuelve siempre hacia el viento del sur

Es decir, hacia el viento que trae la lluvia. Las doctrinas de Abraham, es decir de la cábala, son doctrinas siempre fecundas. Israel es el pueblo de las ideas reales y del trabajo productivo. Conservando el depósito de la verdad doliente con admirable paciencia, trabajando con una rara sagacidad y una infatigable industria, el pueblo de Dios debe conquistar al mundo.

14. Per additionem He, Abraham genuit

Por la adición de He, Abraham fue padre

Abraham se llamaba primero Abraham. Dios, dice la Biblia, agregó una *He* a su nombre, anunciándole que sería padre de una multitud.

He es la letra femenina del *tetragrama* divino, representa al Verbo y su fecundidad, es el signo jeroglífico de la realización.

El dogma de Abraham es absoluto, y su principio es esencialmente realizador.

En religión, los judíos no sueñan, piensan y su acción tiende siempre a la multiplicación, tanto de la familia como de las riquezas que mantienen la familia y permiten que aumente.

15. Omnes ante Mosem per unicornem prophet averunt

Antes de Moisés, todos los profetas han jurado por el Unicornio

Es decir, han visto solamente un lado de la verdad. El cuerno, en el simbolismo hebreo, significa el poder, y sobre todo, el poder del pensamiento. El unicornio, animal fabuloso que tiene un solo cuerno en medio de la frente, es la figura del ideal; el toro, al contrario, o el *cherub,* es el símbolo de la fuerza que está en la realidad. Es por eso que Júpiter Amón, Osiris, Isis, son representados con dos cuernos en la frente; por eso también, Moisés es representado con dos cuernos, uno de los cuales es la trompeta del verbo y el otro el cuerno de la abundancia.

16. Mas et faemina sunt Tiphereth et Malchuth

El hombre y la mujer son la belleza de Dios y su reino

La belleza revela a Dios. La Naturaleza demuestra ser hija de Dios porque es bella. Se dice que lo bello es el esplendor de lo verdadero, y ese esplendor alumbra al mundo, es su razón de ser. Esta belleza es el ideal, pero este ideal es verdadero solamente al realizarse. El ideal divino es algo como un esposo de la Naturaleza, que la enamora y hace que se vuelva madre.

17. Copula cum Tiphereth etgeneratio tua benedicetur

Cásate con la suprema belleza y tu generación será bendita

Si el casamiento es santo, la posteridad será santa. Los niños nacen viciosos cuando son concebidos en el pecado. Hay que exaltar y ennoblecer el amor para santificar el matrimonio. Si los seres humanos al juntarse, obedecen a un instinto que es común a ellos y a los animales, engendrarán animales con forma humana. El verdadero matrimonio une a la vez las almas, los espíritus y los cuerpos y los hijos que resultan son benditos.

18. Daemon est Deus inversus

El diablo es Dios invertido

El diablo no es sino la antítesis de Dios, y si pudiera tener una existencia real, seguramente Dios no existiría.

El diablo es mentiroso como su padre, ha dicho Jesús. Pues bien, ¿quién es el padre del diablo? El padre del diablo es la mentira. El diablo niega lo que Dios afirma; por consiguiente, Dios niega lo que el diablo afirma. El diablo afirma su propia existencia, y Dios, al hacer triunfar siempre el bien, da a Satanás un desmentido eterno.

19. Duo erunt unum. Quod intra est fiet extra et nox sicut dies illuminabitur

Dos serán uno, lo que está adentro saldrá fuera y la noche será clara como el día.

Dios y la Naturaleza, la autoridad y la libertad, la fe y la razón, la religión y la ciencia, son principios eternos que no se ha logrado conciliar todavía. Existen, sin embargo, y ya que no pueden destruirse mutuamente, es preciso que se concilien.

La manera de conciliarlos, es distinguirlos bien unos de otros. La sombra es necesaria a la luz; son las noches que separan y que unen los días. Que la mujer no trate de hacerse hombre que el hombre no usurpe nunca el dominio de la mujer, pero que ambos se unan para completarse. Tanto más la mujer es mujer, cuanto más merece el amor del hombre; tanto más el hombre es hombre, cuanta más confianza inspira a la mujer.

La razón, es el hombre; la fe, es la mujer.

El hombre debe dejar a la mujer sus misterios, la mujer debe dejar al hombre esa independencia que le sacrifica con tanto gusto. Que el padre no dispute jamás los derechos de la madre en su dominio maternal; pero que la madre no atente jamás a la soberanía paterna del hombre. Cuanto más se respetaren uno a otro, tanto más estrechamente se unirán.

Esta es la solución del problema.

20. Poenitentia mon est verbum
Arrepentirse no es obrar

La verdadera penitencia no consiste en quejas y lágrimas; cuando se advierte que se ha obrado mal, es menester recapacitar inmediatamente y obrar bien. ¿De qué sirve, si se ha tomado un camino errado, golpearse el pecho y echarse a llorar como un niño o un cobarde? Tengo que volver sobre mis pasos y correr para recuperar el tiempo perdido.

21. Excelsi sunt aqua australis et ignis septemtrionalis et praefecti eorum sile
El agua reina en el sur y el fuego en el norte. Guarda silencio sobre este arcano

Guardaremos el silencio ya que los maestros lo ordenan. Agregaremos solamente a su fórmula las siguientes que pueden servir para explicarla. La armonía resulta de la analogía de los contrarios: los contrarios son gobernados por los contrarios mediante la armonía; el rey de las armonía es el rey de la Naturaleza.

22. In principio, id est in Chocmah
En principio, es decir por la sabiduría

La sabiduría es el principio de todo lo que existe eternamente: todo principia y acaba con ella, y cuando la escritura sagrada habla de un principio, designa la sabiduría eterna. En el principio está el verbo, es decir en la sabiduría eterna está el verbo. Suponer que Dios, tras una eternidad de inacción, resolvió crear, es suponer dos enormes absurdos 1º, una eternidad que termina; 2º, un Dios que cambia. La palabra *Bereschith,* que principia el Génesis, significa literalmente "En la cabeza o por la cabeza", es decir, en pensamiento o por el pensamiento que, en Dios, es la sabiduría eterna.

23. Viae aeternitatis sunt triginta duo
Las vías que conducen al Eterno son treinta y dos

Estas treinta y dos vías son los diez números y las veintidós letras.

A los diez números se relacionan ideas absolutas; a la unidad, la de ser; a dos, el equilibrio; a tres, la generación, etcétera.

En hebreo, las letras representan números, y las combinaciones de las letras forman combinaciones de números y también de ideas que siguen exactamente las evoluciones de los números, por lo que la filosofía oculta es una ciencia exacta, que se podría denominar la aritmética del pensamiento.

El libro oculto que sirve para estas combinaciones es el *Tarot,* compuesto de veintidós figuras alegóricas, de letras y de números y de cuatro series de diez que llevan símbolos análogos a las cuatro letras del nombre divino, el *Schema* tetragramático.

Estas series pueden reducirse cada una a nueve, ya que, en efecto, hay solamente nueve números, puesto que el denario es la repetición de la unidad.

Cuatro por nueve da treinta y seis, número de los talismanes de Salomón, y sobre cada talismán había dos nombres misteriosos, lo que da los setenta y dos nombres del *Schema hamphorasch.*

Mirville pregunta a quién persuadiremos de que el *Tarot,* con sus figuras paganas, es el *Schema hamphorasch* de los rabinos. No queremos persuadir a él ni a nadie, pero podemos probarlo a quien quiera tornarse el trabajo de estudiarlo con nosotros.

Es verdad que las figuras paganas, egipcias, etcétera, no pertenecen al judaísmo ortodoxo. El *Tarot* existía en la India, en Egipto y aun en la China al mismo tiempo que entre los hebreos. El que nos ha sido transmitido es el *Tarot* samaritano. Las ideas son judías, pero los símbolos son profanos y se asemejan mucho a los jeroglíficos egipcios y a los del misticismo de la India.

24. Justi aquae, Deus mare

Los justos son las aguas, Dios es el mar

Todas las aguas van al mar y todas salen de él, pero todas las aguas no son la mar. Asimismo, los espíritus salen de Dios y a él vuelven, pero no son Dios. El espíritu universal, el universo viviente, el ídolo del panteísmo no es Dios. El ser infinito animado de una vida infinita revela a Dios y no es Dios. Como principio del ser de los seres, Dios no puede ser asimilado al ser ni a ninguno de los seres. ¿Qué es Dios? Es lo incomprensible, sin el cual no se comprende nada. Es el que la fe afirma sin verlo, para dar una base a la ciencia. Es la luz invisible, de la cual la luz visible es la sombra. Es lo que el genio humano sueña eternamente al sentir que él mismo es meramente el sueño de su sueño. El hombre hace a Dios a su imagen y semejanza y exclama: Así me hizo Dios. Es así cómo Dios se hace hombre. Es así cómo el hombre se hace Dios. Busquemos a Dios en la Humanidad y hallaremos la Humanidad en Dios.

25. Angeli apparentiarum sunt volatiles coeli et animantia

Los pájaros del cielo y los animales de la Tierra son los ángeles de la forma exterior

Los animales son inocentes y viven de una vida fatal: son los esclavos de la naturaleza exterior e inferior. Como los ángeles son los servidores de la naturaleza divina y superior; toman las figuras analíticas del pensamiento que se sintetiza en el hombre; representan las fuerzas especificadas de la Naturaleza; han venido al mundo antes que el hombre, para anunciar al mundo la próxima llegada del hombre, y son los auxiliares de su cuerpo, así como los ángeles del cielo son los auxiliares de su alma. *Lo que está arriba es como lo que esta abajo.* La serie distribuye la armonía, y la armonía resulta de la analogía de los contrarios.

26. Litterae nominis sunt Danielis regna

Las letras del tetragrama son los reinos de Daniel

Los animales de Ezequiel representan las fuerzas celestes, y los de Daniel representan los poderes de la Tierra. Son cuatro, conforme con el número de los elementos y de los puntos cardinales. El Edén de Moisés, jardín circular dividido en cuatro partes, por cuatro ríos que fluyen de una fuente central, la llanura circular de Ezequiel (*circum duxit me in gyro*) vivificada por los cuatro vientos, y el océano de Daniel, cuyo horizonte circular está ocupado por cuatro animales. Son símbolos análogos, que están contenidos en las cuatro letras jeroglíficas que componen el nombre *Jehová*.

27. Angelus sex alas habens non transformatur

El ángel que tiene seis alas no se transforma nunca

El espíritu perfectamente equilibrado ya no cambia. Hay tres cielos simbólicos: el cielo divino, el ciclo filosófico y el ciclo natural. Las alas de la verdadera contemplación, las de pensamiento esclarecido, y las de la ciencia conforme al ser, son las seis alas que dan estabilidad a los espíritus e impiden que se transformen.

28. Litterae sunt hieroglyphicae in omnibus

Las letras son jeroglíficos completos que expresan todas las ideas

Mediante las combinaciones de estas letras, que son también números, se obtienen combinaciones de ideas siempre nuevas, rigurosamente exactas como operaciones de aritmética, lo que es la mayor maravilla y el supremo poder de la ciencia Cabalística.

29. Absconde faciem tuam et ora

Vela tu rostro para orar

Era la costumbre de los judíos quienes, para rezar con mayor recogimiento se envolvían la cabeza con un velo que llamaban *thalith.* Este velo es originario de Egipto y se parece al de Isis. Significa que las cosas sagradas deben ocultarse a los profanos, y que cada uno debe dar cuenta sólo a Dios de los pensamientos secretos de su corazón.

30. Nulla res spiritualis descendit sine indumento

El espíritu no baja nunca sin vestimenta

Las vestimentas del espíritu son adecuadas al ambiente que atraviesa. Así como la ligereza o la pesadez de los cuerpos los hace subir o bajar, asimismo el espíritu se viste para bajar y se desnuda para subir. No podríamos vivir en el agua, y los espíritus desprendidos de los cuerpos terrestres no podían vivir en nuestra atmósfera, como lo hemos dicho ya en otra parte.

31. Extrinsecus timor est inferior amore, sed intrinsecus superior

Exteriormente, el temor es inferior al amor, pero interiormente el amor es inferior al temor

Hay dos temores, el temor interesado y el temor desinteresado; el temor al castigo y el temor al mal.

Pues bien, el temor al mal, siendo el amor a la justicia puro y desinteresado, es más noble que el amor interesado de los que hacen el bien atraídos meramente por las recompensas.

32. Nasus discernit propietates

La nariz discierne las propiedades

En el simbolismo del *Sohar,* la longanimidad divina está representada por el largo de la nariz que se da a la imagen alegórica de Dios. La Humanidad, al contrario, está representada con una nariz corta, porque comprende poco y se irrita fácilmente. En estilo vulgar, tener nariz significa tener un juicio sagaz y tacto en la conducta de la vida. El olfato del perro es una especie de adivinación. Presentir, es casi una manera de olfatear.

33. Anima bona, anima nova filia Orientis

El alma buena es un alma nueva que viene del oriente

Hay dos bondades la bondad original, que es la inocencia, y la bondad adquirida, que es la virtud. El alma nueva, hija de oriente, es pura como el día que despunta, pero debe pasar por una prueba donde su candor se empañará, para que después se purifique por el sacrificio. ¿Lo hará en una sola o en varias encarnaciones? Para nosotros es difícil saberlo; ya hemos dicho por qué las encarnaciones sucesivas nos parecen imposibles; agregaremos que los cabalistas de primer orden jamás las han admitido. En lugar de reencarnación, admiten el embrionato, es decir, la unión íntima de dos almas, la una ya difunta, y la otra todavía viva sobre la Tierra: el que ha muerto teniendo que cumplir todavía deberes en la Tierra, lo hace por intermedio del vivo. De esta manera, las personalidades quedan intactas, y Elías, sin cesar de ser Elías, puede revivir en Juan Bautista. Es así como Moisés y Elías aparecen sobre el Thabor como asesores de Jesucristo; pues decir que Jesús era la reencarnación de Moisés, sería aniquilar o la persona de Moisés o la de Jesús.

34. Anima plena superiori conjungitur

Cuando el alma está completa, se une a un alma superior

Las almas se unen en pensamiento y por el amor sin tomar en cuenta espacios. De sol a sol, de universo a universo, pueden no solamente corresponder, sino también hacerse presentes unas a otras. Es así como suceden, según los rabinos, los dos fenómenos del embrionato; el protectorado es la ayuda de un alma libertada prestada a un alma en pena, la asunción de un espíritu militante por un espíritu glorioso y triunfante; en otros términos, es la asistencia de un santo que se hace el ángel custodio de un justo. Estas hipótesis son consoladoras y bellas, es lo único que podemos decir de ellas: se deducen del dogma de la solidaridad de las almas que resulta de la creación y de su existencia colectivas.

35. Post deos rex verus regnabit super terram

Cuando ya no habrá falsos dioses, un verdadero rey reinará sobre la tierra

La idolatría es el culto del despotismo arbitrario, y los reyes de este mundo están hechos a la imagen de los dioses, que la Tierra adora. Un dios que castiga infinitamente seres finitos, después de haberlos creado y haberles impuesto una ley que contraría todas las inclinaciones de su naturaleza, sin que esta ley haya sido promulgada claramente para todos, ese Dios autoriza todas las barbaridades de los autócratas. Cuando los hombres conciban un Dios justo, tendrán reyes equitativos. Las creencias hacen que la opinión, y es la opinión que consagra los poderes. El derecho divino de Luis XI está muy emparentado al Dios de Domingo y de Pío V. Es al Dios de Fénelon y de San Vicente de Paula que debemos la filantropía y la civilización modernas. Cuando el hombre progresa, Dios camina; cuando se eleva, Dios se engrandece; en seguida, el ideal que el mundo se ha forjado reacciona sobre el mundo. La irradiación del pensamiento humano al tocar el objetivo divino, se refleja sobre la Humanidad; pues este objetivo no es sino un espejo. Este reflejo del mundo ideal se convierte en la luz del mundo real. Las costumbres se forman conforme a las creencias, y la política es el resultado de las costumbres.

36. Linea veridis gyrat universa

La línea verde circula alrededor de todas las cosas

En sus pantáculos, los cabalistas representan la corona divina por una línea verde que rodea las demás figuras. El verde es la alianza de dos colores principales del prisma, el amarillo y el azul, figuras de los Elohim o grandes poderes que se compendian y unen en Dios.

37. Amen est influxus numerationum

Amén es la influencia de los números

La palabra *amén* que termina las preces, es una afirmación del espíritu y una adhesión del corazón. Para que esta palabra no sea una blasfemia, es menester, pues, que el rezo sea razonable. Esta palabra es como una firma mental; mediante esta palabra, el creyente se afirma y se hace semejante a su oración. *Amén* es la aceptación de una cuenta abierta entre Dios y el hombre. ¡Desgraciado del que cuenta mal, pues será tratado como un falsario! Decir *amén* después de haber formulado el error, es dedicar su alma a la mentira personificada por Satanás. Decir *amén* después de haber formulado la verdad, es pactar una alianza con Dios.

TERCERA PARTE: ESPÍRITUS SUPUESTOS O FANTASMAS

Visiones, evocaciones, fenómenos de necromancia desde la antigüedad hasta nuestros días y fenómenos modernos

CAPÍTULO I: *Los espíritus de la Biblia*
El espíritu de Elifar y la sombra de Samuel por la pitonisa de Endor

Algún día se comprenderá la Biblia, se conocerán los tesoros de ciencia primitiva escondidos debajo de tantos símbolos y tantas figuras; se aprenderá que el Génesis, por ejemplo, no es tan sólo la formación de un mundo, sino la exposición de las leyes eternas que presiden la creación incesante y siempre renovada de los seres; se descifrarán esos jeroglíficos que hicieron reír tanto a Voltaire, se sabrá cómo un Cherub, es decir un toro (el de Europa y de Mitra), puede estar de guardia a la puerta del jardín de la ciencia, espada en mano. Ahora estas alegorías están veladas, y los grandes monumentos de la antigüedad hierática quedan en pie, envueltos en su soledad y su silencio como las grandes pirámides, sobre las cuales se posa el ojo, sin que digan algo preciso al pensamiento y de las que no se sabe positivamente si son monumentos científicos o sepulcros.

Entre los libros de la Biblia, hay uno que asombra sobre todo por la magnificencia de la forma poética, y por sus melancólicas profundidades. Queremos hablar del Libro de Job, la más antigua, tal vez, y seguramente la más notable síntesis que nos queda del dogma filosófico y mágico de la antigua iniciación.

Este libro explica el origen y la razón de ser del mal, indica el fin de la vida humana y de sus sufrimientos. Es la leyenda del "afligido". La alegoría es transparente, los nombres mismos de los personajes revelan no tan sólo individuos, sino tipos. Job, cuyo nombre significa el "afligido", recibe en su aflicción la visita de tres falsos amigos, los cuales so pretexto de consolarlo, lo atormentan y lo afligen más todavía. Uno de ellos es Elifas, el amante de Dios, o sea el puritano de aquella época. El segundo es Baldad, el amante de las ideas antiguas. El tercero es Sofar, el filósofo tenebroso y malévolo.

Vienen a visitar a Job en el país de Hus, nombre que significa "consejo"; y con toda la inocencia feroz de la necedad aúnan sus esfuerzos para inducirle a la desesperación.

El primero que habla es Elifar, y como representa la credulidad altanera aduce en apoyo de lo que adelanto el testimonio de su espíritu.

Alguien, dice él, le habló: algún desconocido del cual no ha visto el rostro, pero tembló de miedo; los pelos se le erizaron, y sintió pasar sobre su cara un como soplo que murmuraba palabras inciertas. Con avidez aguzó las orejas y recogió tanto como le fue posible los hilos entrecortados del cuchicheo de esta sombra.

Era un médium de los viejos tiempos, y se ve, al leer este pasaje, que el autor del Libro de Job conocía muy bien el genio de los visionarios y el carácter distintivo de las visiones.

No es sin razón que se atribuyó el Libro de Job a Moisés. pues la belleza de este poema no desmerece de los himnos del gran profeta de los hebreos; es la misma inspiración, las mismas imágenes grandiosas. Pero que sea o no de Moisés, este libro sagrado es la obra de un gran hierofante, y la más alta ciencia se junta en él a las más sublimes aspiraciones de la fe.

Es preciso, pues, estudiar y aquilatar cuidadosamente sus palabras. Notemos primero que el hombre de las visiones, el médium, como se diría hoy día, es, de los tres amigos de Job, el más triste y el más desesperante. Sus doctrinas hacen dudar de la virtud y conducen a la nada o al infierno a la gran mayoría de los hombres. Pues bien. ¿Quién le ha sugerido estos dogmas fatídicos? Un espíritu que no conocía, pero del cual sus terrores nocturnos han recogido y comentado las palabras. He aquí lo que cuenta:

"Se me ha dicho una palabra misteriosa, y furtivamente, por decirlo así, mi oído ha recogido los hilos entrecortados de su murmullo.

"En el horror de la visión nocturna, en el momento en que el sueño se apodera ordinariamente de los hombres, el miedo me invadió y temblé, y todos mis huesos se helaron de espanto.

Y como un espíritu pasaba delante de mí, todos los pelos de mi carne se han erizado.

"Allí había alguien cuya cara no distinguía, y he oído como un ligero soplo que me hablaba."

Notemos bien todas estas circunstancias: es el momento en que la noche es más oscura: la hora en que el silencio de la naturaleza infunde pavor a las almas; el momento en que la vigilia se hace dudosa, que el alma flota en los primeros vapores del sueño y que la razón está encadenada.

Entonces, sin causa aparente, el terror embarga al visionario, su sangre se agita y se agolpa a su corazón; las extremidades están frías, tiembla como si tuviera fiebre, un escalofrío recorre su epidermis, sus pelos y su barba se erizan, y en tal estado, precursor de las alucinaciones, cree ver o sentir pasar un espíritu.

Un fantasma se perfila vagamente en la sombra; no le divisa la cara y oye como en el fondo de él mismo una voz que se parece a una débil respiración. Aquí el fenómeno natural está perfectamente caracterizado; es una pesadilla del primer sueño, es el alma del soñador que se asusta de sí misma. Oye con espanto el eco nocturno y apagado de sus propios pensamientos y los formula con penosa atención en palabras de aflicción.

"El hombre —dice él— trataría en vano de ser justo ante Dios, Dios encuentra perversidad hasta en el corazón de sus ángeles. Rebaño sin inteligencia, la Humanidad se apiña cerca del abismo, y todos deben caer para siempre en la lóbrega noche de la muerte. La criatura es una mancha en el cielo, y Dios se apresura a borrarla; todos pasan y mueren sin haber encontrado la sabiduría."

Es así cómo la noche llama a la muerte y la muerte anuncia la muerte. La pesadilla desconocida revela tan sólo ignorancia; su creyente es presa de una pesadilla eterna. "Presérvanos, Señor —dice David, en el Libro de los Salmos—, de la cosa pavorosa que se pasea durante la noche."

Ese débil soplo, ese estertor que apenas se siente, ese espectro sin rostro caracteriza de manera sorprendente la ilusión y el error. Es casi la nada y el silencio; es el viento que parece hablar en voz baja rozando los raídos pliegues de una mortaja; la reminiscencia que se disuelve en las aguas móviles y encenegadas del sueño. En tales condiciones, el hombre arrebatado por el sueño ya no sabe si duerme o si está despierto; razona durante su sueño y al despertar, por la mañana, habla como si estuviera soñando todavía.

No se sabrá admirar bastante el arte con que el autor del Libro de Job describe el carácter del supersticioso representado por Elifaz. Su ciencia ha principiado con un terror nocturno y, por lo tanto, es sólo desaliento y terror. Tan negra como la noche, ciega y sin rostro como el fantasma, es el orgullo de un loco que se regocija en su demencia y que se consuela con hacer desesperar, dándose el amago placer de empujar a los demás a la desesperación.

Todos los criminales, por causa de la religión mal comprendida, han sido visionarios. Jacques Clement y Ravaillac eran perseguidos por las sombras desconocidas y durante sus insomnios oían el ligero soplo de Elifaz. La voz que dice "mata" y la que dice "desespera y muere" salen igualmente del sepulcro.

Mas este sepulcro es el de nuestra razón; los muertos vuelven solamente en nuestros sueños; por eso el estado de mediumnidad es una extensión del sueño; es el sonambulismo con toda la variedad de sus éxtasis. Que se profundicen los fenómenos del sueño y se comprenderán todos los misterios del espiritismo.

He aquí por qué la ley mosaica, tanto como la cristiana. condenan a los espíritus de Pitón y a los que adivinan por Ob. Expliquemos estas expresiones: *Pitón* es una palabra que los intérpretes hebreos han empleado para designar la gran serpiente astral, el fuego vital ininteligible, el torbellino fatal de la vida física, que rodea la Tierra mordiéndose la cola y que el Sol atraviesa con sus flechas, es decir con sus rayos: la serpiente que tentó a Eva y que aplasta su cabeza bajo el pie de la mujer regenerada, tratando siempre de morderle el talón. *Ob,* es la luz pasiva; pues los cabalistas hebreos dan tres nombres a esta sustancia universal, agente de la creación que toma todas las formas, equilibrándose mediante dos fuerzas activa, se llama *Od;* pasiva, se llama *ob;* equilibrada, se llama *Aur. Od* se escribe con "vau-deleth", lo que significa, jeroglíficamente, amor y poder; *Ob,* con "vau-beth", significando amor y debilidad o atracción fatal; *Aur,* con "aleph-vauresch", que significa principio de amor regenerador. (Véase en nuestro *Dogma y Ritual de la Alta Magia* las concordancias de las letras hebraicas con los jeroglíficos de las grandes claves del *Tarot* samaritano.) Los que adivinan por Ob son, pues, los intérpretes de la fatalidad. Y bien se consiente la fatalidad cuando se la consulta; se entrega uno a ella, al escogerla por oráculo; así es como se dan arras a la muerte y se menoscaba el libre albedrío. Los que cooperan a esta adivinación se parecen a empíricos que venden venenos públicamente; por eso Moisés, de acuerdo con las costumbres de su país y de su época, no era demasiado severo al condenarlos a muerte.

El caballero de Reichembach, al dar el nombre de Od a la luz astral, ha encontrado de nuevo uno de los verdaderos nombres cabalísticos de la luz universal, aunque al generalizarlo, no lo aplicó con exactitud. Od, es la luz dirigida y también directora; es la luz astral elevada al rango de luz de gloria. En cuanto al fluido sonambúlico, hay que llamarlo Ob, pues es su verdadero nombre, y fuerza es reconocer que nuestras verdaderas sonámbulas, cuando no están dirigidas por un magnetizador abundante en Od, son adivinadoras por Ob, o sea, por el espíritu de Pitón, que menciona la Santa Escritura. Los que la consultan caen, pues, en una imprudencia, impiedad que empujó a Saúl, abandonado por Dios, al antro de la pitonisa de Endor.

Algunos comentadores, entre los cuales se debe contar a San Metodius, apodado Eubulius, obispo de Tiro, al principio del IV siglo, han creído que la pitonisa de Endor era una hábil intrigante que engañó al crédulo rey de lsrael. Finge primero no reconocer al rey, después, repentinamente, como si su demonio le revelara la verdad, cae a los pies de Saúl.

Este golpe de teatro tiene éxito, el príncipe maniático la tranquiliza, le manifiesta tener fe en ella y le ordena evocar a Samuel. Entonces, la pitonisa, presa de fuertes convulsiones, cae pesadamente al suelo. "¿Qué estás viendo?", le gritó Saúl tembloroso. "Veo dioses que salen de la tierra y veo subir los poderes de la tierra." "¿Qué más ves?" "Veo a un anciano envuelto en un manto." "¿Es Samuel?", dice el crédulo monarca. La bruja, sin duda secretamente adicta a David, saca de su vientre una voz lúgubre. "Es Samuel que estalla en reprensiones y amenazas". Saúl, más muerto que vivo, no quiere beber ni comer, está vencido de antemano, va al combate como a un suplicio; los filisteos lo cercan sobre el monte de Gelboe, y se deja caer sobre su espada en lugar de combatir. ¿No ha dejado acaso en casa de la adivinadora su libre albedrío y su razón? Rey caído e incapaz en adelante de reinar, hombre indigno de mandar a hombres, él, que había dictado sentencia de muerte contra los brujos y los que los consultan, se mostró rey siquiera al morir, con su último acto justiciero de matarse.

Con razón repugnaba al sabio obispo de Tiro pensar que la paz de una tumba como la de Samuel pudiera ser turbada por las evocaciones sacrílegas de una mujer reprobada; recordaba las palabras decisivas del evangelio en la parábola del rico malo: *Chaos magnum finnatum est;* el gran caos se afirmó, de manera que los que están arriba ya *no pueden bajar;* y a propósito, nuestro sabio amigo, el recordado Louis Lucas, hacía una observación muy juiciosa. "La Naturaleza —decía— abre todas sus puertas a la vida, teniendo cuidado de cerrarlas tras ella para que no retroceda nunca. Ved la savia en las plantas, ved los jugos alimenticios en el alambique de las entrañas, ved la sangre en las venas; un movimiento regular los empuja siempre adelante, y cuando han pasado, los conductos se contraen y se cierran. Los vivos de una esfera superior —agregaba—, no pueden volver a la nuestra, así como el niño nacido ya no puede entrar otra vez en el seno de su madre." Nosotros pensamos de la misma manera y no creemos que el alma de Samuel haya podido venir del otro mundo para maldecir de nuevo al desgraciado Saúl. Para nosotros, la pitonisa de Endor era una vidente parecida a los extáticos de Cahagnet, que mediante el sonambulismo se comunicó con el alma sombría del rey de Israel y evocó sus fantasmas. Es del fondo de la conciencia del asesino de los sacerdotes y de los profetas, y no de las profundidades de la tierra que se erguía el espectro sangriento de Samuel, y cuando la sibila pronunciaba con voz de ventrílocuo anatemas y amenazas, las leía escritas por el remordimiento, en el pensamiento mismo de Saúl.

CAPÍTULO II: *Los muertos resucitados - El hijo de la sunamita La tumba de Eliseo*

Los antiguos hebreos creían como los modernos en la inmortalidad del alma. Empero, Moisés no la menciona en el Pentateuco. Este dogma, en efecto, era reservado a los iniciados y, para encontrarlo en todo su esplendor es menester penetrar en los santuarios de la cábala. Moisés, cuyo mayor cuidado era alejar a su pueblo de la idolatría, sabía que la fe mal ilustrada sobre la inmortalidad del alma provoca el culto de los antepasados, y él no quería que los hebreos se volvieran chinos. No quería que el pueblo de Abraham y de Jacob llevara del Egipto el fetichismo de los cadáveres; no quería dar al templo de Dios viviente un sótano lleno de momias. La conservación de los cadáveres es, en efecto, un ultraje a la Naturaleza, por ser una prolongación artificial de la muerte. Moisés temía también fomentar la necromancia, y parecía prever de antemano la epidemia de las mesas parlantes y de los espíritus golpeadores.

Es peligroso sobreexcitar la imaginación de las multitudes y sin embargo, más tarde, el cristianismo no evitó ese peligro. El soñar del cielo hizo descuidar demasiado la Tierra, sin recordar bastante que, según las palabras del Maestro, la voluntad de Dios debe hacerse sobre la Tierra como en el cielo. "Lo que está abajo es como lo que está arriba —dice Hermes Trismegisto—, y lo que es arriba es como abajo." Cuando la barbarie está sobre la Tierra, está también en el cielo que los hombres se forjan. Lo atestigua el fanatismo de la Edad Media y el dios de los inquisidores.

La religión de Moisés es una razón sin ternura, y el cristianismo ha sido al comienzo una ternura sin razón. Hay que perdonar mucho a los que han amado mucho. Adorar a los muertos que nos son queridos, es sin duda un error, pero ¿es un crimen imperdonable? Para nosotros no hay muertos, todo está vivo. Nuestras reliquias mismas, estos restos de osamenta que causan horror al puritanismo judaico, ya no son fragmentos de cadáveres. Reanimados por la fe común, regadas con las dulces lágrimas de la esperanza, calentadas por la caridad de todos, son simientes de resurrección y prendas de vida eterna. ¡Israelitas, otorgad algo a la santa locura del amor, y nos haréis volver con más facilidad a la severidad del dogma mediante la indulgencia de la razón!

Creer en la resurrección de los muertos, es creer en la inmortalidad del alma. Pues bien, los hebreos creían en la resurrección de los muertos. Elías resucita al hijo de la viuda de Sarepta; Eliseo al de la Sunamita, y un muerto que se echa por casualidad en el sepulcro de este profeta resucita al contacto de sus osamentas. Las dos resurrecciones del hijo de la viuda y el de la Sunamita parecen casi calcadas una sobre otra, sólo que el relato de esta última agrega detalles de operaciones magnéticas dignas de ser notadas. El hijo de la Sunamita ha muerto de una congestión cerebral a causa de una insolación. Primero, Eliseo manda a su servidor Giezi, y le da su propio bastón: "Lo dirigirás —le dice— hacia la cara del niño y lo tocarás con él." Giezi se va con la vara pero, ya sea por torpeza o ya por carecer de fe, su operación no surte efecto y vuelve sin obtener éxito. Entonces, Eliseo va personalmente cerca del niño y trata de reanimarlo por incubación y por insuflación. Pone su cara sobre la cara del niño, sus manos sobre las manos y sus pies debajo de sus pies; después, sin duda para cobrar fuerzas, se interrumpe y se pasea por la estancia; empieza de nuevo su incubación magnética y el niño vuelve a la vida. Leemos eso en el cuarto libro de los Reyes.

Hemos dicho en nuestro *Dogma y Ritual de la Alta Magia,* que una resurrección no nos parece imposible mientras que el organismo vital no esté destruido.

La Naturaleza, en efecto, no obra a saltos, y la muerte natural está siempre precedida por un estado parecido al letargo. Es un entorpecimiento que una fuerte sacudida o el magnetismo de una poderosa voluntad puede vencer, lo que explica la resurrección de este muerto echado sobre los huesos de Eliseo.

El hombre estaba probablemente sumido en ese letargo que precede ordinariamente a la muerte. Los que lo llevaban, asustados por la llegada de una horda de bandidos del desierto, echan a todo trance el cadáver en el sepulcro abierto del profeta para ocultarlo a los infieles. Sin duda el alma del muerto, se cernía en las capas inferiores de la atmósfera, no bien desprendida todavía de sus restos mortales; el terror de su familia se comunicó simpáticamente a esta alma que tuvo miedo de que sus restos fueran profanados por los incircuncisos, y volvió a entrar violentamente en su cuerpo para levantarlo y salvarlo. Se atribuyó esta resurrección al contacto de las osamentas de Eliseo, y el culto de las reliquias data lógicamente de esta época. Es evidente que los hebreos, que tienen por sagrado el libro donde se cuenta esta historia, no pueden considerar malo el culto que los católicos rinden a las osamentas y demás restos de sus santos.

¿Por qué, por ejemplo, la sangre de San Genaro tendría una eficacia menor que el esqueleto de Eliseo?

CAPÍTULO III: *Los espíritus en el Evangelio*
Demonios, posesos y apariciones

Jesús llama a Satanás "el príncipe de este mundo"; es, pues, un poder que impera sobre la Tierra.

No un poder espiritual, porque entonces excluiría el de Dios.

Jesús dice que lo ha visto caer del cielo como el rayo o bajo la forma del rayo. Es, por lo tanto, un poder material parecido a la electricidad.

Jesús dice que Satanás es mentiroso como su padre, porque el padre de Satanás es el espíritu de mentira que da personalidad al error.

Usar mal las fuerzas de la Naturaleza, es engendrar a Satanás.

Concebirlo todo sin Dios, es concebir a Satanás. El diablo es un panteísmo sin cabeza.

Es el hombre con una cabeza de macho cabrío.

Es el instinto animal puesto en el lugar de la razón reguladora.

Es la sombra que reniega del cuerpo.

Es el jarro que reniega del alfarero.

Es la pesadilla, es lo absurdo de la razón que niega lo absurdo de la fe.

Es la casualidad que se opone a la regla; es la mueca que insulta a la belleza; es la nada que dice: Yo soy Dios. Satanás es la locura, y los poseídos del demonio son los locos.

Uno de ellos es mudo, otro desgarra sus vestidos y se esconde en las tumbas; otro se echa ora en el fuego, ora en el agua y parece atacado de la manía del suicidio. ¿Qué es todo esto? Enfermedades mentales. Jesús, al atribuir a Satanás, es decir a la electricidad descarriada, la mayor parte de las demás enfermedades, dice, indicando a una mujer deforme y doblegada en dos: "¡Ved esta hija de Abraham que ha sido sujetada por Satanás!" Se comprende que aquí Satanás es la personificación del mal físico. Sujetada por Satanás, quiere decir aquí, evidentemente, sujetada por una afección nerviosa o reumática. Por lo demás, la serpiente del Génesis no puede ser el Satanás de Milton. Era el más insinuante y el más astuto de los animales, dice el texto sagrado, y para castigarlo, Dios lo condena a arrastrarse sobre su vientre y a comer tierra; suplicio que no se parece en nada a las llamas tradicionales del infierno. Es cierto también que la verdadera serpiente, no la alegórica, se arrastraba antes del pecado de Eva y que jamás ha comido tierra; aquí se trata, pues, de una alegoría, se refiere a ese fuego astral que se arrastra y que corroe, a aquel fuego terrestre que entretiene la vida física al dar la muerte. Del mismo modo, Satanás hace achacosas o paralíticas a las ancianas hijas de Abraham. ¿Qué pensar de esa legión de demonios, que echados fuera del cuerpo de un poseído, piden como un favor refugiarse en una tropa de cerdos que se vuelven furiosos y corren a ahogarse en el lago de Tiberiades? ¿No es evidentemente una parábola judaica, cuyo objeto es mostrar cuán impuro es el cerdo?

Si tuviera uno que tomar al pie de la letra semejantes historias, Voltaire habría tenido mil veces razón de burlarse de ellas. Pero se sabe que la letra mata y que sólo el espíritu vivifica. No por eso decimos que el hecho sea imposible. La rabia de los perros se comunica a los hombres. ¿Por qué la rabia de los hombres, o ciertas locuras furiosas, no se comunicarían a los animales? Pero que ángeles caídos, que puros espíritus condenados al infierno encuentren un alivio al ahogarse bajo la forma de cerdos y que el Salvador del mundo, la razón suprema encarnada, consienta esa horrorosa y ridícula maldad, es lo que el más vulgar buen sentido no puede admitir. Evidentemente, hay en ese relato, chocante en apariencia, algo encubierto.

Cuando un espíritu inmundo es echado fuera del cuerpo de un hombre, dice el Salvador, recorre los lugares áridos, buscando un descanso que no encuentra; entonces dice: Volveré a la casa que he dejado. Regresa, pues, y encontrando esta casa limpia y adornada, va en busca de otros siete espíritus más malvados que él, entran todos juntos, se acomodan, y el estado del enfermo se vuelve peor que antes. Si hubiera de comprenderse este discurso simbólico conforme a las ideas de los demonólogos, el mismo Jesús habría cometido malas acciones al sanar a los posesos, ya que, según su doctrina misma, los exponía a una obsesión siete veces más cruel. Pero aquí se trata de enfermedades mentales que empeoran muchas veces al querer sanarlas. Si se echa una ilusión de la cabeza de un loco, pronto llegan siete más insensatas que la primera. Por eso, Jesús ocultaba a la multitud las elevadas verdades de su doctrina y las revelaba solamente a un reducido círculo de iniciados, envueltas en parábolas. Tenía miedo al espíritu impuro que se llama legión o multitud. Quiero, decía él, que estas gentes oigan sin entender, que miren sin ver, pues tengo miedo que se conviertan. ¡Ay! presentía las guerras de religión, los asesinatos y las hogueras, veía de lejos el imperio romano derrumbarse en la sangre de las persecuciones, y el fanatismo vengativo condenando a muerte la piedad que reza y que perdona. Echaba un demonio mudo, que era el culto de los ídolos, y veía llegar siete demonios charlatanes; los siete pecados capitales erigidos como doctores de la Iglesia. Por eso recomendaba el silencio cuando él mismo, tal vez, ya había hablado demasiado. Por eso, cuando es traicionado y renegado por los suyos, calumniado y maldecido por los sacerdotes, acusado ante los jueces, expuesto a los clamores de la vil multitud que deseaba su muerte, se encierra en el más absoluto silencio, no contesta nada a Pilatos, nada quiere decir a Herodes; ¿qué les diría y para qué? Son indignos e incapaces de comprenderlo. Por fin, cuando ha apurado hasta las heces la copa de la ingratitud, cuando se siente morir en un atroz suplicio, sin haber podido hacer otra cosa para los hombres a los cuales tanto amó, que hacerlos más culpables y más malvados, se le parte el corazón, parece dudar de sí mismo, y exhala ese grito terrible: ¡Dios mío, Dios mío, por qué me has abandonado!

Cuando expiró, dice el Evangelio, la tierra tembló, el Sol se oscureció, el velo del templo se rasgó de arriba abajo, las piedras se partieron, las tumbas se abrieron y los muertos salieron y se aparecieron a varias personas. Si hubiera que atenerse a la letra de esas cosas, la historia haría seguramente alguna mención de ese formidable acontecimiento. El terremoto habría sido universal, ya que el oscurecimiento del Sol es distinto de un simple eclipse. ¿Cuáles son las piedras que se partieron? ¿Todas las piedras? Pues entonces las ciudades habrían tenido que derrumbarse. ¿Qué piedras? ¿Cuáles? ¿Y por qué éstas más bien que aquéllas? Los muertos salieron de sus tumbas, ¿en qué estado? ¿Tales como eran? ¿Como esqueletos, en estado de putrefacción o con cuerpos nuevos? Fue entonces una verdadera resurrección. Pero la Escritura denomina a Jesús el primogénito de entre los muertos, es decir, el primer resucitado, y en este momento Jesús acababa solamente de morir. La letra no sostiene aquí el examen más ligero, hay pues que acudir al espíritu, es decir a la alegoría.

Jesucristo muere, en efecto, y el mundo antiguo tiembla; no se repondrá de esta sacudida y el coloso romano va a caer en pedazos. El velo del templo se rasga, es decir, que los más secretos misterios de la religión judaica quedan a descubierto; es la humanidad divina o la divinidad humana. El Sol se oscurece, o sea, que los antiguos cultos del Oriente que consideraban al Sol como la imagen más perfecta de Dios han perdido su eficacia. Un sol viviente acaba de aparecer sobre la Tierra; desaparece para renacer; los días del alma han encontrado su tea. Las piedras se parten, es decir, que los corazones más duros no pueden resistir a la dulce violencia del gran sacrificio. Las tumbas se abren solas, porque la muerte acaba de dejar caer las llaves de las puertas eternas. Los muertos se levantan y parecen resucitar de antemano, porque la muerte triunfante de la más grande de las víctimas acaba de dar un golpe mortal a la muerte misma, y la inmortalidad del alma se hace casi visible sobre la Tierra. Tal es el sentido, el verdadero sentido, el único sentido posible y razonable de las palabras sagradas tomadas al pie de la letra por tantos niños entre los cuales es preciso colocar a los teólogos imbéciles de la Edad Media.

En cuanto a las apariciones de Jesucristo mismo, no las tocaremos, pues son del dominio exclusivo de la fe. Notaremos tan sólo que en nada favorecen las ideas del espiritismo, pues Jesucristo aparece no como muerto, sino como vivo. No es en espíritu, es en carne y hueso que se halla en medio de sus discípulos; les invita a tocarlo y les pide de comer: come, en efecto, y bebe con ellos. Santo Tomás lo toca y le encuentra un cuerpo palpable y real. Sin embargo, ese cuerpo que tiene carne y huesos, ese cuerpo que se alimenta con pan y miel aparece y desaparece como una fantasmagoría, pasa a través de las puertas cerradas. Esas son cosas del otro mundo que no se podrían explicar en éste. Allí hay evidentemente algún misterio. Obligados a esconderse, los primeros cristianos tenían sus parábolas y su ocultismo. Escribían para ser comprendidos solamente por iniciados. La aparición a los viajeros de Emaús puede echar alguna luz en estas sombras.

Dos viajeros pasaban no muy lejos del villorrio de Emaús, eran discípulos de Jesús y departían tristemente acerca de la muerte violenta de su Maestro. Un viajero desconocido se acerca a ellos y les reprocha su tristeza, les explica las Escrituras, y les recuerda sobre todo las palabras del Maestro antes de morir: "Seréis uno conmigo, así como soy uno con mi Padre. El que vea a mi Padre, y el que vosotros veréis me verá. El que os escucha me escucha y cuando estéis dos o tres reunidos en mi nombre, estaré en medio de vosotros".

Hablando así, llegan a la posada, el viajero toma el pan, lo bendice y lo parte, como Jesucristo lo había hecho en la Cena; entonces se abren los ojos de los dos discípulos, reconocen que, conforme con su palabra, Jesucristo está realmente presente en medio de ellos; comprenden que ha resucitado y que está siempre visible a los suyos, siempre presente en su Iglesia. Recibieron pues la comunión de manos de Jesucristo mismo, y después de la comunión no lo vieron más. Aquí está expresado con reticencia y de una manera encubierta todo el misterio del sacerdocio. El sacerdote que oficia misa es realmente Jesucristo para la fe de los espectadores, y la prueba está en que el sacerdote, al pronunciar las palabras sacramentales, no dice: "Este es el cuerpo de Cristo"; sino como lo ha dicho el Maestro: "Este es mi cuerpo". Desde entonces el creyente ya no ve el sacerdote, ve a Jesucristo que le da su cuerpo y recibe realmente el cuerpo sagrado de Jesucristo; pero después del sacrificio, Jesús ha desaparecido, y nadie se preocupa del buen cura que vuelve a la sacristía rezando en voz baja los versículos de su *Te Deum.*

En la iglesia de Saint-Germain, en París, se ve un mural de Gignoux que representa a maravilla, según nosotros, el misterio de la resurrección del Salvador. No es un trueno ni un sepulcro que estalla en medio de soldados asustados; es una tumba que se abre sola, una luz que brota como una flor matinal, suave como el crepúsculo, pero bastante potente ya para alumbrar claramente a los espectadores de esta escena. El Cristo no vuela, camina delante con la placidez de la calma eterna. Su gesto es el de la enseñanza de las cosas divinas, se cree estar viendo su aureola ensanchada con matices irisados, y a su alrededor principia a extenderse un cielo nuevo. Los guardias no están fulminados ni aterrorizados, sino sobrecogidos y como paralizados por un estupor que no excluye la admiración, y tal vez con una vaga esperanza, pues, ¿no es para ellos, los pobres mercenarios del mundo romano, que el Redentor acaba destriunfar de la muerte? Todo en este cuadro expresa la calma; el pintor alcanzó sublimes efectos con gran simplicidad. Cuando se ha visto ese cuadro, siempre se vuelve a verlo en imaginación, e involuntariamente se le contempla con emoción incansable. El sentimiento que se experimenta es algo como una enajenación del pensamiento o un éxtasis del corazón.

Es a las artes a quienes se debe pedir la revelación del progreso. Lo que el filósofo no sabe o no se atreve a decir todavía, el artista lo adivina, y nos hace soñar de antemano con lo que algún día hemos de saber.

CAPÍTULO IV: *Historia de San Espiridión y de su hija Irene*

A mediados del siglo IV, en Tremitonto, en la isla de Chipre, vivía el santo obispo Espiridión, uno de los padres del Concilio de Nicea. Era un bondadoso y venerable anciano, pobre como el Cristo, penitente como un asceta y caritativo como un apóstol. Había sido casado y al morir, su mujer le había dejado una hija llamada Irene, la cual dedicó su alma a la oración y su cuerpo a la virginidad. Vivía con ella en una cabaña rodeada de un pequeño jardín que el obispo mismo cultivaba.

Era el consejero de toda la comarca, de la cual Irene era la providencia; cuidaba los enfermos y visitaba a los pobres, enriqueciéndolos de valor, y dando de limosna todos los tesoros de su corazón. Además, rezaba, ayunaba y velaba tanto que su salud decaía al mismo tiempo que su alma se desprendía poco a poco de la tierra.

Apenas salida de las catacumbas, la Iglesia cristiana, que Constantino acababa de cubrir con su púrpura, parecía entonces atacada del mal que consumió a Hércules cuando tocó la ropa sangrienta de Dejanira; se desgarraba las entrañas; el arrianismo agresivo y una ortodoxia turbulenta se repartían sus jirones. El astuto y cruel Constancio acababa de remozar en la sangre de su familia la púrpura del manto de Constantino.

Juliano estudiaba la filosofía de Atenas, y en medio del miserable conflicto de los teólogos y de los rectores, presintiendo, sin resignarse a ello, el ruidoso derrumbamiento del Imperio, soñaba con virtudes de otras épocas, y en la soledad de los antiguos templos abandonados, lloraba al pensar en la gloria de los antiguos dioses.

El cristianismo, en efecto, condenaba a muerte al antiguo mundo, y hacía santos sin mejorar las costumbres públicas; muy al contrario, la putrefacción se apresuraba en dar lugar a la vida nueva. La Iglesia temporal ya tenía horribles obispos, como Jorge de Capadocia; los santos creían más que nunca en el próximo fin del mundo y huían al desierto. Espiridión y su hija eran ascetas como San Pablo el Ermitaño y como San Antonio, pero habían comprendido que toda la vida divina estaba en el espíritu de caridad. Espiridión continuó, pues, siendo obispo, y para que nuestros lectores sepan cómo comprendía la caridad, vamos a relatar una anécdota de su vida.

Era el fin de una cuaresma, de una cuaresma tal como la practicaba Espiridión; los magros alimentos de la santa cuaresma estaban terminados; era el día de Viernes Santo. Espiridión debía pasar ese día y el siguiente sin tomar alimento alguno; nada tenía pues en su casa, nada, fuera de un pedazo de carne de cerdo colgado al humo del fogón, y reservado para la fiesta de la Pascua, cuando un viajero extenuado por la fatiga y el hambre llamó a su puerta. El obispo de Tremitonto lo recibió con solicitud y le prodigó cuidados paternales; mas se dio cuenta que su huésped estaba al punto de desmayarse de inanición. ¿Qué podría hacer? Era tarde, no había vivienda cerca, la ciudad estaba bastante distante. Espiridión no vaciló, cortó un pedazo de carne salada, la coció y la ofreció al viajero. Este la rechazó con asombro y temor.

—Soy cristiano, padre —dijo al obispo—. ¿Por qué, pues, me ofrecéis carne? ¿Creéis que soy capaz de insultar con mi intemperancia a la muerte de Cristo, nuestro Maestro?

—Yo soy cristiano como vos, hijo mío —le confesó con dulzura Espiridión—, y además soy obispo, es decir pastor y médico. Es como médico que os ofrezco estos alimentos, los únicos que puedo ofreceros. Estáis agotado, y mañana, tal vez, sería tarde para salvar vuestra vida. Comed, pues, estos alimentos que bendigo y vivid.

—Jamás —le contestó el viajero—, lo que me aconsejáis no lo haríais vos mismo.

—Lo que no haría para mí, puede ser —dijo el anciano—, pero lo haré seguramente para vos, como vos lo haríais por mí si os lo suplicara. Tened.

¿Queréis que lleve a mi boca un poco de esta carne para alentaros a usar de ella sin escrúpulos?

Y San Espiridión tomó y comió un poco de carne de cerdo para exhortar a su huésped a que hiciera lo mismo, pues la caridad, según él, era una ley más imperiosa que la de la abstinencia y del ayuno.

Tal era San Espiridión de Tremitonto, y sin duda, tal era también su hija Irene.

Estos dos ángeles de la Tierra no tenían sino un corazón y un alma. Cuando Espiridión iba a visitar su diócesis, Irene cuidaba la ermita y atendía a los pobres, a los peregrinos y a los que requerían buenos consejos. Todo lo que hacía o decía era aprobado de antemano por su padre; por su parte, Irene no decía sino lo que Espiridión mismo hubiera dicho, y con una maravillosa adivinación, hacía las buenas acciones que él mismo hubiera hecho.

Estos dos santos fueron momentáneamente separados por ese trabajo de renacimiento que solemos llamar muerte. La más joven fue libertada primero. Irene se apagó dulcemente, como una lámpara cuyo aceite está agotado. Espiridión le rindió los últimos deberes, pero no la lloró, pues ella no lo había abandonado y sentía que estaba más que nunca unida a su pensamiento y a su corazón. Le parecía tener una memoria doble y un doble pensamiento. Tal vez Irene había encontrado su paraíso en el alma bienaventurada de Espiridión. Estos detalles son necesarios para explicar el hecho siguiente:

Durante una de las ausencias de Espiridión, un cristiano antes de emprender un largo viaje, había depositado, en manos de Irene, una cantidad de dinero que constituía toda su fortuna. Irene había encerrado el depósito sin hablar de ello a nadie.

Cuando el cristiano regresó, Irene había muerto, y grande fue el asombro del santo obispo al oír que le reclamaban un depósito del cual no tenía conocimiento alguno.

Se dirigió a la tumba de Irene y la llamó tres veces en voz alta. Entonces Irene le contestó del fondo de su tumba diciendo:

—Padre, padre, ¿qué deseáis?

Esto es al menos lo que las leyendas cuentan.

—¿Qué has hecho del dinero que nuestro hermano te había confiado? —le dijo Espiridión.

—Padre mío, lo he enterrado en tal lugar.

El padre cavó y encontró el depósito intacto.

Los detalles de esta historia no son evidentemente exactos, pero en el fondo pueden ser verdaderos.

Nadie supondrá que el alma de los muertos y sobre todo la de los justos esté encerrada en la tumba para sufrir allí la corrupción lenta de la carne y de los huesos.

Irene no estaba dentro de la tierra y no nos parece imposible que el santo varón haya ido sobre la tumba de su hija a evocar recuerdos para obtener por simpatía magnética una intuición de segunda vista. Creemos en la unión íntima de las almas santas que la muerte no sabría separar; Dios colma la distancia que separa el cielo de la Tierra y no deja vacíos entre los corazones. ¿Los recuerdos de Irene han podido revelar lo que la joven no había hablado antes a su padre? ¿Su avanzada edad y las numerosas atenciones de su episcopado no le habrían hecho olvidar la confidencia? ¿No sucede a menudo que nos olvidamos de lo que hemos dicho y aun escrito anteriormente como si fuera un pensamiento nuevo? ¿Cuántas reminiscencias vagas no nos persiguen, y quién podría decir cuán grande es el lugar ocupado por recuerdos varias veces borrados en los desvaríos de nuestra vigilia y en los sueños de nuestras noches?

Comparemos esta revelación de Irene a su padre Espiridión con una aventura más reciente y menos conocida.

Se trata de Sylvain Maréchal, un buen hombre excéntrico del siglo pasado que se creía ateo de veras.

Sylvain Maréchal no admitía la existencia de Dios, y para ser lógico, rechazaba también la inmortalidad del alma; había hecho malos versos para defender esta mala causa. Era, por lo demás, un hombre honorable, amado de su mujer y estimado por sus amigos.

Cuando se le hablaba de la muerte, solía decir que era el gran sueño, y agregaba sentenciosamente este dístico, uno de sus pecados contra Apolo:

Dormons jusqu'au bon temps,
Nous dormirons longtemps.

El que había sido conducido al ateísmo por el progreso de su siglo, dudaba un poco del progreso y poco creía, como se ve, en el advenimiento de una época mejor, siendo ordinariamente el ateísmo la desesperanza de una creencia descarriada.

Pero, ¡ay! la gente que no cree en la inmortalidad del alma muere como los demás. Sylvain Maréchal vio llegar la hora del gran sueño. Su mujer y una amiga llamada Madame Dufour, velaban a su cabecera; la agonía había principiado. De repente, el moribundo, como si recordara algo, hizo un gran esfuerzo para hablar. Las dos señoras se inclinaron hacia él... Entonces, con una voz tan débil que se oía apenas, pronunció estas palabras:

—Hay quince... —y la voz le faltó. Trató de reemprender y murmuró otra vez—: Quince —pero fue imposible oír lo demás. Sus labios se movieron de nuevo un poco, y después de un gran suspiro, expiró.

La noches siguiente, madame Dufour que acababa de acostarse, no había apagado todavía su lámpara, cuando oyó que su puerta se abría lentamente. Puso la mano delante de la luz y miró. Sylvain Maréchal estaba en medio de la habitación, vestido como de costumbre, ni más triste ni más alegre.

—Querida señora —le dijo—, vengo a deciros lo que no he podido acabar ayer: hay mil quinientos francos oro escondidos en un cajón secreto de mi escritorio, le ruego cuidar que esta suma no caiga en manos que no sean las de mi mujer.

Madame Dufour, más asombrada que asustada por esta pacífica aparición, dijo entonces al aparecido:

—Y bien, mi querido ateo, pienso que ahora creéis en la inmortalidad del alma.

Sylvain Maréchal sonrió tristemente, sacudió un poco la cabeza y replicó, repitiendo solamente por última vez su dístico:

Dormons jusqu'au bon temps,
Nous dormirons longtemps.

y salió enseguida. El miedo embargó entonces a madame Dufour, prueba de que entonces despertó completamente; se echó fuera de la cama, para correr a la pieza de su amiga, la señora Maréchal, a quien encontró que iba a donde ella pálida y azorada.

—Acabo de ver al señor Maréchal —dijeron al mismo tiempo las dos mujeres, y se contaron los detalles casi idénticos de la visión que cada una acababa de tener.

Los mil quinientos francos fueron encontrados en un cajón secreto del escritorio.

Una amiga común de las dos señoras nos contó esta historia que les había oído relatar varias veces. Creemos que es verídica, pero pensamos que cuando las señoras vieron al fantasma, ya estaban medio dormidas. Preocupadas por las últimas palabras de Maréchal, las cotejaron con la lucidez particular de las personas afligidas con mil pequeñas circunstancias que habían conocido sin notarlas, y que se habían grabado involuntariamente en su recuerdo: el moribundo, había proyectado con fuerza su voluntad en estas dos almas simpáticas; les había comunicado la facultad de adivinar lo que quería decirles. Lo vieron absolutamente como se ve en sueños, con sus vestidos de costumbre y su manía de recitar versos malos; lo vieron como se ve siempre a los muertos, en una especie de espejo retrospectivo, como lo habría visto un sonámbulo, descubriendo así el secreto de su escondrijo y de su oro.

Hay allí un fenómeno muy notable de alucinación colectiva y simultánea, con identidad de segunda vista; pero no hay nada que pueda probar algo a favor de las evocaciones y de la vuelta de los difuntos.

Sea lo que fuere del fantasma de Sylvain Maréchal, su incredulidad póstuma nos recuerda un pensamiento bastante singular de Swedenborg. "La fe —dice—, siendo una gracia que se debe merecer. Dios no la impone jamás a nadie, aun después de la muerte. Por lo tanto, no es raro encontrar en el mundo de los espíritus, incrédulos que niegan tanto como antes lo que han negado siempre; no se rinden a la evidencia de la inmortalidad suponiendo que no han muerto, sino que están atacados por alguna enfermedad mental que ha cambiado el asiento de sus sensaciones. Viven siempre como vivían sobre la Tierra; se quejan solamente de no ver más lo que veían, de no oír lo que oían, no gustar lo que gustaban, ni poseer lo que poseían; viven así una existencia falsa, protestando contra la verdadera vida, y siempre engañados en su fastidio por la esperanza de la muerto." Estas imaginaciones del místico sueco son tan ingeniosas como pavorosas y bastarían para explicar, si no el liviano sueño de Irene en su tumba de Tremitonto, a lo menos la doble visita nocturna de Sylvain Maréchal, un día después de su muerte por intereses materiales y mezquinos, si a las suposiciones sacadas de la imaginación de los místicos no preferiríamos mil veces las simples hipótesis de la ciencia y de la razón.

CAPÍTULO V: *Misterios de las iniciaciones antiguas* *Las evocaciones por la sangre* *Los ritos de la Teurgia* *El cristianismo enemigo de la sangre*

Los misterios de la locura son los misterios de la sangre. Son los movimientos desordenados de la sangre los que perturban la razón de la gente despierta y que durante la noche, producen sueños también desordenados. La locura y ciertos vicios son hereditarios, porque residen en la sangre. La sangre es el gran agente simpático de la vida; es el motor de la imaginación, el substratum animado de la luz magnética o de la luz astral polarizada en los seres vivos; es la primera encarnación del fluido universal; es la luz vital materializada. Está hecha a la imagen y semejanza del infinito; es una sustancia negativa en la cual nadan y se agitan millares de glóbulos vivos e imantados, glóbulos hinchados por la vida y enrojecidos de esa incomprensible plenitud. Su nacimiento es la más grande de todas las maravillas de la Naturaleza. Vive tan sólo para transformarse; es el Proteo universal que sale de principios en los cuales no estaba contenido, se hace carne, hueso, cabello, tejidos particulares y delicados, uñas, sudor, lágrimas. No se junta ni con la corrupción ni con la muerte; cuando cesa la vida, se descompone; si se lograra avivarla, o rehacerla por medio de una nueva imantación de sus glóbulos, la vida empezaría de nuevo. La sustancia universal con su doble movimiento, es el gran arcano del ser: la sangre, es el gran arcano de la vida.

Por esa razón, todos los misterios religiosos son también misterios de la sangre; no hay cultos sin sacrificios, y el sacrificio no sangriento no podría existir sino como transustanciación de verdadera sangre, siempre humeante, clamando siempre, por su virtud divinamente expiatoria, sobre el altar como sobre el Calvario. Los dioses de la antigüedad gustaban de la sangre, y los demonios tenían sed de ella. Es lo que había hecho pensar al conde Joseph de Maistre que el suplicio suplicaba, que el patíbulo era un suplemento del altar, y que el verdugo era un asesor del sacerdote.

Es del vapor de la sangre, dice Paracelso, que la imaginación saca todos los fantasmas que engendra. Las visiones son el delirio de la sangre; es el agente secreto de las simpatías, propaga la alucinación como un sutil virus; cuando se evapora, su *serum* se dilata, sus glóbulos se hinchan, se deforman y dan cuerpo a las más extrañas fantasías; cuando sube al cerebro exaltado de San Antonio o de Santa Teresa, realiza, para ellos, quimeras más extrañas que las de Callot, de Salvador o de Goya. Nadie inventaría los monstruos que su sobreexcitación hace brotar; es el poeta de los sueños; es el gran hierofante del delirio.

Por eso, en la antigüedad y en la Edad Media se evocaba a los muertos con derramamiento de sangre. Se cavaba un foso, se vertía en él vino, perfumes embriagadores y la sangre de una oveja negra; las horribles brujas de la Tesalia le agregaban la sangre de un niño. Los hierofantes de Baal o de Nisroch, durante una exaltación furiosa, se hacían incisiones en todo el cuerpo y pedían apariciones y milagros a los vapores de su propia sangre. Entonces, todo principiaba a arremolinarse ante sus ojos extraviados y enfermos; la Luna adquiría el color de la sangre derramada, y creían verla caer del cielo; salían de la tierra cosas horribles e informes; se formaban larvas y lémures, cabezas pálidas y sórdidas como mortajas viejas, barbudas, con el moho de la tumba, venían a inclinarse sobre el foso y estiraban su lengua seca para beber la sangre derramada. El mago, debilitado y herido, blandía contra ellas su espada, hasta que apareciera la forma esperada y el oráculo. Era ordinariamente el último sueño del agotamiento; el paroxismo de la demencia; era entonces cuando el mago caía a menudo como fulminado, si estaba solo y no se le prestaba prontamente ayuda alguna; si un poderoso cordial no le devolvía la vida, se le encontraba muerto al día siguiente, y se decía que los espíritus se habían vengado.

Los misterios del mundo antiguo eran de dos clases. Los pequeños misterios atañían a la iniciación, al sacerdocio los mayores eran la iniciación a la gran obra sacerdotal, es decir a la teurgia; la *teurgia,* palabra terrible para el doble sentido, que quiere decir *creación de Dios.* Sí, en la teurgia se enseñaba al sacerdote cómo debe crear los dioses a su imagen y semejanza, sacándolos de su propia carne y animándolos con su propia sangre. Era la ciencia de las evoluciones por medio de la espada y la teoría de los fantasmas sanguinolentos. Era cuando el iniciado debía matar al iniciador; cuando Edipo se convertía en rey de Tebas dando muerte a Layo. Trataremos de explicar estas oscuras expresiones alegóricas. Lo que desde luego se puede colegir es que no había iniciación a los misterios mayores sin derramamiento de sangre; más aún, sin derramamiento de la sangre más noble y más pura. Era en la cripta de los grandes misterios que Ninias tuvo que vengar sobre su propia madre el asesinato de Nino. Los furores y los espectros de Orestes fueron obra de la teurgia. Los grandes misterios eran la santa vehme de la antigüedad, en los cuales los jueces francos del sacerdocio amasaban nuevos dioses con la ceniza de los antiguos reyes desleída en la sangre de los usurpadores o de los asesinos. ¿Eran, pues, ellos mismos asesinos o por lo menos verdugos? No, pues el derecho al sacrificio les correspondía de derecho por el consenso universal de las naciones. El sacerdote no asesina, no ejecuta, sacrifica; y es por eso que Moisés, conocedor del dogma de los grandes misterios, escogía como tribu sacerdotal la que mejor había sabido, según la expresión misma de la Biblia, consagrar sus manos en la sangre. No eran únicamente Baal y Nisroch que pedían entonces víctimas humanas; el Dios de los judíos tenía sed de la sangre de los reyes, y Josué le ofrecía hecatombes de monarcas vencidos. Jefté sacrificaba a su hija; Samuel cortaba en pedazos al rey Agag sobre la piedra sagrada de Galgal. Moisés, como los antiguos iniciadores a los grandes misterios, habría ido con su sucesor Josué a las cavernas del monte Nebo, y Josué habría vuelto solo. Jamás se encontró el cadáver, pues en los grandes misterios se conocía el secreto del fuego devorador. Nadab y Abiu, Core, Datan y Abiron hicieron una triste experiencia de ello. Cuando Saúl fue rechazado por Dios, es decir, condenado como usurpador del sacerdocio y profanador de los misterios, fue el juguete de las alucinaciones, pues de los grandes hierofantes conocían el secreto de los fantasmas. Fue entonces cuando Achitofel le aconsejó que exterminaran a todos los sacerdotes, como si fuera posible matarlos a todos. La sangre de los sacrificadores es una semilla de nuevos sacrificios. Se hace el 2 de setiembre y se justifica la San Bartolomé, se cree castigar a Torquemada y se preparan las obras justicieras de Trestaillon. El sacerdote que acompaña a Luis XVI al cadalso y que le dice con la autoridad suprema del pontífice: "¡Hijo de San Luis, subid al cielo!" parece efectuar sólo, con la Convención como ministro subalterno, el gran sacrificio de la revolución. La víctima misma, al caer revela y consagra al sacerdote. Te impondré un signo, dice Adonay a Caín, para que sea inviolable y para que nadie se atreva a poner la mano sobre ti. Abel fue la primera víctima. Caín fue el primer sacerdote del mundo.

Sin embargo, Abel había ejercitado antes que Caín una especie de sacerdocio; fue el primero en derramar la sangre de las criaturas de Dios. Ofrecía al Señor, dice la Biblia, las primicias de su rebaño. Caín, al contrario, ofrecía solamente frutas a Dios. Dios rechazó las frutas y prefirió la sangre, pero no hizo que Abel fuera inviolable, porque la sangre de los animales es la figura más bien que la realización del verdadero sacrificio. Fue entonces cuando el ambicioso Caín consagró sus manos en la sangre de Abel; después edificó ciudades e instauró reyes, pues se había consagrado soberano pontífice. Si más tarde Judas Iscariote se hubiera arrepentido en lugar de suicidarse, habría hecho una ruda competencia a San Pedro. En efecto, San Pedro fue, después de Judas, el apóstol mas sanguinario.

¿Fue solamente por el mérito de ser el primer Papa? ¡Lejos de nosotros la idea de tan sacrílego ironía! Revelamos la gran ley sacerdotal, y no insultamos al papado. Queremos decir que el sacrificador asume sobre él y resume en sí mismo todos los crímenes de la gente, y que es purificado primero por la sangre todopoderosa de la víctima. Esto es al menos lo que pensaban los hierofantes del mundo antiguo, ya que, en la cripta de los misterios, debían ofrecer la cabeza, cubierta por un velo, a la espada de sus sucesores. Odipo mató a Layo sin conocerlo, y todos los grandes iniciados en la ciencia de Odipo expían a su turno la muerte simbólica de Layo. Es así que, en la Masonería, que guarda hasta nuestros días la tradición simbólica de los antiguos misterios, nos habla siempre de vengar la muerte del fabuloso Hiram. El hombre que se siente infeliz sin tener la conciencia de ser justo, se cree fácilmente castigado por una falta involuntaria; cree haber matado su propia felicidad: la necesidad de expiación le hace soñar el sacrificio, y es éste el sacrificio que hacen los sacerdotes al consagrar el altar sanguinario de los dioses.

Jesús, único iniciador que no ha matado a nadie, muere para abolir los sacrificios sangrientos. Por eso es más grande que todos los pontífices: y ¿qué sería, pues, si no fuera Dios? Se hizo Dios sobre el Calvario, pero al renegar de él y venderlo, sus discípulos se han convertido en sacerdotes y han continuado el antiguo mundo, que durará mientras el sacerdote tenga que vivir del altar, es decir, de comer la carne de las víctimas.

¡Hay supuestos sabios que dicen que el cristianismo expira y que el mundo de Jesucristo se acaba! Es el antiguo mundo que expira, la idolatría que se va. El Evangelio ha sido solamente anunciado; no ha reinado sobre la Tierra. La catolicidad, es decir la universalidad de una sola religión, es todavía un principio, considerado como utópico por muchas gentes. Pero los principios no son utopías; son más fuertes que los pueblos y los reyes, más duraderos que los imperios, más estables que los mundos. El cielo y la Tierra pueden pasar, ha dicho Cristo, pero mis palabras no pasarán.

Leemos en los hechos de los apóstoles que San Pedro tuvo una visión. Veía una extensa nave cubierta de animales puros e impuros, y una voz le decía: "¡Matad y comed!" Así se reveló por primera vez el misterio del poder temporal del papado. Desde entonces, los soberanos pontífices han creído poder matar para comer. Jesucristo ayunaba y no mataba; y aún dijo a Pedro: "Mete tu espada en su vaina, que el que pega con la espada, perecerá con la espada". Pero eran palabras que no podían ser comprendidas antes del advenimiento del espíritu de inteligencia y de amor, el cual, como se ve, no ha establecido todavía su reinado en este mundo.

Los soberanos pontífices de los antiguos cultos eran todos sacrificadores de hombres, y todos los dioses del sacerdocio han gustado de la carne y de la sangre. Moloch no difería de Jehová sino por carecer de ortodoxia; y el Dios de Jefté tenía misterios parecidos a los de Belus. Los monjes de la Edad Media se sangraban periódicamente, como los sacerdotes de Baal, pues la continencia perpetua, divinidad estéril, es un ídolo que pide sangre. La fuerza vital que se quiere sustraer a la Naturaleza debe derramarse sobre el altar de la muerte. Hemos dicho que la sangre es la madre de los fantasmas, y es mediante fantasmas de la sangre que los sacerdotes de Babel y de Argos extraviaron la razón de Ninies y de Orestes. Semíramis y Clitemnestra fueron consagradas a los dioses infernales, y sus leyendas se parecen de tal modo que semejan calcadas la una en la otra. Nino era el rey de los sacerdotes; Semíramis quiso ser la reina de los pueblos, y mediante un crimen se apoderó de la corona de Nino. El mundo no tenía entonces un tribunal que pudiera juzgarla se había impuesto con grandes obras. Sembraba el mundo de maravillas. Cuando sus envidiosos sublevaban las multitudes contra ella, llegaba sola y las sediciones se apaciguaban. Pero había tenido un hijo que los sacerdotes guardaban como rehén. Ninias era iniciado a los grandes misterios y había jurado vengar la muerte de Nino, del cual no conocía el asesino. Semíramis, por su lado, estaba atormentada por fantasmas y remordimientos. En ella, la mujer aventajaba secretamente a la reina y, muchas veces, bajaba sola a la necrópolis para llorar y enternecerse sobre las cenizas de Nino. Es allí donde encontró a Ninias aconsejado por los hierofantes. El espectro del rey asesinado se alzó entre el hijo y la madre; Semíramis estaba velada; el fantasma ordena asestar el golpe... El joven iniciado se adelanta; Semíramis lanza un grito y levanta su velo; ha reconocido a Ninias:

—No, ya no eres Ninias —dice el espectro—, eres yo mismo, eres Nino que ha salido de la tumba— y pareció absorber al joven y confundirse con él de tal manera, que la reina no vio ante ella sino el espectro de Nino, pálido y con la espada sagrada en la mano. Retira entonces su velo, y presenta su seno como más tarde debió hacerlo Agripina. Cuando Ninias volvió en sí, estaba bañado en la sangre de su madre.

—¿La he matado yo? —exclama enajenado.

—No —contesta Semíramis, abrazándolo por última vez—, somos dos víctimas, tú no eres el sacrificador, ¡muero asesinada por el Sumo Sacerdote de Belus!

Tales fueron los sacerdotes de Babilonia, tales fueron los de Micenas y de Argos. Calchas, pide la sangre de Higenia; Clitemnestra maldice a los sacerdotes y venga a su hija con el asesinato de Agamenón; Orestes, inducido por los oráculos, mata a su madre, y va a buscar hasta el fondo de la Chersonesa Táurica al ídolo sangriento de la Diana vengadora. No debemos asombrarnos de estos atentados contra la familia. ya que siglos más tarde y en pleno cristianismo vemos un sacerdote romano, el terribles Jerónimo, escribir a su discípulo Eliodoro:

"Si tu padre se acuesta sobre el umbral de la puerta, si tu madre descubre a tu vista el seno que te crió, holla con los pies el cuerpo de tu padre, pisotea el seno de tu madre, y con los ojos secos, acude al llamado del Señor."

Tales son los sacrificios de la carne y de la sangre que la gran obra de la teurgia lleva a cabo. El Dios por el cual se ha pisoteado el seno de la madre debe, en adelante, verse con el infierno debajo de los pies y con la espada exterminadora en la mano. Perseguirá al asceta como un remordimiento, e irá a saborear en la soledad los terrores del infierno y la desesperación del pensamiento. Moloch quemaba a los niños sólo durante algunos segundos; correspondió a los discípulos del Dios que murió para rescatar al mundo, al crear un Moloch nuevo cuya hoguera es eterna.

Renan, del cual no quisiéramos haber escrito, estampó en su malhadada obra una sola frase buena que borra, para nosotros, muchos de sus defectos. Es la siguiente: "Nadie fue menos sacerdote que Jesús". Hay que distinguir, sin embargo, que se trata del sacerdote de la antigüedad, del que, desgraciadamente, aún quedan ejemplares en los tiempos modernos. San Jerónimo, sin saberlo, era un hierofante de los grandes misterios. En cambio, San Vicente de Paul es el tipo del nuevo sacerdote, del verdadero sacerdote cristiano; es la perpetua encarnación de Jesucristo.

La Iglesia tiene horror a la sangre. En esa imborrable máxima se resume todo el espíritu del cristianismo.

La Iglesia tiene horror a la sangre y aleja de su seno a todos aquellos que gustan derramarla. El sacerdote cristiano no puede ejercer la función de acusador público o de juez, sin caer en irregularidad e incapacidad de ejercer los santos oficios. Así, pues, los inquisidores homicidas no eran sacerdotes cristianos, eran sacrificadores del antiguo mundo que deshonraban al cristianismo. Un papa no puede condenar a muerte. El buen pastor da su vida por sus ovejas, no sabría degollarlas. Un papa no sabría hacer la guerra. Cuando Julio II hacía de soldado, no obraba como papa, era todavía un tiranuelo del Bajo Imperio. El buen Pío IX, quien según dicen tenía visiones, debe ser perseguido por los espectros de Perouse y de Castelfidardo; y en tal caso debe cobrar horror a sus propias manos, ya que es el jefe supremo de la Iglesia, y la Iglesia tiene horror a la sangre.

Sacrificar a los otros para sí, he ahí el antiguo mundo de Júpiter y de Saturno, el mundo de los Césares, y de los augures. Santificarse para los otros, he aquí el mundo nuevo, el mundo de Cristo, el mundo del porvenir. Matar para vivir era la gran fatalidad de esos antiguos misterios. Morir para que los otros vivan, he aquí el derecho divino y la libertad de la iniciación humana, el triunfo de la razón. La divinidad y la Humanidad se han unido estrechamente en Jesucristo, y por tanto quien pega a la una hiere a la otra. Jueces de la Tierra, tened cuidado: cada hombre, en adelante pertenece a Cristo, quien ha pagado con su sangre inocente la totalidad de las faltas de la humanidad culpable. Cada culpable es llamado al arrepentimiento, y cualquier hombre que pueda aún arrepentirse debe ser sagrado como Caín. ¿Sabéis por qué Dios conservaba con tanto cuidado la sangre de Caín? Es porque cada gota de esta sangre equivalía a otra de la sangre del redentor; y para que el rescate fuera eficaz, no debía perderse una sola parcela de la cosa rescatable.

La sangre de Abel clamaba a Dios, dice la Biblia. ¿Quién, pues, podría hacerla callar? Para acallar esta voz se necesitaba otra voz más potente, la de la sangre de Jesucristo. La sangre de Abel pedía justicia. Abel era tan sólo un hombre: solamente la sangre de Jesucristo tenía la fuerza suficiente para gritar que la justicia, para Dios, es el perdón. ¿Quién habría podido decir lo mismo? Sólo Jesucristo lo sabía para decirlo al mundo, ¡y lo sabía porque era Dios!

Por eso, sólo él podía abolir el sacerdocio de la sangre e instituir el sacerdocio del sacrificio voluntario. Es lo que hizo lo que los mártires han comprendido, lo que los santos como Vicente de Paúl han tratado, aunque difícilmente, de establecer sobre la Tierra. ¿Os atreveréis a decir que el cristianismo se acabó? ¿Os pregunto, si acaso no ha venido a este mundo como una palabra incomprensible y prodigio discutido? ¿Os pregunto si la sangre de Abel ha dejado de correr, y si el sacerdocio ha cesado definitivamente de estar entre las manos de los hijos de Caín?

Se cuenta que cada año, en Nápoles, la sangre del mártir Gennaro se licúa y hierve; se dice que en varios lugares de Francia el vino de los Cálices se ha trocado en sangre, y que las hostias consagradas han enrojecido con un sudor semejante al de la agonía de los Olivos. Es que los mártires son solidarios unos de otros, y la sangre no expiada protesta contra la efusión de sangre nueva. La sangre de San Gennaro protesta contra la inquisición que vive todavía en los desgraciados cerebros de Gaume y de veuillot. El vino de la Eucaristía se convierte en sangre, para impedir que los sacerdotes indignos lo liben; y por lo mismo las hostias se cubren de los colores del homicidio, como si Cristo renunciara a la transubstanciación y se convirtiera en cadáver.

Cuando Cristo se convierte en cadáver, es porque se prepara para resucitar; creemos, pues, que la resurrección del cristianismo se aproxima; aunque no es esto lo que tenemos que probar aquí. Volvamos a nuestro objetivo, sólo dejando constancia que el reino de los dioses sanguinarios ha terminado. No derramemos, pues, más sangre, no la agitemos, ni para hacer dioses de ella. Dejemos en paz a los muertos, que los oráculos de la sangre vertida son hermanos de los oráculos de la tumba. La mesa gira porque la sangre se agita; dejad que se aquiete la sangre y los supuestos espíritus callarán.

Sí, espiritistas: los espíritus que hablan por medio de las mesas son los espíritus de vuestra sangre. Os consumís para animar la madera, como esos sacerdotes que creían dar alma a sus ídolos embadurnándolos con sangre recientemente derramada. Lo que hacéis, se hacía antes del advenimiento de Jesucristo; se ha hecho y tal vez se hace todavía en la India; se hace, sobre todo, entre los salvajes, cuyos juglares rodean de cabelleras sangrientas el altar de sus manitús que conjuran y hacen hablar. El magnetismo es la proyección de los espíritus de la sangre, y se magnetiza los muebles empobreciendo el cerebro y el corazón.

CAPÍTULO VI: *Los últimos iniciados del mundo antiguo: Apolonio de Tiana, Máximo de Efeso y Juliano - Los paganos de la revolución - Un hierofante de Ceres en el siglo XVII*

El sacrificio de sí mismo para los otros es tan insensato en apariencia, pero tan sublime en realidad, que el antagonismo que allí se encuentra entre la razón egoísta y el entusiasmo de la abnegación, justifica ampliamente el *Credo quia absurdum* del paradojal Tertuliano. La fe, como la antigua Minerva, nació completamente armada y apareció como triunfadora. La Naturaleza misma, la santa e inmortal Naturaleza, al parecer fue vencida por un momento, porque estaba superada. El día en que un hombre murió voluntariamente para salvar a los otros, lo sobrenatural quedó probado.

Entonces, los sabios de este mundo y los razonadores se asombraron; buscaron en el Evangelio el secreto del poder del cristianismo y no lo hallaron. Vieron tan sólo una compilación mística de parábolas judías y de alegorías egipcias, resolvieron oponer un libro a ese libro y un hombre a Jesucristo; por eso fue escrita la vida de Apolonio de Tiana. Este monumento contemporáneo de los Evangelios no ha sido estudiado bastante; allí se encuentran historias y símbolos; la fábula codea a la verdad, pero esta fábula es siempre una doctrina presentada bajo el velo de la alegoría. El viaje de Apolonio a la India, y su visita al rey Hiarchas en el país de los sabios, representa el dogma de Hermes por entero y contiene todos los signos convencionales, todo el secreto de los antiguos santuarios, es decir la gran obra de la ciencia y de la Naturaleza. Los dragones de la montaña son los metaloides ígneos que contienen el mercurio filosófico; el pozo donde se encuentran los depósitos de la lluvia y del viento, es la cueva donde fermenta el fuego electromagnético alimentado por el aire y avivado por el agua. Parecidos son los demás símbolos. El rey Hiarchas se parece, al punto de equivocarse, al fabuloso

Hiram, a quien Salomón pedía los cedros del Líbano y el oro de Ofir. Observaréis que Jesús no mide nada a los reyes de su época, y que cuando Herodes lo interroga, no se digna contestarle.

Apolonio es sobrio; es casto como Jesús y como él lleva una vida errante y austera. La diferencia esencial entre ellos, es que Apolonio favorece las supersticiones y que Jesús las destruye; Apolonio induce al derramamiento de la sangre y Jesús maldice las obras de la espada. Una ciudad es presa de la peste; llega Apolonio y el pueblo que lo considera como un taumaturgo, se apiña alrededor de él y le urge a que haga cesar el azote. "¿La peste os aflige? ahí está —exclama el falso profeta, señalando a un viejo limosnero—. Lapidad a ese hombre y cesará la epidemia." Se sabe de lo que es capaz una multitud furiosa de superstición y de miedo. El anciano desaparece bajo un montón de piedras. Filistrates agrega que cuando se despejó el lugar del homicidio, se encontró solamente el cadáver de un gran perro negro. Aquí, lo absurdo no alcanza a justificar la atrocidad. Jesús no hacía lapidar a nadie, ni siquiera a la mujer adúltera; no descargaba los azotes sobre la cabeza del pobre Lázaro que el rico malo echaba del umbral de su puerta, y del cual los perros tenían lástima. Como remedio a la miseria, peste de los dichosos, daba el paraíso y no el último suplicio. En eso Apolonio es tan sólo un miserable mago, y Jesús el hijo de Dios.

Apolonio tenía visiones; asiste en espíritu al asesinato del tirano de Roma y prorrumpe en gritos de alegría: "¡valor —dice, dirigiéndose a los asesinos—, pegad, inmolad a ese monstruo!" Jesús, en cambio, no tiene una palabra de maldición para Herodes y Pilatos; ora también por ellos, al mismo tiempo, que para sus verdugos, con las palabras sublimes: "¡Padre, perdónales, pues no saben lo que hacen!"

El genio de Apolonio es una brillante locura que se subleva y que protesta; el de Jesús es una razón modesta que acepta y somete.

Parecía que el antiguo mundo hubiera dicho su última palabra con Apolonio, pero la Providencia, que es una generosa jugadora, le dio todavía a Juliano, para que una vez más tora su revancha. Juliano era un filósofo como Apolonio y un emperador como Marco Aurelio. Pero era también un sofista al estilo de Libanio y tenía plena confianza en charlatanes como Jámblico y máximo de Efeso. Jamás este espíritu rígido y amanerado había podido comprender los dulces misterios del pesebre. Juliano no amaba a las mujeres y no tenía hijos; era casto, no por sacrificio sino por desprecio del placer; su rudeza filosófica llegaba al punto de hacerle descuidar los más elementales cuidados de limpieza. Confiesa en el *Misopogón,* que su cabellera y su barba estaban hirviendo de los más sórdidos insectos, y casi hasta se vanagloriaba de ello. Aquí, el César *pediculosus* se vuelve verdaderamente grotesco. "¡Oh, qué hermosa barba de macho cabrío! ¡Oh, cuán mal peinado está el barbudo!", cantaban los habitantes de Antioquía. Juliano cree contestar echando en cara a los cantores su molicie y su libertinaje, como si los vicios de éstos pudieran autorizar la mugre de aquél. Este héroe mugriento, quien, a pesar suyo había recibido del cristianismo un imborrable tinte de filantropia, era, en cuanto a religión, aficionado a los sacrificios y a la sangre. ¡Qué victimario era este filósofo!

¡Y qué carnicero, este excelso príncipe! decían los precursores de Pasquino. Se le veía siempre con los vestidos arremangados y las manos llenas de entrañas humeantes. Ya había pasado la época en que los príncipes griegos cantados por Homero degollaban y desmenuzaban personalmente las víctimas. Pero Juliano no comprendía ni su época ni la dignidad de su rango. Nerón pudo haber sido histrión, porque, según la hermosa expresión de Tácito, el terror le daba razón del desprecio; pero Juliano, demasiado bueno para hacerse temer, demasiado desagradable para hacerse amar, no podía evitar el ridículo al ejercer las repugnantes funciones de los sacrificadores antiguos. Por fin se le sacrificó a él mismo, y el mundo cristiano aplaudió.

Se asegura que después de su muerte se abrieron las puertas de un pequeño templo que había hecho amurallar antes de emprender su expedición de Persia, y que allí se encontró el cadáver de una mujer desnuda colgada por los cabellos y con el vientre abierto. ¿Es esto una invención del odio o la revelación de un misterio? ¿Era esa mujer una mártir o una víctima voluntaria? Aceptamos lo último. Tal vez una joven fanática que quiso oponer su sacrificio al de Cristo, por la prosperidad del reinado de Juliano y el regreso de los antiguos dioses. El emperador habría cerrado los ojos y sólo el gran pontífice habría asistido al holocausto. El templo amurallado, la víctima sangrienta suspendida entre el cielo y la tierra como una oración palpitante, se asemeja a una parodia de la crucifixión. Se sabe que en una época muy cercana, algunas jóvenes se hacían crucificar por el triunfo de la protestación jansenista, y si se piensa en los ritos bárbaros que deshonraban la religión de Juliano, no se rechazará de inmediato, como una calumnia póstuma, la historia de la mujer sangrante y del templo amurallado. Juliano había sido iniciado a los antiguos misterios por Máximo de Efeso, y creía en la virtud todopoderosa de la sangre.

Era, en efecto, mediante un bautismo de sangre, que Máximo de Efeso lo había consagrado a los antiguos dioses. Juliano fue introducido en la cripta del templo de Diana medio desnudo y con los ojos vendados. Máximo le entregó un cuchillo y una voz misteriosa le ordenó asestar el golpe a una figura humana pálida que se le dejó entrever solamente; se colocó otra vez la venda sobre los ojos del neófito, y guiando la mano de Juliano se le hizo tocar la carne caliente y viva; allí sumió la espada sagrada; después, obligado a prosternarse ante la fuente que acababa de abrir, una aspersión caliente y nauseabunda le hizo estremecer, pero guardó silencio y recibió hasta el fin la consagración de la sangre vertida. "Por esta sangre —decía Máximo—, te limpio de la mácula del bautismo: eres hijo de Mitra y has sumido la espada en el flanco del toro sagrado ¡que la ablución del tauróbolo te purifique!" ¿Acababa Juliano de sacrificar a un hombre? ¿Había inmolado solamente un toro? Él debía ignorarlo: pero no podríamos dudar que estos ritos han sido los de los antiguos misterios, ya que encontramos referencias de ellos en las tradiciones del iluminismo y en los antiguos rituales de la Masonería, heredera, como lo saben los eruditos en la materia, de los dogmas y ceremonias de la antigua iniciación.

Según la costumbre de los historiadores antiguos, Amnio Marcelino ha compuesto una hermosa arenga que pone en boca de Juliano moribundo; como si un hombre con el hígado atravesado por un dardo pudiera pensar en hacer arengas. Preferimos creer en la tradición cristiana antes que en la historia sofisticada. Después que se sacó la azagaya de tres filos de la herida de Juliano, cuando su sangre corría a raudales y se sentía desfallecer, llenó sus dos manos con la sangre que perdía y las elevó al cielo profiriendo estas misteriosas palabras. "¡Has vencido, Galileo!" Tales palabras se las ha considerado como una blasfemia. ¿No sería más bien una tardía retractación? El iniciado al tauróbolo comprendía, demasiado tarde, que el sacrificio de sí mismo supera al sacrificio de los otros. Sentía que al dar su propia sangre para los hombres, Cristo ha abrogado para siempre los sangrientos sacrificios del antiguo mundo. El soberano pontífice de Júpiter renunciaba a su ministerio al ofrecer a su turno su propia sangre en vez de la de los machos cabríos y toros. Parecía decir: "¡Tú, a quien por desprecio llamaba Galileo, eres más grande que yo y me has vencido! ¡Toma, aquí tienes mi sangre que te la ofrezco como tú diste la tuya. Muero y reconozco que eres mi maestro! ¡Has vencido, Galileo!"

Las manos del desgraciado emperador, debilitándose, dejaron caer la sangre en su cabeza, y se creyó que había querido lanzarla contra el cielo. Tal vez se purificó así de las mancillas del tauróbolo y renovó las huellas del bautismo. Su arrepentimiento no fue apreciado y quedó el anatema sobre su memoria. Pero había sido bueno y justo, y Dios no deja perecer para siempre a los que han querido y buscado el bien aun en medio de las sombras del error.

Dando fe a los fantasmas evocados por Máximo de Efeso, Juliano había creído en la existencia real de sus dioses, y estos fantasmas eran alucinaciones de la sangre. Se asegura que Juliano, debilitado por ayunos previos y tibio aún de su bautismo de sangre, vio pasar ante él todas las divinidades del antiguo Olimpo. Las vio no tales como los poetas de la antigüedad las representaban, sino tales como existían entonces en la imaginación, desencantada de las multitudes, viejas, decrépitas, miserables, abandonadas. Ya no eran las grandes divinidades de Homero, eran los dioses grotescos de Luciano, puesto que los pretendidos espíritus que se evocan no son más que espejismos o reflejos de una imaginación colectiva. Y el espiritismo visionario, es la fotografía de los sueños.

Las fotografías mentales son más durables que las fotografías solares, pues si las primeras se borran, se pueden renovar siempre, volviendo el espíritu a las mismas aberraciones.

Hemos visto en el 93 a los últimos iniciados a los antiguos grandes misterios, a los filántropos de la escuela de Juliano, perseguir a través de una nube de sangre el fantasma de la libertad. Hemos visto, por decirlo así, brotar de la tumba Brutos grotescos y Publícolas sórdidos, que juraban por la santa guillotina invocando a los dioses. Saint-Just soñaba con un mundo gobernado por ancianos labradores y virtuosos, decorados con una faja blanca. Robespierre se ungió gran pontífice, y conforme con la ley sangrienta de los antiguos misterios, debía caer bajo el cuchillo de los que había iniciado; todos estos filósofos y apóstatas como Juliano murieron como él desesperando del porvenir; pero menos generosos que él, o tal vez menos sinceros, perecieron sin presentar la ofrenda de su propia sangre al cielo y sin confesar que, una vez más, el Galileo había vencido.

He aquí el producto de los sueños, he aquí lo que resulta de la evocación de los muertos. Si se hubiera dejado dormir en su tumba a los Brutos y los Casios; si los espectros del Aerópago y del foro no hubieran resucitado en el cerebro excitado de estos hombres, cuya razón estaba tan bien representada por una mujer disoluta, no se habría echado tantos miles de hijos de la Francia en la boca devoradora del Moloch revolucionario. Pero las larvas que llegan de ultratumba son siempre frías y sedientas; los fantasmas piden sangre, y cuando las cabezas se desorganizan al punto de engendrar visiones, las manos están prontas para cometer crímenes.

"¡Dadme flechas —exclamaba Quantius Aucler—, para que un pobre hierofante de Ceres defienda la naturaleza ultrajada!" Se trataba de matar sacerdotes, pero nuestro hombre, que se había vuelto loco con la alucinación revolucionaria, quería matarlos con flechas, para dar al suplicio un parecido antiguo. Este Quantius Aucler, que se decía Hierofante de Ceres, ha dejado un libro curioso, titulado Treicie, donde aboga seriamente porque se restablezca el culto de Júpiter, ya que no se contentaban con el reinado de Saturno. Pero la revolución no quiso adorar ni a Saturno ni a Júpiter. Ella misma fue Saturno, y conforme con la sombría profecía de Vergniaud, devoró a todos sus hijos.

CAPÍTULO VII: *Los espíritus en la Edad Media - El diablo desempeña siempre el papel principal en la comedia de los prodigios. El arzobispo Udon de Magdeburg. El diablo Raymond. Los vampiros. Las casas encantadas*

Mientras dura esta infancia de la razón moderna que se llama Edad Media, las fuerzas secretas de la naturaleza, los fenómenos del magnetismo, las alucinaciones sobre todo, de las cuales los claustros son el inagotable semillero. hacen creer en la influencia casi permanente de los espíritus. Los fantasmas aéreos que la imaginación produce y persigue en las nubes se convierten en silfos; los vapores del agua en ondinas; los vértigos del fuego, en salamandras; las emanaciones embriagadoras de la tierra son gnomos y los duendes bailan con las hadas a la claridad de la Luna. El aquelarre reina. La razón dormita, la crítica está ausente, la ciencia muda. Abeilard expía cruelmente sus homenajes prematuros a la inteligencia y al amor. Los muertos se agitan, las tumbas hablan; sin que se sospeche que se han inhumado vivos. Sólo el Evangelio brilla en medio de estas profundas tinieblas tal una lámpara siempre prendida en la iglesia llena de terrores y de misterios. Pues bien, el Evangelio declara que los muertos no pueden y no deben volver jamás; que el orden de la Providencia se opone a ello. He aquí el texto, que no hay temor de repetirlo demasiado, para oponerlo a los ensueños de los espiritistas se encuentra al fin del decimosexto capítulo de San Lucas:

"Según el orden de las cosas, entre vosotros y nosotros se afirmó el gran caos, de suerte que desde aquí, *no se puede ir hacia vosotros* y que de allá donde estáis, *no se puede venir aquí.*" Es Abraham, hablando al malvado rico.

El malvado rico contesta: "Te ruego, padre, que mandes a Lázaro a casa de mi padre, pues tengo cinco hermanos y Lázaro los advertirá para que su turno, no vengan este lugar de tormento". Y Abraham le dijo: "Tienen a Moisés y a los profetas, que los escuchen". Y el otro replica: "No, padre Abraham, que algún muerto vaya a visitarlos, harán penitencia".

Abraham contesta: "Si no escuchan ni a Moisés ni a los profetas, no escucharán tampoco a un muerto que haya resucitado".

Este pasaje es sumamente interesante, contiene una revelación completa sobre el orden eterno e inmutable del destino del hombre. Allí vemos que la fuerza de la Naturaleza empuja la vida adelante y cierra las puertas tras de ella, para que jamás retroceda. Los escalones de la escala santa se afirman bajo los pies de los que suben, *y ya no pueden.* ¿Entendeis bien? NO PUEDEN bajar para regresar. Notemos también que Abraham admite solamente la posibilidad de la vuelta de Lázaro sobre la Tierra por medio de la resurrección y no de la obsesión espiritista. Pues, según uno de los grandes dogmas de la cábala, el espíritu se desnuda para subir; así como precisa vestirse para bajar. Para que un espíritu ya libre se manifieste sólo hay un medio posible; que vuelva a tomar su cuerpo y resucite. Lo cual no es lo mismo que encajarse en una mesa o en un sombrero.

Por eso la *necromancia* es horrible, pues constituye un crimen contra la Naturaleza. ¿No es temeridad del necromántico pretender sacudir la escala santa para hacer caer a los espíritus que ascienden? Eso es imposible, y el sacrílego evocador será presa de sus propios vértigos. Por tal razón, dijeron los teólogos de la Edad Media que los muertos quedan irrevocablemente donde la justicia de Dios los ha enviado, que sólo el demonio responde al llamado de los mágicos, tomando la forma de los difuntos para extraviar la conciencia humana y hacerle creer que pueden perturbar a voluntad el imperio de las almas y de Dios.

Esto es como decir, en términos alegóricos, precisamente lo mismo que expresamos en el lenguaje de la razón y de la ciencia. El demonio es la locura, el vértigo, el error; es la personificación de todo lo falso e insensato. Aquí alargamos a Mirville la mano que seguramente no tomará. Dejémosle su diablo de cartón que hace brotar de sus libros como de un juguete de sorpresa. De Mirville es un niño.

Insistimos aquí sobre la autoridad del Evangelio y de los teólogos, porque se trata de cosas que son exclusivamente del dominio de la fe. La ciencia no admite lo que no se puede demostrar; pues bien, la ciencia no podría demostrar la continuación de la vida humana después de la muerte. Luego, no admite los espíritus, y el título de nuestro libro, *La Ciencia de los Espíritus,* sería una paradoja si no significara ciencia de las hipótesis relativas a los espíritus.

La ciencia es meramente humana, y la fe no podría razonablemente afirmar que es divina si tan sólo es colectiva. Y esa colectividad es la que da a las creencias el nombre de religión, es decir lazo moral que une a los hombres entre sí.

La ciencia no puede negar que los hombres necesitan religión, ni tampoco el fenómeno de las grandes asociaciones religiosas. Estando la religión dentro de la naturaleza del hombre, pertenece a la ciencia que estudia al hombre; pero esta ciencia debe limitarse a constatar el fenómeno de la fe sin dejarse influenciar por él.

Una creencia aislada no merece el nombre de fe, pues fe significa confianza; desconfiar de toda autoridad social y tener solamente confianza en sí mismo, es locura. El católico cree en la Iglesia, porque para él la Iglesia representa la selección de los creyentes. Esto sólo justifica la fe del carbonero. Pero el carbonero debe creer no sólo en la religión sino también en la Ciencia. ¿Negará o impugnará al genio de Newton porque no comprende sus teoremas? Yo, no siendo experto en pintura, me atendría con gusto al dictamen de Ingres, de Paul Delaroche, de Gigoux, y estos grandes artistas, que tal vez no son expertos en teología, en exégesis, en cábala, no serían razonables si no se atuvieran al dictamen de los que han hecho un estudio especial de estas altas ciencias. Posiblemente no comprenda bien lo que puedan decirme sobre los arcanos de la pintura. ¿Por qué, entonces. habrían de disgustarse si mis libros no son perfectamente claros para ellos? Me basta con que hombres de ciencia especial y de criterio los comprendan, y me parece razonable atenerse a su criterio.

Tal es el fundamento de la fe. Es la confianza de los que no saben; y como la fórmula de las creencias debe sacar de la ciencia la base de sus hipótesis, no pudiendo uno creer razonablemente en lo que la ciencia demuestra ser falso, es necesario que la ciencia admita siquiera la posibilidad de las hipótesis, y como las hipótesis de la fe son las que la ciencia confiesa no poder nunca transformar en axiomas o en teoremas, resulta que, tocante a la fe, la autoridad es necesaria ante todo, autoridad que debe ser colectiva, jerárquica y universal, o en otros términos, católica, en su verdadero sentido de universalidad. Es lo que teníamos que probar.

En la Edad Media la fe era ciega, porque no admitía la crítica ni se apoyaba en la ciencia que hace falta. Por eso el razonamiento era apocado y los ensueños abundan. La medicina, por ejemplo, no se atreve a ocuparse del alma, siendo que el alma se atribuye la debilidad del cerebro. Los alucinados eran inspirados, sea por Dios o por el diablo; las mujeres histéricas, posesas; los maniáticos, almas que Dios lleva por caminos misteriosos. Todo estaba permitido en el supuesto orden sobrenatural, salvo, sin embargo, las evocaciones a las cuales sólo el infierno puede concurrir, porque perturban inútilmente el orden inmutable de la Naturaleza y el silencio eterno de los sepulcros.

El Evangelio afirma que las almas del cielo no pueden descender y que las almas del infierno no pueden remontarse. Sólo quedan las del purgatorio. Pero éstas, entregadas a la expiación, ya no pueden pecar y por consiguiente no tienen el poder de atormentar a los vivos e inducirlos a error. El purgatorio, dicen los teólogos, es un infierno resignado, porque en él queda la esperanza. Allí se sufre, se ama y se ora, pero no se puede salir antes del tiempo señalado por la justicia eterna. ¿Qué relación pueden tener estos reclusos de la expiación y de la oración con las divagaciones ora estúpidas, ora picarescas de las mesas habladoras? ¿Cómo el demonio, esta personificación salvaje y grandiosa del incurable orgullo y de la desesperación sin remedio, se permitiría las bufonadas de Arlequín o las moralidades de Proudhon? El diablo de la Edad Media es a veces malicioso, lo reconocemos, pero ¿quién no ve tras los cuernos del macho cabrío, las orejas de la madre loca, sátira gala que achaca a Dios mismo las boberías de sus ministros y hace la novela cómica de *Belzebuth* tal como ha hecho *La novela del Zorro?*

El diablo nunca ha dejado de morar en la conciencia de los malos sacerdotes, por eso las supercherías de los antiguos santuarios se repetían a menudo, con los vicios viejos, en los templos del nuevo Dios. Si ruidos inexplicables interrumpían el silencio de los campos, eran almas que pedían preces; y ya sabemos que las preces, para el sacerdote, son dinero. Otras veces, inverosímiles relatos de algún milagro servían para disimular un crimen, como muestra citaremos la terrible leyenda de Eudes o Udo, arzobispo de Magdeburg. Este era un prelado demasiado sabio para su siglo, pues antes de la época fijada por la Providencia, ya parecía querer principiar la revolución religiosa reservada al genio mediocre pero obstinado de Lutero. Udo de Magdeburg se declaraba contrario al celibato de los sacerdotes; había sacado de su claustro a una abadesa de la que hacía casi públicamente su concubina, en espera de poder tomarla por esposa. El clero joven principiaba entonces a engolfarse en la vía del escándalo y los sacerdotes viejos estaban taciturnos y esperaban.

Un día por la mañana se encontró al arzobispo muerto en el coro de su catedral. La cabeza, separada del tronco, yacía en un charco de sangre y el cuerpo sólo estaba en camisa. Era evidente que el arzobispo había sido arrancado de su cama y arrastrado a la iglesia donde fue decapitado. ¿Quienes era los verdugos o mejor dicho los asesinos?

La mujer que ocupaba la pieza con Udo contó, temblando, que una voz terrible se había dejado oír, diciendo como en salmodia:

Cessa de ludo.
Lusisti satis Udo

rimas bárbaras que se pueden traducir por éstas:

Deja de jugar Udo
Bastante has jugado.

En seguida se abrió una puerta secreta del aposento y unos hombres negros se echaron sobre el arzobispo a quien sacaron de la cama y se lo llevaron. Nada más había visto u oído la mujer, que estaba desmayada de susto.

Había en el capítulo de la catedral de Magdeburg un canónigo llamado Friedrich que se tenía por santo y que llevaba una vida de asceta.

Aquella noche, este canónigo velaba en la iglesia, rogando a Dios porque cesaran los escándalos del arzobispo. La nave central estaba en silencio; el ciclo sin Luna, y el viejo sacerdote temblaba en la oscuridad de la noche, cuando, repentinamente, la puerta de la sacristía se abrió con estrépito y se dejaron oír aullidos extraños, junto con gritos reprimidos. Un personaje vestido de blanco, con grandes alas en los hombros, vino a prender los cirios del altar mayor. Entonces, Friedrich pudo ver a un hombre que los demonios tenían fuertemente agarrotado, después, dice que su atención fue atraída de nuevo a la puerta abierta de la sacristía; vio una procesión singular que entraba en la iglesia.

A la cabeza caminaban los santos protectores de la iglesia de Magdeburg, fáciles de reconocer por su traje tradicional y sus insignias legendarias; luego ángeles vestidos de blanco precedían a una mujer alta que, por su manto azul y su corona de oro, se conocía que era la Virgen; tras de ella venían otros ángeles vestidos de negro y rojo, en medio de los cuales estaba San Miguel armado de una ancha cuchilla; por fin, rodeado de portadores de hachones, con teas encendidas, caminaba un hombre coronado de espinas, que llevaba una gran cruz en la mano. Todo ese clero venido del otro mundo se acomodó en el coro. El Cristo o por lo menos el que hacía sus veces, se sentó en el trono en el propio sitio del arzobispo, y los demonios principiaron a acusar a Udo, que en medio de ellos estaba maniatado, y probablemente con mordaza. El reo nada pudo contestar; la Madre de Dios, aparentó interceder por él; pero cuando el demonio habló de los escándalos del prelado y de la religiosa seducida, la Virgen bajó su velo y se retiró esbozando un gesto de asco. Entonces el juez hizo una señal a San Miguel y la cuchilla fulguró y bajó; después, los cirios y las teas se apagaron y todo desapareció en la sombra.

El canónigo Friedrich se preguntó si había soñado y se adelantó temerosamente al coro. Al llegar al pie del altar, sintió que la losa estaba húmeda y tropezó con una masa inerte. La lámpara del altar aún estaba apagada, y Friedrich tuvo que volver a su casa para procurarse luz, pero la emoción y el terror le impidieron volver a la iglesia. Fue solamente a la mañana que los sirvientes de la catedral, al abrir las puertas, vieron el cadáver decapitado. El cuerpo del maldito no fue inhumado en tierra santa; no se limpiaron las manchas de sangre de las losas del coro; apenas se las cubrió con una alfombra, y cuando se instalaba un nuevo arzobispo de Magdeburg, el capítulo y el clero llevaban al mitrado solemnemente a ese lugar, levantaban la alfombra y enseñaban al prelado la sangre del sacrílego Udo.

Nada, en las sombrías leyendas de la Edad Media, nos parece más horroroso que este asesinato atribuido a Jesucristo. Es seguro que, si la separación de los dos mundos no fuera infranqueable para los que han subido, si el Salvador mismo pudiera, sin perturbar el orden eterno de la Providencia, hacerse presente en medio de nosotros de otra manera que por su Evangelio y su Eucaristía, habría venido a absolver y levantar al desgraciado Udo, diciéndole, como a la mujer adúltera: "Vete y no peques más". Si los espíritus del otro mundo pudieran armarse de espadas materiales para castigar a los culpables de la Tierra, ¿habría podido Torquemada llevar a cabo tranquilamente sus autos de fe? ¿Acaso Alejandro VI, que envenenaba hostias y cometía públicamente incestos, no merecía más que Udo de Magdeburg ser decapitado por ángeles, no de noche y en secreto, dentro de una iglesia desierta, sino en día claro, *urbi et orbi,* ante Roma entera y ante todo el Universo? Pero no, sólo toca a los hombres, a las plagas, a la vejez y a las enfermedades, dar la muerte. Dios es el padre de la vida; no tiene a sus ángeles para lacayos de nuestros patíbulos ni a sus sacerdotes para proveedores del infierno.

Superchería interesada por una parte, ignorancia por otra, fenómenos inexplicados pero no inexplicables, son las causas que justifican la intervención de supuestos espíritus durante todo el transcurso de la Edad Media. El estudio de la Naturaleza estaba abandonado por una escolástica bárbara; se creía en Aristóteles y en el maestro de las sentencias; el temor al infierno se oponía a que uno se ocupara del mundo, y el pensamiento de la muerte hacía despreciar la vida. Conocida es la historia del diácono Raymond, a quien el terror del infierno causó una pesadilla póstuma y cuyo resultado fue la fundación de la Gran Cartuja por San Bruno; contagio del miedo, transmisión epidémica del delirio. Si la santidad de esos tiempos consistía en el terror al infierno, ¿qué hombre fue más santo que el desgraciado diácono Raymond? Habiendo caído en la letargia del espanto, todo el mundo lo creyó muerto; se estiró tres veces en su sudario y se enderezó en el ataúd gritando: "¡Estoy acusado! ¡Estoy juzgado! ¡Estoy condenado!", cayó después vencido, pero esta vez verdaderamente muerto por el terror. Se suspendió la ceremonia fúnebre, se apagaron los cirios y se echó el cuerpo en un hoyo cavado a toda prisa. ¡Quizá sí en esta ocasión el desgraciado murió de veras y derpertó, por cuarta vez, debajo del suelo, para sentirse enterrado vivo y morderse los puños de desesperación!

Admitimos en nuestras obras precedentes la posibilidad del vampirismo, y aun hemos tratado de explicarlo. Los fenómenos que se producen actualmente en América y en Europa son causados, seguramente, por esa horrible enfermedad. Se da impropiamente el nombre de vampiros a ciertos monomaníacos que, como el sargento Bertrand, son fatalmente inducidos a hartarse de la carne de los muertos; pero los verdaderos vampiros son difuntos que aspiran y consumen la sangre de los vivos. Los médiums no comen, es verdad, la carne de los muertos; pero, por todo su organismo nervioso aspiran el fósforo cadavérico o sea la luz espectral. No son vampiros, pero evocan a los vampiros. Por eso, todos los médiums son débiles y enfermizos; débiles de espíritu y de cuerpo; fatalmente propensos a las alucinaciones y a la locura. Las prácticas enervantes de la evocación los agota pronto, y caen en una consunción lenta, sólo comparable a la que el doctor Tissot describe como consecuencia de las costumbres solitarias. El espiritismo es el onanismo de las almas.

La ley de Moisés prescribe que se condene a muerte a los que consultan los *oboth,* es decir los fantasmas del *ob,* o de la luz pasiva. Este gran legislador quería, mediante ejemplos rigurosos, preservar a su pueblo del contagio del vampirismo y de los abismos de la alucinación espectral. Tampoco creemos que habría perdonado al simple sonambulismo magnético. Ya pasaron los tiempos de Moisés y, felizmente, el código penal del profeta hebreo está abrogado con el de Draco. Es claro que no deseamos que se mate a los sonámbulos y a los espiritistas, pero si nuestras advertencias, fundadas sobre la ciencia y la religión, pudieran disuadir a algunos a matarse, no habríamos perdido nuestro trabajo y nuestra labor.

Veamos ahora los lugares fatídicos y las casas encantadas, pero ante todo, afirmemos la existencia y la realidad de un gran número de fenómenos que, en la Edad Media, sobre todo, favorecían la creencia de tal género de superstición. De Mirville cita muchos casos. Nuestros lectores pueden consultar sus obras. Nos contentaremos con un relato que tomó de un estimado autor del siglo XV, Alexander ab Alexander. Nuestro autor dice así:

"Es cosa notoria y conocida de Roma que no temí habitar varias casas que nadie quería arrendar a causa de las espantosas apariciones que ocurrían en ellas cada noche. Allí, además de los ruidos, temblores y voces estridentes que solían perturbar nuestro silencio y reposo, veíamos también un espectro horrible completamente negro, de aspecto amenazador, que parecía pedir nuestra ayuda; y para que no se sospeche que he tratado de inventar alguna fábula, que se me permita acudir al testimonio de Nicolás Tuba, hombre meritorio y de gran autoridad, quien quiso venir con varios jóvenes conocidos a asegurarse de la realidad de las cosas. Montaron pues, guardia, y aunque las luces estaban encendidas vieron luego, al mismo tiempo que nosotros, aparecer el mismo fantasma, con sus múltiples evoluciones. sus clamores y espantos, que hicieron temer a nuestros compañeros, pese a su coraje, que iban a ser sus víctimas. Toda la casa retumbaba con los gemidos del espectro y las piezas quedaban infectadas; pero cuando nos acercábamos a él, parecía retroceder y, sobre todo, huir de la luz que llevábamos en la mano. Por fin, tras una indecible bolina de varias horas, y cuando ya la noche estaba por terminar, se desvaneció la visión.

"De todas las experiencias de entonces, vale la pena relatar una sobre todo, pues para mí fue el más grande prodigio, y a la vez el más pavoroso... Había llegado la noche y después de cerrar mi puerta con un sólido cordón de seda, me acosté. No había dormido todavía y mi lámpara no estaba apagada, cuando mi fantasmas ya estaba haciendo su ruido acostumbrado a la puerta, y al poco tiempo, estando ésta cerrada y asegurada, yo lo vi, ¡cosa increíble!, introducirse en la habitación por las hendiduras y cerraduras de la puerta. En cuanto entró se deslizó debajo de mi cama, y mi alumno Marco, que había visto toda la maniobra, helado de espanto, principió a dar gritos y a pedir auxilio. Observando que la puerta continuaba cerrada, me resistía a creer en lo que había presenciado, cuando vi al terrible fantasma sacar de debajo de mi cama un brazo y una mano con la que apagó la luz. Una vez apagada, comenzó a revolver no solamente mis libros, sino también todo lo que estaba en mi cuarto, emitiendo sonidos que nos helaban la sangre. El ruido había despertado a los de la casa; encendieron luz en la habitación contigua a la mía; al mismo tiempo, el fantasma abrió la puerta y se escapó por ella. Pero lo más extraordinario del caso es que no fue visto por los que traían la luz."

De Mirville, quien cita el hecho, agrega:

"Se ve cuán fácil es explicar a bulto los fenómenos que se describen en cuatro renglones, pero cada uno agrega una dificultad a la solución del problema. Supongamos que Alejandro haya estado loco en este momento, pero entonces lo estarían también su alumno, su sirviente, Tuba y los jóvenes, toda la casa y la ciudad de Roma entera, que no quería esta casa. ¿Había, pues, en dicha casa una causa de alucinación para todo el mundo? Sí, una causa que no pudiendo abrir la puerta desde fuera, pasaba por las hendiduras, la abría muy bien desde el interior."

Lo que caracteriza especialmente esta historia, lo que De Mirville no alcanza a ver, es la falta absoluta de lógica y de apariencia de verdad, que era signo distintivo de las alucinaciones y de los sueños. Una puerta cerrada por un simple cordón de seda se abre más fácilmente de afuera que por dentro. empujándola para romper el cordón, pero sucedía lo contrario; el espíritu, que ha entrado por el agujero de la cerradura sin haber necesitado abrir la puerta, ahora, para salir, se daba el trabajo inútil de abrirla, pudiendo salir como entró. Claro que esto no es visible para todos, pese a lo que dice De Mirville, quien, según su método particular, no parece haber leído la citación que transcribe. El aire de la habitación debía de estar viciado, ya que la luz se apagaba en ella. El brazo del fantasma era una visión de la asfixia; por eso, una vez abierta la puerta y establecida la corriente de aire, el espectro desapareció. Se podría cotejar esta historia con un hecho reciente que hemos leído en los periódicos de hace pocos años.

Había en un lugar que se cita, y en casa de personas que podrían nombrarse si fuera necesario, una habitación encantada. Un sabio resolvió dormir en ella y allí se acostó. Cerca de la medianoche, sintió una horrible opresión, un dolor de estómago desgarrador y angustioso, y vio en una claridad fosforescente un horrible demonio verde manzana, que estaba acurrucado sobre su estómago y le escarbaba las entrañas con las uñas. Lanzó un grito que fue oído; vinieron en su auxilio, se aireó la estancia, y ya vuelto en sí, el sabio se sintió enfermo y reconoció los síntomas del envenenamiento por el arsénico. Sacado de la habitación, se le administraron reactivos y una vez restablecido, pudo entregarse al examen serio y atento de la habitación encantada. Comprobó que estaba tapizada con un papel verde manzana, cuyo dolor se debía a una sal arsenical, y entonces todo se aclaró para él. Se cambió en papel de la pieza y, en efecto, el fantasma homicida no volvió.

Es al estudiar detenidamente los prodigios, que se descubren las leyes secretas de la Naturaleza.

Tenemos, por ejemplo, una casa que atrae las piedras como un fierro imantado atrae las limaduras del fierro. ¿Es extraño, no es cierto? Pero es también lo que se debió de haber dicho cuando se observó por primera vez los fenómenos del imán. Pronto se descubrirá que existen imanes especiales en los tres reinos de la Naturaleza, y que la casa lapidada debía de atraer las piedras como el médium escocés Home o la joven campesina Angélique

Cotin atraían los muebles. La vida del hombre se derrama sobre las cosas de su uso: las prescripciones de la Biblia prueban que el contagio de la lepra se adhería a las casa como a los hombres. ¿Por qué no habría casas enfermas de imantación desordenada como había entocnes casas leprosas? La Naturaleza es armoniosa y regular; ella obedece a leyes rigurosamente exactas en el resultado de su acción, y nunca desmiente a su autor ni a ella misma. Su milagro permanente es el orden eterno. Los prodigios pasajeros son accidentes previstos por la armonía universal y no prueban la intervención de los espíritus, así como los meteoros no prueban la existencia de los astros. La razón suprema es como el Sol. ¡Insensato es el que no la ve!

FENÓMENOS MODERNOS

CAPÍTULO I: *Las mesas giratorias y parlantes*

La existencia del imán universal especializado en los metales. en las plantas, en los animales y en los hombres, era conocida de los antiguos hierofantes. A esa fuerza misteriosa se la llamó, entre los hebreos, *Od, Ob* y *Aur.* Es la doble vibración de la luz universal y vital. Luz astral en los astros, luz magnética en las piedras y en los metales, magnetismo animal en los animales y en el hombre. Todo en la Naturaleza revela su existencia.*

Las experiencias de Mesmer y de sus sucesores han probado que el magnetismo animal puede comunicar la vida y la voluntad del hombre a los objetos inertes. No hay, pues, por qué asombrarse del fenómeno tan común en nuestros días de las mesas giratorias y parlantes; si al ignorante le agrada admirarse, es porque admirándose se maravilla, y al maravillarse se encanta; y como no quiere ser desencantado no escuchará a los simples decidores de verdades.

Casi toda la verdad sobre estas mesas prodigiosas se halla sencilla y claramente expuesta en la carta de un sabio anónimo citado por *A.* Morin:

"Tenga la seguridad —dice este sabio— que en las mesas no hay espíritus, ni ánimas, ni ángeles, ni demonios; pero hay de todo eso si así lo queréis, cuando lo queráis y como lo queráis, ya que sólo depende de vuestra imaginación, de vuestro temperamento, de vuestras creencias intimas, antiguas o nuevas. La *Mesambulancia es* tan sólo un fenómeno mal observado por los antiguos y no comprendido por los modernos, pero perfectamente natural, que toca la física por una parte y a lo psíquico por la otra; sólo era incomprensible antes del descubrimiento de la electricidad y de la heliografía, porque para explicar un hecho espiritual, estamos obligados a apoyarnos sobre un hecho correspondiente en el orden material, tal como lo hacían los antiguos poetas, valiéndose de comparaciones y los profetas mediante parábolas.

"Pues bien sabéis que el daguerrotipo tiene la facultad de ser impresionado, no solamente por los objetos, sino también por la imagen de estos objetos. El fenómeno que nos ocupa debería llamarse *fotografía mental,* no reproduce solamente las realidades, sino también los sueños de nuestra ima-

* Ver Gran Arcano del Ocultismo, de Eliphas Lévi.

ginación, con tal fidelidad, que quedamos engañados, no pudiendo distinguir una copia tomada a lo vivo de una prueba sacada de la imagen.

"Esta fotografía, diréis vosotros, es una cosa extraordinaria, maravillosa. Lo mismo se ha dicho de la fotografía ordinaria y después nos hemos familiarizado con ella. Igual sucederá con el nuevo descubrimiento; se acostumbrarán a él, y cada cual lo verificará, empleando las mesas tal como se emplea el daguerrotipo; algunos lo harán bien y otros mal, pues para tener éxito precisan un conjunto de precauciones y condiciones adecuadas para ello. Ni el torpe ni el atolondrado lograrán una prueba en una u otra cosa.

"La magnetización de una mesita o la de una persona es absolutamente la misma y los resultados son idénticos; es la invasión de un cuerpo extraño por la electricidad vital inteligente o por el pensamiento del magnetizador y de los asistentes.

"Nada puede dar una idea más exacta y más fácil de comprender, que la máquina eléctrica que acumula el fluido sobre el conductor para obtener una fuerza bruta que se manifiesta por destellos de luz, etcétera. Así, la electricidad condensada sobre un cuerpo aislado adquiere un poder de reacción igual al de la acción, ya sea para imantar, para descomponer, inflamar, o bien para enviar sus vibraciones a lo lejos. Son efectos sensibles de la electricidad bruta, producidos por elementos también brutos. (Se le da aquí el nombre de bruta para distinguirla de la electricidad inteligente.) Pero hay evidentemente una electricidad correspondiente, producida por la pila cerebral del hombre; esta electricidad, este éter espiritual y universal, que es el *medio ambiente del universo* metafísico o incorpóreo, debe ser estudiado y después reconocido por la ciencia, la cual nada podrá conocer del gran fenómeno de la vida antes de ello.

"La electricidad cerebral, que ya no es para mí y para mis colaboradores una hipótesis, parece necesitar, para manifestarse a nuestros sentidos, de la electricidad estática ordinaria; de manera que si ésta falta en la atmósfera cuando el aire es muy húmedo, por ejemplo, no se puede obtener que las mesas se muevan, y a uno le dicen, claramente, al día siguiente, lo que les faltaba la víspera.

"La inteligencia de una mesa que se mueve es el resumen, o si lo preferís, el reflejo de la inteligencia de las personas que la mueven, y aun puede decirse que es el reflejo de todo un salón atento de personas y en armonía de sentimientos y de creencias. Otras veces, no es más que la repercusión de las ideas de una sola persona influyente por su voluntad, quien puede paralizar o activar de lejos la mesita e imponerle la clase de ideas que le plazcan.

"No es preciso que las ideas sean nítidas en el cerebro de las personas; la mesa misma las descubre y las formula, en prosa o en verso y siempre con términos apropiados; a menudo, pide tiempo para llenar ciertos vacíos; principia un verso, lo borra, lo corrige o le cambia el giro como nosotros; juega, bromea y se ríe igual que nosotros, como lo haría un interlocutor bien educado. Si las personas son simpáticas y benévolas mutuamente, adopta el tono general de la conversación, es el espíritu del hogar; pero si se le pide un epigrama contra una persona ausente, resulta mordaz. En cuanto a las cosas del mundo exterior, se atiene a las conjeturas como nosotros compone sus pequeños sistemas filosóficos, los discute y los defiende como el más astuto sofista. En una palabra, se hace una conciencia y una razón propias con los materiales que saca de nosotros.

"Todo esto os parece muy extraño, muy increíble; más tras verificarlo, llegaréis a la misma conclusión.

"Los norteamericanos están convencidos de que son los muertos los que vuelven; otros, creen que son espíritus; unos que son ángeles; otros que son demonios; y sucede, precisamente, que todo es el reflejo de la creencia y de la convicción preconcebida de cada grupo. Asimismo, los iniciados de los templos de Serapis, de Delfos, y otros establecimientos teúrgico-medicinales del mismo género, estaban convencidos, de antemano, que iban a comunicarse con los dioses adorados en cada santuario; lo que así ocurría forzosamente.

"A nosotros, que apreciamos el fenómeno en lo que vale, no nos sucede cosa alguna que no podamos explicar sin dificultad, siguiendo nuestros principios; estamos perfectamente seguros que después de haber cargado una mesa con nuestro influjo magnético, hemos creado una inteligencia análoga a la nuestra, que goza como nosotros de libre albedrío y puede conversar y discutir con nosotros, con un grado de lucidez superior; ya que la resultante es más fuerte que el individuo, y que el todo es mayor que una parte.

"La mejor condición es tener como colaboradoras a niños casi sin influencia mental, es más o menos como si uno estuviera solo en presencia de su conciencia y en conversación íntima consigo mismo, salvo que el razonador efímero formula lo que estaba tan sólo en estado caótico y nebuloso en la conciencia.

"No hay una sola respuesta de los antiguos oráculos que no tenga una explicación natural con la clave de nuestra teoría. No acusemos más a Herodoto de haber chocheado en sus más extraños relatos, los tenemos por tan verídicos y sinceros como todos los demás hechos históricos consignados en las narraciones de todos los autores del paganismo.

“El cristianismo se empeñó en librar al mundo de esas creencias supersticiosas cuya inanidad y peligro había reconocido sin descubrir sus causas; tuvo que librar grandes batallas para destruir los oráculos y el sibilismo, y que emplear algo más que la persuasión; el establecimiento de la inquisición no tuvo otro fin; basta leer a Amio Marcelino y las represiones de los primeros emperadores cristianos contra los consultores de las mesas, lo mismo que los sermones de Tertuliano contra los que interrogaban *Capellas et Mensas* (cabras y mesas).

“Se necesitó casi diecisiete siglos y medio para acabar con los brujos mediante el fierro y el fuego; los últimos sobrevivientes fueron Urbain Grandier y Cagliostro; pero siendo natural el fenómeno, volvía a aparecer, ora bajo la forma de los tembladores de San Medardo, ora bajo la de los alucinados de San París, de los cuales Talleyrand comprobó la realidad en su juventud, crucificando a una sibila con el abate de Lavanguillon, sin causarle daño. Mesmer ha resucitado la cosa.

“Este fenómeno es tan antiguo como el hombre, ya que le es inherente. Los sacerdotes de la India y de la China lo han practicado antes que los egipcios y los griegos. Los salvajes y los esquimales lo conocen; es el *fenómeno de la Fe,* fuente de todos los prodigios; cuando la fe se debilita, los milagros desaparecen. El que dijo: “Con la fe se traslada las montañas”, no se admiraría que se levante una mesita. Con la fe, el magnetizador quita un reumatismo, y los pastores del campo obtenían, con el pie de sus cabras, como lo obtenemos con el pie de nuestras mesas, respuestas análogas a las creencias íntimas de los interrogadores, que se asombran de ver formulados sus pensamientos, sus instintos y sentimientos, como el salvaje se asombra de ver su cara reflejada por un espejo. Los peor servidos son los que creen hablar con el demonio que refleja sus sueños y algunas veces el estado de su conciencia.

El hombre, al contemplarse en el espejo de la mesa,
se ve a veces tan feo que por el diablo se toma.

“Cuanto más creyentes hay reunidos por una fe cualquiera alrededor de una mesa, tanto más cargada es la pila, tanto más notables y maravillosos son los resultados.

“Los primeros cristianos reunidos alrededor de una mesa para comulgar con Dios, veían a Dios, así como los que tienen fe en la magia y en la brujería, ven encantamientos y brujerías en todas partes. Los convidados al festín de Baltasar han visto, sobre las murallas, la amenaza que surgía en su conciencia contra el autor desemejantes orgías y nada más. Los que creen en las apariciones, en las manchas fosforescentes, en ruidos extraños, están servidos también conforme sus ideas, pues cada uno recibe según su fe. El que ha pronunciado estas profundas palabras era por cierto el Verbo encarnado; no se equivocaba y no quería engañar a los otros; decía la verdad, y no hacemos más que repetirla, sin esperar que se acepte.

"El hombre es un microcosmos o pequeño mundo, lleva en sí un fragmento del gran todo al estado caótico. La tarea de nuestros *semidei* es ordenar la parte que les ha tocado, mediante el trabajo mental y material incesante. Tienen tarea que hacer; inventando sin cesar nuevos productos, nuevas moralidades, deben poner en orden los materiales brutos e informes entregados por el Creador, quien los crea a su imagen para que a su turno creen y completen la obra de la creación, obra inmensa que sólo terminará cuando todo sea tan perfecto, que será semejante a Dios y capaz de sobrevivirse a sí misma. Lejos estamos de este momento final, pudiendo decir que todo está por hacerse todavía, por pulir y por perfeccionarse aquí abajo; instituciones, máquinas y productos.

Mens non solum agitat sed creat molem.

"Vivimos en la vida, este medio ambiente que mantiene en los hombres y en las cosas una solidaridad necesaria y perpetua; cada cerebro es un ganglio, una estación del telégrafo neurálgico universal, en relación constante con la estación central y con todas las demás, mediante las vibraciones del pensamiento.

"El sol espiritual ilumina las almas así como el sol material ilumina los cuerpos, pues el universo es doble y sigue la ley de la pareja. El ignorante estacionario interpreta mal los mensajes divinos y los traduce a menudo de una manera falsa y ridícula. No hay pues más que la instrucción y la verdadera ciencia para destruir las supersticiones y los absurdos propalados por los ignaros traductores colocados en las *estaciones de la enseñanza* entre todos los pueblos de la Tierra. Estos intérpretes ciegos del Verbo han querido siempre imponer a sus alumnos la obligación de afirmar sin examen, *in verba magistri.*

"¡Ay! Nos agradaría mucho, si tradujeran exactamente las voces interiores que engañan tan sólo a los espíritus falsos. Nos toca, dicen ellos, interpretar los oráculos, esa misión es exclusivamente nuestra, *spiritus flat ubi vult* y sólo sobre nosotros sopla, arguyen.

"Sopla en todas partes, y los rayos de la luz espiritual iluminan todas las conciencias; pero así como hay búhos que huyen de la luz, hay también muchos cuerpos refringentes que carecen de la facultad de reflejar. Es la mayoría; si todos los cuerpos y todos los espíritus reflejaran igualmente esta doble luz, se vería mucho más claro que hoy."

Creemos, como el sabio de Morin, que los fenómenos actuales abren un grande e importante campo a grandes descubrimientos. Esta fotografía mental de las ideas corrientes es algo inmenso que revela la gran comunión de la vida. Un alma única, en efecto, mantiene la vida de toda la Naturaleza, *mens agitat molem.*

Esta alma es activa en los seres inteligentes y pasiva en los otros. Pues bien, lo que es activo obra sobre lo que es pasivo y aun le quita su fuerza. El hombre puede sacar el vigor al león, la agilidad y la destreza al mono y servirse de ellos como instrumentos: todo eso es cuestión de magnetismo.

¿Pensáis, por ejemplo, que un gran pintor encuentra en el almacén los colores que adornan su tela? No; manda su pensamiento al sol, el que le entrega sus reflejos. Todo poder intelectual es una magia y la materia sometida al espíritu se convierte en inteligencia.

Para manifestarse, el día necesita la noche, y como lo dice *A.* Morin en algunos versos adecuados cuyo pensamiento completaremos:

Para Apolo, ha llegado el tiempo de abdicar;
Sabemos ahora cuál genio invocar
Su fuerza es
TODO EL MUNDO;
Él se llama
NADIE;
—El que no lo tiene es el que lo da—;
Así como en el imán, el polo negativo
Es el agente constante del efecto positivo.
La naturaleza muda inspira la palabra,
El que atrae a si el espíritu de todos los necios.

La Fontaine hacía más aún: extraía el genio de las bestias, o más bien, les prestaba el suyo, y les hacía hablar mucho mejor de lo que los médiums hacen hablar a las mesas. El mundo pertenece al genio. Él dice a la piedra: ¡que viva!, y la piedra se levanta y se anima. El estatuario hace los dioses; después viene la fe y los dioses hablan, las estatuas revuelven los ojos, el mármol llora. Mera imaginación, diréis. ¡Sí, a menudo pero no siempre, y la prueba está en que las mesas se mueven y hablan realmente! No se conocen todavía las fuerzas de que dispone la imantación humana, y cuando los prodigios de la fe sean conquistas de la ciencia, el hombre lugar en el universo; comprenderá que ha nacido para mandar a la Naturaleza, y que es aquí abajo, el plenipotenciario de Dios.

En verdad, la fotografía es uno de los más bellos y más curiosos descubrimientos de este siglo; pero, durante los buenos tiempos de antaño, que tan sinceramente echan de menos veuillot y De Mirville, ¿no habría sido acusado de magia el inventor y las masas ignorantes persuadidas que estas imágenes instantáneas y maravillosas eran obras de los espíritus malignos? ¿Qué se habría pensado entonces del estereoscopio, este anteojo doble que da relieve a un reflejo y cambia un fantasma en estatua? Un viajero lleva los Alpes en el bolsillo o pone la cúpula de San Pedro de Roma en un estuche. ¡Juntad el microscopio al estereoscopio y veréis alzarse entre vuestras manos, en toda su pasmosa altura, las colosales pirámides que así pueden contemplarse fácilmente a través del ojo de una aguja! Decid, querido De Mirville, ¿no tendrá algo que ver en eso vuestro diablo? ¿No?, pero en cuanto a la fotografía mental de las mesas habladoras es otra cosa: sí es otra cosa en efecto, pero esta otra cosa es completamente análoga a la primera.

Así como la fotografía solar reproduce con una desesperante fidelidad las manchas y las verrugas de un rostro. la fotografía astral reproduce el vacío de las conversaciones vanas, la temeridad de las conjeturas y los deslices de los pensamientos necios. Conocidas son las supuestas revelaciones de Víctor Hennequin; la médium Rose nos asegura que Escousse y Lebras han sido Romeo y Julieta, y encuentra en *Saturno* al desgraciado Lesurques, que se ha vuelto jardinero. Eso nos recuerda una estrofa de una canción estrafalaria de Vadé:

La reina Cleopatra
Tostaba en su chimenea
Unas castañas
Que Carón
Echaba a las gallinas,
Mientras que Zorobabel
Hacía cocer, en Israel
Unas almejas.

Es toda la incoherencia del sueño. Después, evoca a Mme. Lafarge, y le hace confesar que fue culpable; ultraje impío a la tumba de una desgraciada, cuya memoria, amparada por una duda ante la opinión pública, atañe al honor de una familia honorable, de la cual viven aún algunos miembros que creen en la inocencia de María. Otro médium, antes sabio, y después aficionado a las mesas y alucinado, cree recibir besos de una mujer que ha amado, pero luego su amante de ultratumba se vuelve celosa; otros labios póstumos han rozado la boca marchita y desdentada del viejo Girard; y la nueva Diana de este grotesco Endimión (casi no nos atrevemos a repetir lo que no temió escribir) es la madre de Dios en persona. Al lado de estas monstruosidades, se ve salir del lápiz de los médiums páginas que no están, tal vez, escritas en parte alguna, pero que uno recuerda haberlas leído en todas partes, pues esas charlas son vulgares y se parecen. Algunas veces, el supuesto espíritu copia sencillamente a un autor que cree, sin duda, poco conocido. El que escribe este libro se asombró un día al leer, firmado por Platón, en un número de la *Verdad*, diario espiritista de Lyon, una página de su introducción a la *Historia de la Magia*. El lápiz escribe canciones insulsas que atribuye a Béranger, y Lacenaire declama sermones ramplones; es un montón de necedades pretenciosas y de reminiscencias truncas; una linterna mágica sin luz; es la reunión de los más pobres diablos que se pueda imaginar; es el caos de las extravagancias. Y al lado de todo eso, apreciaciones llenas de sutileza, hipótesis atrevidas y trozos de ciencia verdadera cosidos con los gastados hilos de Tabarín o de Jocrisse. Apolonio de Tiana escribe páginas sansimonianas y las firma "San Agustín". San Agustín declama contra la Iglesia Católica; San Luis habla como Jean Journet; San Vicente de Paúl hace frases y el Gran San Eloi ni siquiera tiene el buen sentido de poner al anverso las calzas de rey Dagoberto. Es el ruido anárquico de las multitudes, el *Quid pro quo* de las manadas, la confusión de las catervas fotografiadas estando en movimiento; es el espíritu impersonal y múltiple que ahoga tontamente a los animales en los cuales se refugia; es el espíritu que echa de todas partes la dulce influencia del Verbo de verdad, y que se llama legión.

CAPÍTULO II: *Última palabra sobre el espiritismo*

En este momento sucede en el mundo algo extraño e inaudito. Al poner todas nuestras esperanzas en la muerte, el cristianismo había inspirado a los hombres repugnancia para la vida, y he aquí que una creencia nueva parece querer reconciliarse con la vida aniquilando la muerte.

Para la secta espiritista, en efecto, la muerte ya no existe. La vida presente y la vida futura, separadas apenas por un delgado tabique que los espíritus pueden atravesar, no son más que una sola vida. Estamos rodeados por los que hemos amado, nos ven, nos tocan, nos hacen señales, andan con nosotros y llevan la mitad de nuestras cargas. Algunas veces su mano hasta se hace visible y palpable para estrechar la nuestra. El milagro se vulgariza y podemos reproducirlo a voluntad. Ya no más lágrimas derramadas sobre las tumbas, ni más luto, coronas funerarias en recuerdo de los que ya no son, pues, en verdad, lejos de haber cesado de existir, están más vivos que nosotros. La cuna del niño se mueve sola, y al balancearse dice a la pobre desolada que su querido ángel está siempre cerca de su corazón. El decrépito muro derrumbado que antaño separaba para siempre las dos existencias del hombre como el tabique que separaba las viviendas de Píramo y Tisbe, deja pasar las palabras y ni siquiera impide los besos. ¡Qué divino sueño, qué dulce locura! Por eso, los adeptos de la ciencia nueva se cuentan a millares. Sería tal vez demasiado cruel desengañarlos, si acaso se engañaran, pues se apoyan en razonamientos a los cuales nada se puede contestar, ya que andan rodeados de prodigios. En apariencia, su moral es pura y su doctrina contradice el dogma católico sólo para oponer humildes esperanzas a rigores demasiado excesivos. Todo aquello es tan hermoso, sorprendente y bello, que uno se deja fácilmente embargar por la credulidad lisonjera, sin pensar bastante que la pretendida religión nueva aniquila el culto y la jerarquía; hace al sacerdocio inútil y destruye el templo en provecho de la tumba; sustituye a los sacramentos de los vivos el contacto dudoso y problemático de los muertos. En estas evocaciones multiplicadas, la razón se cansa, la fe se materializa, las severas grandezas de la teología se transforman en pequeñeces románticas y sentimentales: en ellas se habla de un Cristo casi tan ridículo como el de Renan y de una Virgen María que viene cada noche a depositar besos sobre la boca del viejo Girard de Caudelllberg. Por otro lado, este pícaro De Mirville, que no nos perdona el haberle tildado de bueno, emboca la trompa infernal y proclama el reino de Satanás. Su bedel, Gougenot Desmousseaux, le pasa el hisopo para exorcisar al príncipe de las tinieblas. En lugar de agua bendita, llueven las injurias. Los gaznápiros volterianos niegan estúpidamente los hechos, para no tener por qué preocuparse de las causas. El respetable Velpeau explica por un pequeño crujido de los músculos de la pantorrilla, golpes que rompen las mesas y casi derriban murallas. Para muchas gentes, el norteamericano Home es un hábil saltimbanqui; aun un mayor número de gente se ríe, se encoge de hombros, sin querer oír que le hablen de todo eso, y en medio de este caos, la verdadera ciencia, grave, silenciosa y triste, estudia. observa y espera.

Empero, no puede guardar un silencio eterno, porque ello equivaldría a estar muerta. Llega el tiempo en que debe necesariamente hablar para tomar la defensa de esta eterna razón que es la base de toda justicia. Es preciso que hable para anunciar al mundo la más grande y la más necesaria de sus revoluciones, la que debe derribar el despotismo de la locura, para fundar el imperio de la sabiduría que debe reconciliar para siempre la inteligencia y la fe.

La firme adhesión del espíritu a las hipótesis necesarias y razonables, es la fe, y esta fe, puede decirse que es también la razón.

La adhesión obstinada del espíritu a las hipótesis imposibles y fuera de razón, es la superstición, el fanatismo, la locura.

El Dios de los sabios, es la razón viviente y universal; el Dios de los fanáticos y de los supersticiosos, es la locura absoluta.

Y la locura absoluta es la mentira absoluta, el mal, el diablo; los supersticiosos adoran al diablo.

La religión de los supersticiosos puede, pues, rechazarse sin examen.

Cuando se dice que el verdadero cristiano debe sacrificar la razón a la fe, no se expresa de una manera exacta. Sacrificar su razón a la fe, es someter, en cuestión de religión, su propio criterio a la autoridad universal, lo que es muy cuerdo y muy razonable. ¿No pide San Pablo una obediencia razonada? Todo el mundo lo sabe pero nadie quiere comprenderlo; en toda época los hombres de mala fe han cultivado el error, para tener el pretexto de reñir entre ellos.

La fe sin razón, es la locura. Tal el recluso de Bicetre que cree firme y porfiadamente que él es el rey de Francia. ¿Por qué es loco al creer tal cosa? Porque no tiene razón de creerlo, o porque lo cree sin razón.

Vintras cree firmemente que es el profeta Elías y que el arcángel San Miguel, disfrazado de mendigo viejo, conversa familiarmente con él. Sus discípulos pretenden que tiene razón de creerlo, y aducen para ello, como pruebas supuestas, profecías y supuestos milagros. Pues bien, resulta de esto que las profecías no son más que divagaciones y declamaciones embrolladas, y los milagros, fenómenos repugnantes y propios para ridiculizar las cosas más santas. Aquí, la razón pública rectifica a la razón privada, resultando que Vintras y sus discípulos son, no diré sectarios que se deben combatir, sino enfermos que es preciso cuidar.

La fe es la confianza del alma humana en una razón más elevada que su propia razón. La fe realza pues la razón del hombre, en lugar de rebajarla; para nosotros, el abismo del cielo principia donde acaba la cima de las montañas y la fe principia, necesariamente, allí donde acaba la ciencia. No puedo creer lo contrario de lo que sé, ni puedo saber lo contrario de lo que creo, sin renunciar inmediatamente sea a mi ciencia, o a mi fe. El objeto de la fe es, pues, necesariamente la hipótesis; pero el objeto de la fe razonada es la hipótesis necesaria.

Que no se nos diga que la fe es una gracia y no una deducción filosófica; el buen sentido también es una gracia, y una gracia desgraciadamente mucho más escasa que la fe. Nuestras malas pasiones corrompen nuestro juicio. Un malvado jamás es razonable, y el cielo concede la verdadera razón sólo a los hombres de buena voluntad.

Sed creyentes y seréis inteligentes, decía el Cristo a los pobres de espíritu y a los humildes, al llamarlos a la salvación por la fe. Sed verdaderamente inteligentes y seréis creyentes, podemos decir ahora los sabios y los pensadores. Es decir, creeréis cuerdamente en lugar de creer locamente, pues de agrado o de fuerza, siempre es preciso que el hombre crea en algo. Providencia o fatalidad, pero existe una causa primordial. Orden o caos, pero existe algo en el infinito. El orden en un solo rincón del universo es la negación del caos. La vida esencialmente directora y dirigida en todos sus fenómenos es la negación de la fatalidad. El verdadero *credo quia absurdum* es el del hombre que niega. Ante el ser, en efecto, es menester ser loco para afirmar la nada.

El ser, siendo infinito, puede ser conocido por sus manifestaciones finitas. Lo conocido, mediante la hipótesis ya sea necesaria, ya sea tan sólo razonable, conduce a la adivinación de lo desconocido relativo; pero fuera de cualquier hipótesis posible, queda siempre lo desconocido infinito, del cual nada se puede pensar ni decir. Es en este desconocido insondable, indeterminado, indecible, que los antiguos cabalistas adoraban a Dios, sin tratar jamás de comprenderlo.

Donde termina la ciencia principia la fe, y la fe saca sus revelaciones hipotéticas de las aspiraciones del corazón, siempre más insaciable y más valiente que el espíritu. Pero el corazón humano puede apoyarse en una fuerza o dejarse extraviar por una debilidad. La fuerza es el sentimiento heroico del sacrificio. La debilidad es el ensueño enervante del egoísmo satisfecho.

Para suplir a la deficiencia de la ciencia, se puede, pues, acudir a la exaltación de los sentimientos generosos, o a la sobreexcitación de los instintos cobardes.

La exaltación de los sentimientos generosos infunde la fe en el sacrificio y, por consiguiente, en el trabajo regular, en la abnegación del sentido propio, para someterlo al sentido común. Así, la Iglesia se agranda y la sociedad es una milicia, con sus grados y su disciplina obligatoria para todos. La más poderosa inteligencia se manifiesta entonces por la mayor docilidad. No hay nada más perspicaz, en verdad, que la obediencia ciega; nada más digno de la libertad que el sacrificio de la libertad misma. Un soldado que ya no puede obedecer no puede vivir, y cuando su general le da una orden que en conciencia no puede cumplir, no deserta, muere.

El sentimiento exaltado pero justo, que infunde la obediencia a la bandera, se llama honor. El sentimiento exaltado, pero justo, que induce a obedecer a la iglesia, se llama fe.

El sueño egoísta opuesto a la fe, es la herejía. Es el soldado que quiere vencer solo, el creyente excéntrico que quiere monopolizar para sí las ventajas de la sociedad, el hombre que quiere comunicarse con Dios sin intermediarios y que se hace una revelación propia. ¡Como si el Dios de la Humanidad pudiera ser excomulgado; como si el fondo de la religión no fuera el espíritu de caridad, y el espíritu de caridad estuviera fuera de la asociación de los sacrificios, del concurso jerárquico de la creación y de la conservación social y eclesiástica de la fe!

Esta alta razón que se llama la Iglesia absorbe y debe absorber todos los razonamientos individuales. Al revelarse al mundo, el Cristo ha hecho callar los oráculos porque los oráculos no son la razón. ¿Qué importa, en efecto, un fenómeno que la ciencia no explica todavía? y ¿qué puede contra una razón? Si yo viera un absurdo inscrito con letras de fuego en el cielo, admiraría el fenómeno, pero no sería bastante loco para admitirlo. Ahora que la voz de Cristo ya no se escucha, se resucita los oráculos, las mesas hablan, las plumas escriben solas, las mesas gritan; y ¿que gritan? ¿qué dicen las mesas? ¿qué escriben los lápices de los médiums? Se repite en todos los tonos y en todas las lenguas que los hombres son locos cuando no toman como base la sabiduría de Dios que está en el espíritu de caridad.

Un día Lutero fue visitado por un espíritu. ¿Era blanco o negro? Es lo que el reformador no pudo afirmar y, sin embargo, le dio por creer que ese espíritu era el diablo. De manera que el diablo argumentó contra el fraile y el fraile fue convencido por los argumentos del diablo, adviniendo así la Reforma al mundo. Esa es vuestra historia, espiritistas y aficionados a las mesas. Una voz os habla y no sabéis de quién es la voz. Muchas veces, vuestras pretendidas revelaciones pululan entre contradicciones y mentiras. Pero estáis libres de la jerarquía, sois así más sabios que vuestros curas y que el Papa.

El otro mundo se revela directamente a vosotros o por intermedio de seres inferiores, de seres inmorales y enfermizos, de pobres alienados que duermen o que no saben lo que escriben, y vosotros os creéis como Israel, fuertes contra Dios. Arregláis a vuestro antojo el dogma eterno. Negáis aquello, admitís lo otro; hacéis paraísos de fantasía e infiernos tolerables; y con eso ya podéis predicar la moral que siempre produce su efecto y que, como sabéis, no obliga a nada.

De una proposición absurda no se sabrá examinar la consecuencia, porque no existe.

Vosotros decís: Dios desaprueba la razón y fomenta la locura.

Que es como si dijerais: el diablo desaprueba la locura y fomenta la razón. Pues bien, el pecado es la locura, y la virtud la razón.

Virtud loca y pecado cuerdo son términos que no se avienen.

¿No veis que tomáis a Dios por el diablo y al diablo por Dios?

Según vosotros, ¡el diablo; y Dios sería el demonio de la locura! Reconcentraos y recapacitad.

Así que, después de los anatemas de los profetas, de la aureola de los apóstoles, de los esplendores de los padres, de la paciente, laboriosa, pero incompleta razón de los escolásticos; después de las valerosas desesperaciones de la reforma y de la filosofía, Dios, ya sin recursos, envía mesas parlantes para que deletreen cabriolando la palabra Ficaresca de Cambronne, condimento forzoso de una doctrina insulsa, estímulo de prácticas que bien podríamos llamar onanismo del pensamiento. ¿Eso es Dios? No; sólo vuestro Dios puede acudir a semejantes recursos. Y pasáis delante de Bicêtre sin sacar vuestro sombrero y sin tararear el estribillo de Béranger:

¡Salud patria mía!

La fe en Dios es la firme adhesión del espíritu a las hipótesis necesarias de la inteligencia. San Pablo las formula en estos términos:

Accedetem ad Deum oportet credere, quia est et inquirentibus se remunerator sit.

Que Dios es, y premia a los que lo buscan.

La fe en Jesucristo y en su Iglesia es la firme adhesión del alma a las hipótesis necesarias del corazón. Si Dios es bueno, nos ama; si nos ama debe remediar eficazmente nuestros males y venir hacia nosotros, ya que no podemos ir hacia él. La encarnación, la redención, los sacramentos, el dogma inmutable, la jerarquía indefectible se hacen entonces necesarios; todo eso se prueba por la existencia real, siempre presente en la Iglesia, de un poder evidentemente divino que transforma los ignorantes en sabios, los débiles en héroes, las mujeres más sencillas y hasta los pobres niños en verdaderos ángeles de la Tierra.

¡Desgraciado del que desconoce este poder, vergüenza para quien lo resiste y lo niega!

¡Este poder es el espíritu de caridad!

La fe de la inteligencia que sólo afirma a Dios, es la fe de Moisés.

La fe del corazón que afirma la Iglesia, es la fe de Jesucristo.

La fe de Moisés, es Dios inaccesible al hombre.

La fe de Jesucristo, es Dios representado en la Humanidad.

Inaccesible al pensamiento, pero siempre presente al amor; he aquí, en efecto, a Dios por entero.

El mosaísmo y el cristianismo son inseparables como la inteligencia y el amor.

La Iglesia, es la humanidad cristiana, consecuencia necesaria y complemento forzoso del judaísmo mosaico.

Al lado de esta fe razonable, siempre trató de establecerse la fe loca e imaginaria, anárquica como la locura, caprichosa como los sueños.

La fe de los visionarios, que consideran como revelaciones divinas los fantasmas de su imaginación.

De los que piden la sabiduría al éxtasis, al entusiasmo, al sueño, a la catalepsia y en fin, a todos los estados que, al suprimir el libre albedrío del hombre, lo vuelven más o menos alienado.

¡Y que no ven que la alienación es la decadencia del hombre!

Y que no comprenden que el espíritu del vértigo, es el espíritu de la mentira y del mal.

Y que no sienten que al entregarse al desfallecimiento automático del sonambulismo o del hipnotismo, a las impulsiones fatales y dudosas del espíritu de las mesas giratorias, entregan a un desconocido tenebroso la dirección de su pensamiento y lo que es más horrible, y completamente contrario a la Naturaleza, que se convierten en alienados voluntarios.

Convirtiéndose así en profetas del torbellino en videntes del vértigo, en oráculos del gran caos, en intérpretes de la fatalidad.

Se miran en un espejo roto y creen percibir la multitud de espíritus celestes que han servido de alimento a su espíritu; los sueños de su doctrina se parecen a las pesadillas de una digestión laboriosa.

¿En qué difieren, esencialmente, nuestros hipnotizados modernos de esos antiguos gnósticos de la India, que esperaban la aparición de la luz increada, con los ojos fijos en su ombligo?

Mucho tiempo antes de nosotros, los brahmanes magnetizaban mesas y las levantaban del suelo, imponiéndoles solamente las manos. La pitonisa de Endor era lo que hoy se llamaría una poderosa médium, que evocaba los difuntos. Pues bien, la evocación de los difuntos, siento decíroslo, es necromancia, la más tenebrosa de las ciencias del abismo, la más maldita de las operaciones sacrílegas. La necromancia sustituida al cristianismo; la luz de los muertos en lugar de la palabra del Dios viviente; el fluido espectral bajando sobre nosotros en vez de la gracia; la comunión eucarística olvidada para no sé qué banquetes, donde el alma se asfixia al aspirar el fósforo de los cadáveres; eso es, pobres insensatos, lo que consideráis como una renovación religiosa; eso es vuestra fe y vuestro culto; eso, en fin, el Dios negro que adoráis.

De Mirville no se equivoca del todo al atribuir las divagaciones espiritistas al diablo.

Pero si Dios envía al diablo en misión, el diablo debe obedecer, necesariamente, a Dios. ¿El diablo es, pues, el servidor de Dios, el misionero de Dios?

Y entonces, Dios responde por el diablo.

Y todo lo que vosotros atribuís al diablo, está hecho por Dios.

El diablo ya no tiene su libre albedrío y hace, a pesar suyo, lo que Dios le ordena hacer.

Luego el diablo es mentiroso, es Dios mentiroso.

El diablo verdugo, Dios verdugo, el diablo grotesco, Dios grotesco.

Blasfemadores ¿no os estremecéis?

No es a la imaginación enfermiza del hombre, no es a su locura, ni a sus ensueños, sino a su inteligencia y a su razón que Dios se revela.

Si un padre de la Iglesia ha escrito su famoso: *Credo quia absurdum*, es que quería indicar, por medio de esta paradoja, el dominio real de la fe que principia en los límites extremos de la ciencia. En sus límites extremos, la ciencia cae en el absurdo si quiere pasar más allá, y entonces, el alma razonable no puede encontrar un refugio sino en la fe. Es, pues, el absurdo que hace necesaria la fe: *Credo quia absurdum:* yo creo, porque sería absurdo razonar sobre lo que puedo saber; creo, sobre todo, porque sería aún más absurdo no creer.

El calma se aferra invenciblemente a sus hipótesis, cuando son rigurosamente necesarias; puede quererlas y adherirse a ellas, cuando son razonables; pero las almas insensatas se apasionan voluntariamente por hipótesis ridículas e imposibles.

Creo en la vida eterna; he aquí la hipótesis necesaria. La vida eterna no permite que nuestras almas se extingan cuando morimos; he aquí la hipótesis razonable. ¿Pero qué se hacen estas almas desprendidas de nuestros cuerpos? Me contestáis que quedan en nuestra atmósfera brumosa, temblorosas y desnudas, o bien que se esconden en las tablas que hacen crujir, en vuestras mesas que se mueven, en los lápices que parecen trazar solos a veces vulgaridades de la moral corriente, dignas sólo del genio de Proudhon, y otras divagaciones e insultos. Es la hipótesis ridícula y por consiguiente imposible.

Un hecho inexplicable para vosotros, vuestra imaginación prevenida lo explica a su manera. ¿Habéis hecho acto de fe? No, habéis hecho un acto temerario, o si lo preferís aún, pueril. Una voz sale de la pared, nos habla y no sabemos de dónde viene. Es San Miguel, dice el pobre Vintras; es el diablo, exclama el pícaro De Mirville, que se indigna porque uno le dice que es bueno; y ambos escriben enormes libros. Pero, al fin de cuentas, ¿qué decía esa voz? ¡Sandeces!, luego no es San Miguel; vulgaridades, entonces no es el diablo. Mas alguien ha hablado, hemos oído la voz y bien sabemos que las paredes no hablan. Muy bien. ¿Cómo vamos a concluir? Simplemente, en que no es la pared que ha hablado. Pero entonces, ¿quién es? Os lo diría si lo supiera, mas si os lo digo sin saberlo, sería un mentiroso o un imbécil.

¡Oh simple buen sentido, cuán raro eres! Pero aquí alguien me va a interpelar. Moisés, se me dirá, oyó una voz sobre el Sinaí. ¿Cómo ha podido él saber si era la de Dios, la del diablo, o la de un sueño? Tal vez era el alma física de la Tierra; quizá si el genio irritado del Egipto que quería, al engañar a los hebreos, vengar los desastres del mar Rojo, que Moisés ha creído que era la de Dios. ¿Pero cuál era la razón infalible que tenía para creerlo? ¿Por qué al afirmar que era Dios, no era ni mentiroso ni imbécil? ¿Por qué? Voy a decíroslo: las leyes del Sinaí son la expresión de la más alta y de la más pura razón. El Decálogo estaba grabado en la conciencia de los hombres, antes de ser esculpido sobre la piedra con los dedos de Dios, quien, como debéis saberlo no tiene dedos; los rugidos y los truenos que brotaban de la montaña, no eran, en esa primera escena del gran drama de la revelación positiva, sino decoraciones y accesorios. Y os pregunto: ¿Qué importa para la proclamación del dogma de la unidad de Dios, una trompeta más o menos?

Cuando Jesús, por el heroísmo sublime de su muerte, prueba al mundo la inmortalidad del alma; cuando victorioso de la agonía, lanza un grito de triunfo, y después inclina suavemente la cabeza y muere, ¿qué necesidad tengo yo de que las piedras se partan y que las tumbas se abran? Quiero ignorar esos prodigios; nada hay demás en mi alma para admirar el último suspiro del justo. Aparte los fantasmas, no tengo el tiempo de verlos; mi pensamiento entero está absorto por una sublime realidad.

Yo no busco, como ciertos autores modernos, explicarme ridículamente los milagros del Evangelio; no trato de sospechar, por ejemplo, que Lázaro enfermo haya sido sepultado vivo y abandonado durante cuatro días en su tumba, por sus hermanas, para atraer a esa trampa singular la vanidad cómplice o ingenua de algún taumaturgo dudoso. Historia o leyenda, el relato evangélico me impone veneración y me acuerda el magnífico cuadro del profeta Ezequiel, de pie en medio de las osamentas. ¿Piensas tú, oh profeta, que estos restos pueden vivir de nuevo? Y sin embargo, a la voz del hombre que obedece a Dios, la vida vibra y se estremece en todo ese campo de la muerte. El espíritu del Verbo ha soplado, y la Humanidad va a renacer. Lo mismo ocurre con Lázaro. Lázaro, el gran leproso humano, el enfermo de la Tierra ha muerto hace cuatro días, es decir hace cuatro mil años; pues ante Dios, dice la Escritura, mil años son como un día. Ya está en putrefacción este género humano que gobierna el emperador de Caprea. "Salvador del mundo —le dicen—, llegáis demasiado tarde, si hubieras estado allí, Lázaro no habría muerto."

Jesús nada contesta, pero llora y la gente dice: "¡Ved cómo lo amaba! "

Manda que se saque la piedra, llama al muerto a la vida, y el muerto se levanta, todavía agarrotado en su mortaja. Tal es el principio del cristianismo. "Desatadlo —dice el Salvador—, y dejadlo en libertad." Tal es la realización y su fin. Esto no es la historia de un hombre, es la leyenda profética del mundo, el complemento y la explicación de la visión de Ezequiel. Se aspira de lleno, en ese relato, el soplo divino. Uno llora como Jesús, se estremece y se endereza con Lázaro, que alza hacia el cielo las manos aún cautivas. Lázaros son los esclavos de América, los oprimidos de Irlanda, los mártires de Polonia. ¡Dejad, oh Señor, dejad que se les desate y queden en libertad!

No tengo por qué buscar otra cosa en esa página que tan fuertemente impresiona. Siento que es verídica, y me rindo a la emoción que me produce; pero ¿es simplemente una parábola, o es el relato de algún acontecimiento? No lo sé y, por consiguiente, sería temerario que afirme sobre eso algo que sea contrario a las enseñanzas de la iglesia. Aquí me asiste la tradición de los padres que han comprendido como yo el símbolo y han tenido buen cuidado de no impugnar la historia que sirve de base a ese símbolo. Debo imitar su cordura, mas la desgraciada crítica de Renan me inspira una profunda lastima.

La fuerza del Evangelio no está en los milagros que narra ese libro sagrado, sino en la razón suprema, en el LOGOS, que es la luz de cada hombre que viene a este mundo, como lo dijo San Juan: "Me preguntáis quién soy yo —decía Jesús—. *Yo soy el principio que habla*". Como opuesto a las leyes ordinarias de la Naturaleza, el milagro se parece al error; ¡pero la verdad, siempre igual, hace palidecer el brillo efímero de todos los prodigios ante los esplendores del orden eterno!

No se podría encerrar la verdad en una tumba, que por lo mismo no podría salir de ella. Es la vida que irradia sobre la muerte, no es la muerte que puede irradiar sobre la vida. El espíritu de los grandes hombres no necesita volver a nosotros desde ultratumba, puesto que queda siempre sobre la Tierra. ¡Consultores de oráculos fúnebres: os parecéis a hombres que pasaran su existencia mirando al fondo de un pozo para ver el Sol!

Sacrificar la vida presente a una existencia futura, es el espíritu del cristianismo, definido por todos los ascetas. Encontrar aún en ese sacrificio la mayor dicha de la vida presente, es el genio del cristianismo, tan delicadamente presentido como magníficamente soñado por el alma de Chateaubriand; pero el corazón del cristianismo, su esencia, su ley fundamental, es la jerarquía directamente opuesta a la anarquía. Por la jerarquía, en efecto, la sociedad se constituye y adelanta; por la anarquía, se divide y se destruye. La jerarquía es la comunión; la anarquía, la excomunión voluntaria. La jerarquía es el hombre adicto a la sociedad y por ella protegido; la anarquía, el hombre proscrito por la sociedad y que conspira contra ella. La jerarquía, en fin, es el hombre todopoderoso, porque es múltiple; la anarquía, el hombre impotente, porque está solo.

"Si Dios ha hablado —dice Rousseau—, ¿por qué nada he oído yo?" Es a tu conciencia que debes preguntar, tú que quieres andar solo, y que te haces el sordo cuando la sociedad habla. ¿Debía tener Dios una redención para Rousseau y otra para la Humanidad? ¿Rousseau es más que un hombre o menos? Si es más, ¿dónde están sus títulos? Si es menos, ¿dónde están sus derechos?

Mas, se me dirá, si la sociedad quiere imponer a mi fe absurdos que repugnan a mi razón, ¿puedo yo abjurar de mi razón para creer en ellos? No, la sociedad no te impone la fe, pero te prohibe turbar la paz de las creencias comunes con las rebeliones de tu espíritu o de tus ensueños: duda, si tienes esta desgracia, pero calla, es tu deber.

Las inspiraciones personales nada son mientras no han recibido la sanción social. El hombre de genio, es el que piensa mejor lo que todo el mundo piensa o querría pensar. El pensador excéntrico, que no inspira simpatía, no es un hombre de genio; y, si se obstina, es un loco.

No serán Lutero ni tampoco Savonarola que puedan reformar la Iglesia, en tanto que la Iglesia quema a Savonarola y excomulga a Lutero; apartarse de un enfermo, no es curarlo; y el concilio de Trento nada tiene que esperar ni que recibir de las fantasías de la Confesión de Augsburgo.

La misma ley que obliga al fiel a andar con la Iglesia, obliga a la Iglesia a andar con la Humanidad, so pena de no ser ya la Iglesia. Es así cómo la Iglesia judaica fue tan sólo la sinagoga cuando fue dejada atrás por el progreso cristiano.

Dios no cambia, pero el ideal divino puede cambiar, y cambia necesariamente, con el genio de las naciones. "Cuando el hombre progresa, Dios se agranda", dijo el Salmista; y cuando Dios se agranda, su Iglesia se transfigura; pero siempre acercándose a la suprema razón. Admitiendo, lo que nosotros no admitimos, que el cristianismo haya hecho su tiempo, comprendo el deísmo de Voltaire, pero no la teurgia de Máximo de Efeso y de Juliano.

¿Qué prueba en efecto, una visión, sino que hay visionarios? Se me dice que Jesús ha sido superado, ¿por quién, pues, Dios mío? Y se me señala a Allan Kardec. Vaya, os burláis.

No admitimos, decimos nosotros, que el cristianismo haya hecho su tiempo y que sea un árbol muerto, pues no ha dado todavía sus frutos. El Evangelio no ha sido comprendido, la verdad no ha sido enseñada por completo; algunos niños han deletreado la letra, pero el espíritu ha quedado en el fondo del texto, como la esperanza en el fondo de la caja de Pandora. Creemos, pues, que no se trata de enseñar una cosa nueva, pero sí de explicar mejor lo que ha sido enseñado. Esta mejor enseñanza, la esperamos tan sólo de la Iglesia; y por eso deponemos a sus pies el resultado de nuestras investigaciones y de nuestros estudios, para que lea y juzgue.

Aprobados o no por la Iglesia, nuestros trabajos serán útiles al mundo; pues si la Iglesia puede prohibir al creyente excéntrico el dogmatizar. no puede impedir al sabio enseñar. No es sobre la religión, sino sobre la ciencia de los espíritus que llamamos hoy la atención de los pensadores. Nuestro objetivo, al escribir esta obra, no es únicamente poner coto a la epidemia del espiritismo; no somos. deliberadamente, adversarios de nadie; amamos a los que investigan, pues hemos buscado largo tiempo, y es a ellos, sobre todo, que queremos participar de nuestros curiosos descubrimientos.

La gran hipótesis necesaria de los destinos futuros ha sido estudiada y llevada de deducción en deducción por los sabios del mundo antiguo. La neumática cabalística es verdaderamente una ciencia, porque procede metódica y exactamente, yendo de lo conocido a lo desconocido por medio de las analogías, las menos dudosas, porque los hechos le revelan leyes y es sobre estas leyes que sienta sólidamente la base de sus hipótesis, siempre prudentes. Es, pues, la neumática cabalística la que hemos revelado a nuestros lectores. Le agregamos el análisis del profundo tratado de Isaac de Loria sobre el progreso circular de las almas (*De Revolutionibus animarum*); la del *Sepher Druschim*, por el mismo doctor. Sacamos de las tinieblas del ocultismo estos libros prodigiosos de los cuales el mundo moderno ya no tiene la clave, y creemos haber merecido bien de la ciencia y de la razón.

Con la ayuda de estas poderosas luces, explicamos los fenómenos extraños que los sabios a medias niegan con la mayor facilidad y que, sin embargo, los confunde por su evidencia. Sí, las estatuas se estremecen, los mármoles lloran, los panes sagrados sudan sangre; sí, una mano ha podido salir de la pared para aterrorizar, con una inscripción amenazadora el banquete impío de Baltazar. Hemos visto, oído y tocado prodigios parecidos; por lo tanto, no decimos que creemos en ellos, ya que sabemos a ciencia cierta que esto es. El milagro no es un hecho contrario a las leyes de la Naturaleza, puesto que entonces no podrían producirse sin que la Naturaleza fuera transtornada. Pero es un hecho excepcional, fuera de las costumbres de la Naturaleza, si se nos permite expresarnos así. El milagro, en una palabra, es como todo lo que existe; no puede existir sin razón, no prueba, pues, nada contra la razón. Es lo que nuestro libro debe establecer claramente así como las otras obras nuestras

Una vez admitido esto, la superstición se hace imposible, el fanatismo desaparece, la verdadera religión saca todo su brillo de la razón suprema y desdeña los vanos prestigios. La fe ya no perturba las almas, al contrario, las sostiene y las consuela, mientras que la ciencia las ilumina. La Humanidad sale de la infancia, rechaza sonriendo y sume en las tinieblas los espectros y los vampiros. Las fuerzas secretas de la Naturaleza se convierten en conquistas de la inteligencia; el simbolismo se aclara de por sí, las alegorías hablan, la historia se desprende de las nubes de la fábula. Es así, dicen nuestros profetas, como un día, el Hijo del Hombre, abriendo las nubes del cielo, aparecerá en toda su gloria y en toda la simplicidad de su santa humanidad, abrirá el libro de las conciencias y juzgará a los vivos y a los muertos.

El autor de este libro no teme confesar que tuvo las más sorprendentes y las más formidables visiones; ha visto y tocado los demonios y los ángeles como Máximo de Efeso y Schroepfer de Leipzig los hacía ver y tocar a sus adeptos. Ha podido comparar las alucinaciones de la vigilia con las ilusiones de los sueños, y de todo esto, ha llegado a la conclusión de que la razón defendiendo la fe y la fe sosteniendo la razón, son las únicas y verdaderas luces de nuestras almas, y que todo lo demás es vana fatiga del cerebro, aberración de los sentidos y delirio del pensamiento. No escribe pues tan sólo lo que supone, sino que enseña audazmente lo que sabe.

Por eso su libro se titula: *La Ciencia de los espíritus,* y no Conjeturas o Ensayos sobre los espíritus.

Después de haber bajado de abismo en abismo, de espanto en espanto, hasta el fondo del séptimo círculo del mismo abismo; después de haber atravesado en toda su extensión la sombra de la ciudad doliente, el Dante, dándose vuelta y tomando, por decirlo así, al diablo a contrapelo, subió victorioso y consolado hacia la luz. Hemos hecho el mismo viaje, y nos presentamos ante el mundo con la seguridad sobre la frente y la paz en el corazón. Venimos a decir tranquilamente a los hombres, que el infierno, el abismo sin esperanza, las quimeras, los sátiros, los vampiros, los pecados personificados, el dragón de tres cabezas y toda la fantasmagoría tenebrosa es tan sólo una pesadilla de la locura; y que el Dios viviente, el solo real, el solo presente en todas partes, llena sin dejar vacíos, y llena —digo yo—, la inmensidad sin límites con los esplendores y las consolaciones eternas de la razón soberana.

DIÁLOGO ENTRE EL LECTOR Y EL AUTOR

EL LECTOR.— ¿Así que usted rechaza la autoridad de la Iglesia Católica romana?

EL AUTOR.— ¿He dicho eso? Al contrario, la respeto, y creo que debe ser considerada como él único principio de jerarquía y unidad.

EL LECTOR.— Sus enseñanzas, sin embargo, difieren de la suya. ¿Pretende usted saber más que ella?

EL AUTOR.— En lo referente a la ciencia, sí. Pues la Iglesia sólo es infalible en lo referente a la fe.

EL LECTOR.— Usted rechaza al diablo y al infierno del señor De Mirville, ¿acaso esto no está relacionado con la fe?

EL AUTOR.— El *Credo* del señor De Mirville podría ser éste:

Creo en el diablo, destructor todopoderoso, perturbador del cielo y de la Tierra, y en el anticristo, su único hijo, nuestro perseguidor, que será concebido por obra y gracia del espíritu malo, nacerá de una virgen sacrílega, será glorificado, reinará y subirá a los cielos para sentarse a la derecha de Dios padre todopoderoso, donde insultará a los vivos y a los muertos. Creo en el espíritu del mal, la sinagoga satánica, la coalición de los malos, la persistencia de los pecados, la perdición de la carne y la muerte eterna. ¿Quién se atrevería a decir así sea? ¿Quién no ve que el *Credo* negro es totalmente opuesto al de la Iglesia, y que el creyente que afirma uno debe por necesidad negar al otro?

EL LECTOR.— Sin embargo, el Evangelio y la Iglesia hablan del diablo y de la Iglesia, ¿no es cierto?

EL AUTOR.— Sí, simbólicamente, y son estos símbolos los que quiero explicar con la ciencia y la razón.

EL LECTOR.— Pero, al fin y al cabo, la fe de la Iglesia...

EL AUTOR.— La Iglesia nunca consideró al diablo como objeto de su fe.

EL LECTOR.— Pero, entonces, usted defiende una especie de catolicismo universal que sólo excluiría a la Iglesia romana.

EL AUTOR.— He dicho todo lo contrario: sería tan absurdo echar a Roma del Universo como pretender encerrar el Universo en Roma.

EL LECTOR.— Permítame preferir las creencias de mi abuela antes que todos sus razonamientos.

EL AUTOR.— Allá usted si quiere pensar como las abuelas, o no pensar nada en absoluto. Pero el mundo sufre por no tener una religión, y he querido por mi cuenta y riesgo mostrar la posible reconciliación entre la razón y la fe. Déjeme esperar que un día tendré nietos y que pensarán como su abuela.

EL LECTOR.— ¿Pero cree usted que Roma le aprobará?

EL AUTOR.— ¿Acaso aprobó a Galileo? Y, sin embargo, la Tierra gira.

EL LECTOR.— Ahora ya no le condena.

EL AUTOR.— Era una cuestión de tiempo. Puede usted ver que tengo algo de razón al esperar.

EL LECTOR.— Pero se le perseguirá.

EL AUTOR.— Estoy acostumbrado.

EL LECTOR.— El señor De Mirville volverá a decir que sus libros son abominables.

EL AUTOR.— Soy demasiado educado como para decir que los suyos dan pena.

EL LECTOR.— Se montará más que nunca una conspiración en contra suya.

EL AUTOR.— Entonces me tratarán como a Alejandro ante quien la Tierra callaba: *silut terra in conspectu ejus.*

EL LECTOR.— Adiós, pues veo que usted es incorregible.

EL AUTOR.— Hasta pronto, pues espero que algún día usted quiera corregirse.

SUPLEMENTO

EL PODER DE LA IGLESIA CATÓLICA. *Relacionado con el espíritu y no con la palabra de los libros sagrados y cómo hay que enfrentarlo a las ilusiones de los innovadores modernos*

Las doctrinas espiritistas cometen el inmenso error, además del de ser el resultado del vértigo del éxtasis de romper la cadena de oro de la tradición, de suprimir al sacerdocio y a la jerarquía, y de arrebatar a la moral su sanción eterna. Para nosotros, por mucho que admiremos la cábala y sus dogmas secretos tan llenos de consuelo y de esperanza, no creemos que una Iglesia nueva pueda ser objeto de una enseñanza nueva. Pertenecen esencialmente a la filosofía oculta, y se vuelven condenables a partir del momento en que se divulgan.

Si detestamos con toda nuestra alma la roña farisea que los siglos han permitido extenderse y acumularse sobre el oro puro del santuario, eso no significa que no sean los partisanos adictos a la autoridad y la jerarquía; y si nuestro mesianismo sólo fuera un intento de formar una secta nueva, si no fuera ésta la base misma de la ciencia judaica y del dogma cristiano, si no lo sometiéramos sin restricción al juicio de la autoridad legítima en todo lo concerniente al alcance y el modo de las enseñanzas que contiene, habríamos añadido un sueño más a los de los Sansimonianos y los Furieristas; no habríamos encontrado la auténtica ciencia y la eterna verdad.

Así es que este libro no debe dejar de ser lo que es, una colección de investigaciones curiosas destinadas a iluminar a los espíritus lo suficientemente fuertes como para pensar libremente y someterse a la vez. Precisamente lo que hemos querido es que los espíritus vulgares lo ignoren, que los hombres con prejuicios lo condenen; los revolucionarios del pensamiento son como los de la política: se arriesgan hacia adelante, se les deja morir, se les condena, y la reacción que les mata hereda el fruto de su trabajo.

Son los chivos expiatorios del progreso, son los parias de la conquista; sus cuerpos sirven de fajinas para colmar el abismo que separa al pasado del futuro; las soberanías legítimas vuelven a pasar triunfales por el camino que ellos abrieron, pero pasan transformadas. Los malditos trabajaron para los santos, y finalmente llega un día tardío en que alguien se atreve a sospechar que estos réprobos, tanto tiempo despreciados o malditos, quizá fueran mártires.

Sin duda, no es esto lo que yo pretendo, pero si me atrevo a todo es porque reconozco una autoridad inquebrantable y porque no creo que esto se confunda, incluso si me culpa. En efecto, la autoridad absoluta es necesaria para frenar las divagaciones que surgen del error. Una autoridad es una razón colectiva; los sueños no son nada a su lado, y una razón particular no puede tener una pretensión más alta que la de hacerse adoptar.

Habíamos pensado en basar nuestras intrépidas revelaciones en el dogma oculto de los antiguos, de una larga y completa apología del catolicismo de acuerdo con el conde José de Maistre; pero este trabajo no está hecho para nosotros, y no nos consideramos ni lo suficientemente dignos ni lo suficientemente autorizados como para llevarlo a cabo. Nos bastará con dar el plan y las ideas principales. No dudamos que algún día alguien lo hará. A cada uno su obra: la nuestra es la de un pionero y no la de un constructor. Así, pues, éstas son nuestras pocas piedras y nuestros bocetos de arquitectura.

SOBRE LA VERDAD CATÓLICA

CONTRA LOS ESCÉPTICOS, LOS ESPIRITISTAS Y LOS HERÉTICOS MODERNOS

ESQUEMA Y MATERIALES

PRÓLOGO

El único modo de unir para siempre a la filosofía y la religión es reconociendo que ambas se oponen, pero se oponen al igual que los dos polos que sostienen al eje de la Tierra.

A partir del momento en que se explica una religión, deja de ser una religión y se convierte en un sistema filosófico. El *Credo quina absurdum* es eterno.

PRIMERA PALABRA DE LA REVELACIÓN

1. Dios es — ley natural el ser es el ser.

SEGUNDA PALABRA DE LA REVELACIÓN

2. Dios es espíritu — Ley de Moisés; el ser está vivo y es pensante.

TERCERA PALABRA DE LA REVELACIÓN

3. Dios es *espíritu de caridad* — ley del Salvador; el ser es bueno.

Existencia del mal—. Existencia relativa, pero real, el mal no existe más que como abuso del bien; es una perversión voluntaria del ser —real como la libertad del hombre—, irrevocable como ella.

El pecado mortal es la negación formal, práctica y confirmada por el espíritu de caridad. Esta negación, que se vuelve eterna mediante el suicidio de la libertad, es el infierno.

El orgullo, o el deseo injusto de dominación y estima: la lujuria, o el deseo injusto de los placeres de la carne; la codicia, o el deseo injusto de los bienes de este mundo, son los tres enemigos del hombre. El espíritu de caridad los vence a los tres.

La moral no es una convención entre los hombres; es una ley fatal que os dirige a la derecha o a la izquierda, según os plazca, en todos los momentos de la vida.

El mal es una fuerza con inercia, el bien una fuerza activa. El ejercicio, o bien la costumbre del mal, paraliza al alma; el ejercicio del bien, por el contrario, la vuelve capaz de un bien siempre más sublime y elevado.

Para aquel a quien le agrada cumplir con los deberes de un hombre honesto, los deberes de un cristiano son un consuelo más que una carga.

El pecado original tiene como pena la muerte y la expulsión del paraíso terrenal. Dios nunca amenazó a Adán con las penas del infierno —por tanto no se puede decir que los niños que mueren sin ser bautizados pertenecen al infierno—. No entrarán en este estado en el reino de los cielos, esto es lo que se debe creer según las Escrituras. Su destino es el secreto de la misericordia de Dios; pero si se me permite conjeturar un poco, eso sucede con *espíritu de caridad.*

El espíritu de caridad ordena la dulzura con uno mismo, y hace que se tenga, incluso en la penitencia, un espíritu apacible y benevolente opuesto a los temores exagerados, a los escrúpulos, a las mortificaciones imprudentes. No hay nada más sabio, más armonioso, más moderado, más amable, que el espíritu de caridad.

Charitas patient est, benigna est, non inflatu, non œmulatur, non agit perperam, non quoerit quoe sua sunt, non cogitat malum, non gaudet super iniquitatem, conguadet autem veritati.

¿Existe este espíritu en la Iglesia católica? —Sí, indiscutiblemente; y los escándalos adversos sólo pueden hacer resaltar esta verdad—. El espíritu de caridad es tanto la base de las instituciones católicas, que sin esta base no subsistirían ni un solo día.

Se comenta y se toma nota de los aspectos poco caritativos de la iglesia. Es una profesión de fe en el espíritu de caridad que debe serle esencial, y sin la cual no se la concibe.

Para salvar al mundo, es necesario reanimar al espíritu de caridad; hay que inspirar este espíritu, hay que volverlo universal. Para ello, lo que hace falta no son libros ni discursos, sino esfuerzos en caridad, sacrificios heroicos, buenas obras y continuos rezos.

ALGUNOS PENSAMIENTOS DEL CONDE DE MAISTRE

Era, en mi opinión, una idea bastante buena la de hacer que se sentaran Baco y Minerva en la misma mesa, para que uno defienda su libertinaje y el otro su pedantería. *(Veladas de San Petersburgo*, p. 10.)

Si alguna vez la superstición *cree en creer,* como se le ha reprochado sucede más a menudo que el orgullo cree no creer (p. 14).

En efecto, la incredulidad es una creencia negativa y la credulidad excluye a la fe.

"Usted no sabe lo que dice", es el cumplido que un hombre sensato tendría derecho a hacerle a la multitud que se mete a disertar sobre las cuestiones espinosas de filosofía.

¿Cree usted que hay que estar a la altura de Descartes para tener derechoo a burlarse de los torbellinos? (p. 19).

IDEA PRINCIPAL: Nuestros hijos cargarán con la pena de nuestras faltas. Nuestros padres ya les vengaron por adelantado (p. 61).

¿Qué es IOVI, sino IOVA?

El salvaje no es el hombre primitivo, es un hombre degradado (p. 82).

¿Acaso el águila encadenada pide un montgolfier para elevarse al cielo? No, sólo pide que se le rompan sus ataduras (p. 104).

Estoy, como Job, lleno de palabras: *plenus sum sermonib*us (p. 104).

El estado de la naturaleza es la civilización (p. 108).

Somos para el hombre primitivo lo que el salvaje es para nosotros (p. 123).

No hay virtud propiamente dicha sin una victoria sobre nosotros mismos, y lo que no nos cuesta nada no vale nada.

1. Repartición.
2. Decadencia.
3. Providencia.
4. Oración.
5 Jerarquía de los seres, relativamente al mal. La materia no es más que la prueba del espíritu.
6. Eficacia de la oración, libertad humana.

No temamos nunca elevarnos muy alto y debilitar las ideas que debemos tener sobre la inmensidad divina. Para poner el infinito entre dos términos, no es necesario rebajar uno, basta con elevar uno sin poner límites.

Hay que creer lo que siempre se ha creído, por todos lados y por todo el mundo (Vincent de Lérins).

Mercurio tiene el poder de arrancarle los nervios a Tifón para transformarlos en las cuerdas de la lira divina. *(Plut. de Isi y Os*, p. 314).

El ángel exterminador gira como el Sol alrededor de este desdichado globo y sólo deja respirar a una nación para atacar a las otras.

Entre la blasfemia humana que niega a Dios y la paradoja pretendidamente divina que niega al hombre, el Evangelio nos ofrece un término medio que es a la vez divino y humano, que nos hace evitar tanto un escollo como otro: es la afirmación de Dios convertido en hombre; es el Verbo divino revelado en la Humanidad.

¿Por qué enseñarnos siempre al verdugo donde necesitamos encontrar sobre todo al médico?

Todos los grandes hombres han sido intolerantes, y hay que serlo (cita de Grimm, epígrafe de *Lettres sur l'Inquisition*).

Los grandes males políticos, sobre todo los ataques violentos contra los cuerpos del Estado, nunca pueden ser previstos y rechazados más que por medios igualmente violentos. (Primera *Letra sur l'Inquisition).*

Honro la sabiduría que propone un nuevo órgano tanto como la que propondría una nueva pierna *(Fil. de Bacon,* p. 9).

Bacon, *induction*; Condillac, *Analyse;* Kant, *Critica.*

No puede haber una ciencia nueva sobre la inteligencia ni sobre todo un método nuevo para descubrir. El orgullo sólo puede dar nombres nuevos a nociones antiguas, y la ignorancia y la inaplicación pueden confundir esos nombres con cosas. *(Ibid, p. 12).*

En vano el Creador puso en nuestras manos la antorcha de la analogía; Bacon colocó su apagavelas poética sobre esta luz divina (p. 33).

Hay una gran analogía entre la gracia y el genio, pues el genio es una gracia. El verdadero hombre de genio es el que actúa por arrebatos o por impulso, sin que jamás se contemple a si mismo y sin que jamás se diga: "¡Sí, actúo por arrebatos".

¿Qué es lo que no vio Haller en una yema de huevo?

La rabia del fuego (Bacon). ¡Horror al vacío! ¡Cabezas estúpidas, es el amor al pistón! — El corazón del mono es para el corazón del hombre lo que los sueños de la poesía son para la providencia de Dios.

LOS CUATRO CARACTERES DE LO ABSOLUTO APLICADAS A LA RELIGIÓN

VERDAD - REALIDAD RAZÓN - JUSTICIA

DEMOSTRACIÓN PRELIMINAR

Verdad—. Identidad del ser con la idea.
Realidad—. Demostración del ser con la ciencia.
Razón—. Demostración del ser con el verbo.
Justicia—. Demostración del ser con la acción.

PRIMERA DEMOSTRACIÓN

IDENTIDAD DEL SER ABSOLUTO CON DIOS TAL Y COMO LO DEFINE LA LEY CATÓLICA

1. La idea de Dios es un hecho psicológico, real, universal, incontestable.
2. Desarrollos realistas de esta idea.
3. Influencias de la jerarquía o la anarquía sobre esta idea.
4. Catolicismo de la idea divina.

SEGUNDA DEMOSTRACIÓN

IDENTIDAD DEL SER RELIGIOSO CON LA CIENCIA CATÓLICA

1. Cómo la verdadera religión debe ser una religión revelada divinamente.
2. Que no hay religión allí donde sólo hay ciencia.
3. Acuerdo necesario entre la religión y la ciencia que resulta de su propio antagonismo.
4. Ciencia religiosa católica, o teología.

TERCERA DEMOSTRACIÓN

RAZÓN

1. La afirmación religiosa sólo es razonable dentro del orden católico y jerárquico.
2. Razón profunda de las pretendidas absurdidades religiosas.
3. Desatino evidente de todos los disidentes.
4. Razón de la fe católica demostrada por la esperanza y la caridad.

Ser indiferente en materia de religión quiere decir ser indiferente en materia de moral.

Irreligioso quiere decir inmoral.

Los católicos romanos forman una familia espiritual cuyo padre es el Soberano Pontífice y su madre la Iglesia.

Los cristianos que siguen el rito griego forman una familia con varios padres, y por consiguiente por varias madres, a menos que su iglesia sea adúltera. Es una familia carente de unidad.

Los protestantes forman una familia sin padre ni madre, son huérfanos voluntarios que quieren ser huérfanos para no tener que obedecer a sus padres.

ISLAMISMO: Religión de quietismo y de muerte; fatalidad y resignación.

BUDISMO: Sombra del catolicismo esbozado con las tinieblas de los viejos símbolos de la india.

BRAMANISMO: Es para el budismo lo que la Iglesia griega es para la Iglesia latina.

JUDAÍSMO: Es una cepa viva pero cortada, que sólo puede revivir si se une a una rama viva el catolicismo.

SANSIMONISMO: Egoísmo sensual, moderado por costumbres educadas e intercambios industriales.

FURIERISMO: Hacer orden con desorden, placer con pena, virtud con vicio, bien con mal, armonía con anarquía, abolir el sufrimiento, por tanto el placer; destrozar las nociones del bien y del mal, embrutecimiento y bestialidad.

La crítica de Voltaire es una crítica de enredo y pedantería. ¡Se trata sin duda de un texto o de una palabra que no entiende bien! Se trata del espíritu de caridad, y desde luego éste no era el espíritu de Voltaire.

La verdadera religión natural es la religión reveladora, de otro modo, ¿cómo podría unirnos a un orden superior?

LOS MILAGROS

Los milagros son los afectos naturales de la intervención de una causa superior a las que producen los efectos ordinarios.

No podrían ser absurdos y suponer que lo son es ofender a la sabiduría de Dios.

El milagro aparentemente más absurdo, el de la concepción de la Virgen, sólo sorprende a nuestro entendimiento debido a nuestros razonamientos indecentes y temerarios.

La madre de Dios es inmaculada, es virgen y madre sin tacha. Este es el dogma.

Su virginidad nunca fue atentada, esta es la consecuencia. ¿Así que como pudo ser madre? Este es un secreto de Dios. El que analiza y discute algo así no es más cristiano y nunca lo será. El que pretende explicar es un temerario. Lo que es absurdo es el *cómo,* no el hecho en sí.

El espíritu es la víctima del corazón, esto va se dijo, y siempre es cierto. Las objeciones insolubles del espíritu vienen de la incitación del corazón hacia la holgura de la vida.

El verdadero hombre honesto, dado que cuando la religión es auténtica siempre sale ganando, cree sin dificultad en la religión.

La inquisición y las guerras religiosas fueron obras humanas—. A la Iglesia le horroriza la sangre, éste es el principio. Cuando los hechos se contradicen con los principios, hay que echarle la culpa a los hombres. A la Humanidad también le horroriza, ¡y es en nombre de la Humanidad que la revolución hizo perecer a tantas víctimas!

La pena de muerte se opone al carácter de la Iglesia, que siempre espera la conversión del pecador y considera al tiempo que le queda como un favor inestimable del cielo. No rompe la cana rota y no camina sobre la mecha que sigue humeando.

La moral católica no es una excepción en esta comunión: es la moral universal, aplicada con rigor y sancionada por leyes universales.

El desprendimiento católico no rechaza nada que sea hermoso, bueno, ni amable, sólo condena y previene el abuso. La castidad no es el desprecio, sino la sacrificación del amor.

Lo que más se le reprocha a la religión, es decir, a sus ministros, son los actos irreligiosos. Este se asemeja bastante a la lógica de los que reprochan a Dios no ser suficientemente Dios. para luego condenarle a que deje de ser Dios.

La religión no es más difícil de practicar que la verdadera filosofía, se trata de ser o no ser, de vivir como un hombre razonable o como un bruto, no hay término medio. Una vida razonable exige grandes sacrificios, y la religión no da más que facilidades. Los catones del cristianismo no se arranca las entrañas; dejan triunfar a César y adoran sólo a Dios.

¿Qué es la turba de los cupidos y de los cobardes? ¿Acaso piensa? ¿Acaso vive? Es la corrupción que bulle. Vivir es vencer.

La religión de Jesucristo ha atravesado su última prueba, la más terrible de todas, la más decisiva: la crítica y la indiferencia. Pero las multitudes enfermas no rieron con Voltaire; prefieren que el Salvador venga a llorar una vez más con ellos. No razonan con Strauss; vale más rezar con los fieles humildes. Nadie ha tocado el espíritu de caridad. No es este espíritu lo que se critica, y frente a él no sería posible permanecer indiferente.

¿Cree usted seriamente en la vida?, ¿en el rigor de los deberes?, ¿en la dignidad de la fe conyugal?, ¿en la pureza de las costumbres?, ¿en el deber de la sobriedad y de la templanza? Si la respuesta es no, entonces no le hablaré de religión; usted no cree en ella. Si la respuesta es sí, no tengo más que recomendársela; usted cree o creerá en ella.

Nos decimos: no quiero revolcarme en el vicio, pero tampoco quiero vivir como un Catón; quiero llevar una existencia honesta y cómoda. Esto es una ilusión: no puede ser mitad hombre, mitad bestia; uno debe comportar el otro tarde o temprano. Llegará el momento en que habrá que elegir, y cuanto más tarde se haga, más penosa y dudosa será la victoria.

La multitud vil, la masa réproba, es la masa de los tibios, de las personas que no saben hacer ni el bien ni el mal. Vivir es actuar, es pensar, es querer, es hacer. La gracia puede fulminar al malo y devolverle el corazón; ¿pero qué puede hacer con un tibio? También el Salvador declara a los tibios que los vomita. ¿Qué será de los tibios después de su muerte? Serán calentados por el fuego del purgatorio. El purgatorio fue hecho para ellos y en su favor.

¿Qué se necesitaba para que Jean Huss y Luther se sometieran a la Iglesia, a pesar de sus propios razonamientos? —El espíritu de caridad.

Hay un lado de vulgarización popular y ridícula de los dogmas que se pretende confundir con los propios dogmas. San Pablo recomienda estar alerta contra las leyendas absurdas y los cuentos de vieja; pero los enemigos de la religión no lo tienen en cuenta; se enfadarían demasiado si pierden esta oportunidad de reírse de aquello que no entienden.

No hay Dios sin Jesucristo.

No hay Jesucristo sin Iglesia.

No hay Iglesia sin un jefe visible.

El anticristo es el espíritu del cisma y de la división *spiritus qui solvit Christum.*

Es lo opuesto al espíritu de caridad.

El anticristo es el hombre individual de los tiempos modernos que se llama Dios, se convierte en el centro de todo. Sólo vive para el derecho sin reconocer el deber, y no conoce otra asociación más que la complicidad o la balanza de intereses.

La disensión que predijo San Pablo comenzó en el siglo dieciséis, continuó en el diecisiete y dieciocho, acabará en el diecinueve; luego el retorno se producirá en el veinte, y el gran triunfo de la religión se producirá en el año dos mil.

Suponganlos por un instante que el furierismo, o cualquier ilusión supuestamente religiosa y social, haya podido prevalecer en el mundo: que el Evangelio sea olvidado, y que un día un hombre de genio lo encuentre y lo predique. ¡Qué luz! ¡Qué progreso! ¡Qué revolución de costumbres! Cuando los hombres se cansan de la verdad, lo falso les parece verdadero por un instante: pero cuando lo que les asquea y hastía es la mentira, ¡con qué arrebato se vuelcan hacia la verdad!

DIFICULTADES DEL DOGMA EN SI

EL DOGMA: formulado y definido por el espíritu de caridad, debe igualmente intrpretarse como espíritu de caridad

EL PECADO ORIGINAL: Injusticia aparente. Los inocentes condenados para el culpable.

LA ENCARNACIÓN Y SUS CONSECUENCIAS: Dios que se tranquiliza al sacrificarse, virginidad material de María.

LA CONDENA ETERNA: Del mayor número de hombres, por lo que toda economía de salvación se vuelve casi inútil.

DOBLE MISTERIO: DE AMOR / DE JUSTICIA: Explicados y conciliados por misterio de caridad.

El dogma, formulado y definido por el espíritu de caridad debe interpretarse igualmente como espíritu de caridad.

I. El pecado original no nos sería imputable si no fueramos inocentes.

II. Si se explica a Dios comparándole con el hombre, sea por sus misericordias, sea por sus iras, se caería necesariamente en el absurdo.

III. La condena eterna se basa en un hecho, y no en un número. Todos los hombres pueden evitarla, éste es el hecho, y el número de los que no lo quieren hacer sólo Dios puede apreciarlo, pues sólo él conoce y juzga el fondo de sus corazones. Nos hacemos una idea falsa de la condena, al hacer intervenir a Dios como un vengador activo, cuando Dios deja vengar sus leyes por la fuerza misma de sus leyes, y a los pecadores sufrir por la privación de bienes de los cuales se volverían indignos.

Demostrar aquí como cualquier comentario, sea para exagerar o para suavizar este dogma riguroso y terrible, sería poco razonable y ridículo.

OTRA OBJECIÓN:
EL ABANDONO EN QUE SE ENCUENTRA LA IGLESIA

El abandono predecido—, *discessio* que debe preceder a la época del retorno de los judíos y del gran triunfo de la fe.

PREGUNTA

¿Si, de acuerdo con la doctrina de la Iglesia, la mayoría de los hombres deben ser condenados?

No; es seguro que los verdaderos justos son pocos; pero estos elegidos, estas almas de élite arrastran cada una de ellas multitudes de débiles al cielo. Las oraciones de la Iglesia la comunión de los santos, tienen una eficacia enorme. El purgatorio acaba con lo que es imperfecto en la Tierra. El espíritu de caridad quiere salvar a todo el mundo y salva a la multitud de fieles.

El sufrimiento sólo debilita a los cobardes y fortalece a la virtud.

El cuerpo es una máquina cuya alma debe ser el maquinista, bajo pena de convertirse ella misma en la máquina del cuerpo, y es aquí donde se encuentra el significado de esta profunda máxima del Maestro: "Si el ciego conduce al ciego, ambos caerán en la fosa".

El embajador Julián no adoraba a los ídolos, él creía en la luz suprema. Pero su luz carecía de calor, no había entendido el espíritu de caridad.

La caridad no desea la igualdad entre los hombre al contrario, quiere que se necesiten los unos a los otros.

Los sonadores siempre son dormilones, y el infortunio les llega mientras duermen.

No hay que dejar que la vida sea un sueño, si no se quiere dejar que la muerte sea un triste despertar.

EL ESPÍRITU DE CARIDAD

¿Qué es Dios, revelado y explicado por la doctrina y los ejemplos de Jesucristo?

¿Cuál debe ser el objeto de todos nuestros esfuerzos y la meta de nuestros sacrificios?

¿Cuál es la prueba de la verdadera fe?

¿Qué es el catolicismo en su sentido más amplio?

¿Cuál es el preservativo de todos los errores del espíritu y de todos los extravíos del corazón?

¿Cuál es la marca distintiva y eterna de la verdadera *Iglesia?*

¿Cuál es la fuerza más irresistible, la verdad más irrefragable, la divinidad más evidente del cristianismo?

¿Qué es el deber, y quién puede volverlo más necesario para nuestra alma que el derecho?

¿Cuál es el acuerdo entre la autoridad y la libertad?

¿Cuál es la paz religiosa?

¿Cuál es el acuerdo entre la ciencia y la fe? ¿Cuál debe ser el final de todas las herejías?

¿Cuál es la marca de la predestinación?

¿Qué es la vida eterna?

¿Cuál es el motivo de la infalibilidad de la Santa Sede?

¿Cuál es la conciliación de las contradicciones aparentes?

¿Qué fuerza vencerá a las burlas de Voltaire y los argumentos de la Escuela?

EL ESPÍRITU DE CARIDAD ESQUEMA DE UN FUTURO TRATADO

INTRODUCCIÓN

LA SABIDURÍA HUMANA Y LA LOCURA DE LA CRUZ

Primera Parte

LIBRO I. LA CIENCIA Y LA FE
- Nociones esenciales y absolutas.
- Distinción necesaria.
- El espíritu y el corazón.
- El árbol de la ciencia y el árbol de la vida.

LIBRO II. EL DERECHO Y EL DEBER
- Caín y Abel
- Esaú y Jacobo
- Saúl y David
- La parábola del hijo prodigo

LIBRO III. ECONOMÍA DE LAS EDADES
- Ley natural, belleza y bondad de Dios.
- Ley antigua, unidad y fuerza de Dios.
- Ley cristiana. *Época de conquista*: Autoridad, Jerarquía. *Época de triunfo*: Espíritu de caridad.

LIBRO IV. EL ESPÍRITU DE CARIDAD
- El espíritu de caridad a través de los años.
- Respuesta a todas las obligaciones contra la fe.
- Explicación clara y universal de los puntos esenciales de la doctrina.
- El catolicismo necesario.

Recapitulación y síntesis universal en dos palabras que no es más que una, el espíritu de caridad.

Vencer a la grosería en la búsqueda de las satisfacciones naturales es el resultado de una buena educación.

Vencer al atractivo del placer y sacrificarlo por el deber es todo el mérito del honor.

Vencer a la aprensión del dolor e incluso de la muerte para obedecer al honor, es el heroísmo, es la perfección humana. Es posible lograr esta perfección mediante la educación progresiva de la voluntad. El ascetismo era el aprendizaje del mártir: no se muere como Curtius cuando se ha vivido como Natta. —Para llegar así a la perfección, hay que quererla—. El amor a la perfección es el espíritu de caridad.

Las expiaciones son los remiendos de una educación defectuosa; ¡feliz el que sepa reconocerlas y aceptarlas!

Expiar es como comer después del postre la sal que uno se había olvidado de mezclar con los alimentos.

Un hombre bien educado no es un libertino, ni un borracho, ni un glotón.

Un hombre de honor practica con severidad la moral humana; un cristiano sólo profesa la renuncia y la caridad, que constituye el heroísmo de todas las virtudes.

El hombre que sale de las manos de la Naturaleza no es bueno, como lo pretendió Rousseau, posee el instinto del egoísmo y sus pasiones, al desarrollarse, pronto le convertirán en una bestia feroz. La sociedad, al hacerle temer sus castigos, le enseña más bien la hipocresía y la cobardía, y no logrará encaminarle hacia la virtud a no ser que intervenga la religión; y esto es lo que les sucede a todos los hombres realmente virtuosos. El sentimiento del honor y del deber es un sentimiento religioso. Sin una fe real en el principio mismo del honor y del deber, bastaría con aparentar honestidad y eludir la ley para poder vivir con tranquilidad. y los únicos virtuosos serían los necios. Es en este sentido que en realidad no hay probidad sin religión.

El amor a lo bello, lo bueno, lo honesto, lo natural; pero es un atractivo que debe ser desarrollado mediante la educación y vivificado mediante la fe religiosa.

Todo es una confusión de palabras. Se hace un Dios de fantasía que se ve absurdo, y luego se dice que Dios no es. Se llama a los fariseos modernos católicos, y se llega a la conclusión de que el catolicismo no es más que ostentación e hipocresía. Se toma a los hipócritas por devotos y luego se confunde sin motivo a los verdaderos devotos con los hipócritas. Se encuentra por casualidad a un cura malo y por consiguiente se ataca a todo el clero. ¿Es justo todo esto, hay en todo esto una mínima sombra de lógica y de razón?

Nadie ataca a la verdadera religión, la verdadera piedad, el verdadero Dios, pero todo el mundo se pelea con los molinos de viento.

Sólo conocemos a Dios por el espíritu de Jesucristo que es el espíritu de caridad manifestado por sus enseñanzas y por sus obras; en esto consiste toda la revelación, evidentemente divina al igual que la caridad es divina. La ciencia pone en duda a los milagros y discute las profecías, pero hay una cosa que es más fuerte que la ciencia y más maravillosa que los milagros, que es la caridad (ver el texto de San Pablo).

El espíritu de Jesucristo está siempre vivo en la Tierra, de lo contrario todo moriría; y allí donde se encuentre el espíritu de Jesucristo, Dios está presente, actuando, en cierta forma, visible.

El que sin creer en Jesucristo, pronuncia la palabra Dios, sin duda no sabe lo que dice. No existe ni un artículo de fe que concierna al diablo. Todo lo que se ha dicho es por creencia o tradición. El diablo es el espíritu opuesto de Dios, este es el principio. El hecho de que existe este desgraciado está demostrado por los errores y los crímenes de los hombres. Se le representa deforme a pasar de que un espíritu no tenga forma, para dar a entender que es el espíritu del desorden. Es eternamente réprobo, porque el mal siempre será irreconciliable con el bien.

Decir que Dios es impersonal es despojar de toda idea posible a la inteligencia. Hacer que sea unipersonal sería convertirlo en algo limitado e incompleto. Es tripersonal, para ser uno en varios y todo en todos.

El arrianismo tendía a convertir a Jesucristo en un ídolo viviente, una especie de sub-Dios; el monoteísmo anulaba en él a la Humanidad.

Dos naturalezas distintas en Jesucristo, pero no dos personas —hay dos naturalezas en todos nosotros, espiritual y corporal—: dos personas sería un conflicto.

La religión es un conjunto de recursos organizados para ayudar a los hombres a vivir siguiendo la sabiduría.

La unidad de la religión sólo puede establecerse mediante el espíritu de caridad. Sería la comunión universal de los hombres, y a partir del momento en que el espíritu de caridad triunfe en el seno de la Iglesia, de todos los vicios que le hacen la guerra, se expandirá en todo el mundo que lo llama y que tiene sed de él.

Los mártires de los primeros siglos demostraron el espíritu de caridad a través del coraje de los suplicios; los testigos de la renovación de la fe tendrán a su vez que dar pruebas en la abnegación, la pobreza, mediante la resignación a las calumnias, al desprecio, a los abandonos, y a menudo a las persecuciones más inmerecidas y más crueles.

Si sólo se puede conocer el bien y practicarlo si nos hacemos una idea acertada de Dios, si sólo podemos conocer a Dios a través de Jesucristo, y a Jesucristo a través de su Iglesia, es rigurosamente cierto decir: fuera de la Iglesia no hay salvación. Pero la Iglesia es universal, es decir, que extiende la influencia de sus favores y el poder de sus oraciones sobre todos los que le pertenecen por voluntad propia, por la rectitud del corazón y de los deseos. Sobre todos los que le pertenecerían, si pudieran conocerla, ¿no hay un bautismo del deseo?; ¿y la luz de la verdad acaso no tiene un largo camino por recorrer para iluminar un alma y tocar un corazón? Antes de la venida de Jesucristo, todos los que deseaban la luz verdadera creían en él. El alma de la Iglesia está más extendida que su cuerpo, llena al mundo y atrae hacia ella todo lo que sea de buena fe y buenas costumbres. Rousseau se rió de los ángeles misioneros de santo Tomás, porque no era digno sentir todo lo que hay de fe y caridad en esta idea, es hermoso pensar que cuatrocientos o quinientos mil millones de nuestros hermanos ignoran la verdadera religión, un número incalculable entra muriendo en el seno de la verdadera iglesia, ¡instruido y bautizado por los ángeles!

Los protestantes ya no tienen una razón de ser ni siquiera aparente. ¿Contra qué protestan? ¿Contra abusos que no hubieron o que ya no hay? ¿Contra persecuciones que se han acabado? No, pero protestan contra la unidad jerárquica que sanciona a las leyes de la Iglesia. Protestan sin saber contra el espíritu de caridad.

El espíritu nacional de los judíos los acerca más a esta unión que es el alma de la Iglesia, y serán el alma de la Iglesia en cuanto hayan comprendido:

Que los cristianos no adoran a tres dioses;

Que no atribuyen a la naturaleza humana los honores divinos.

Que no destruyen la ley de Moisés, sino que la cumplen:

Que el Mesías ha venido, y que es Nuestro Señor Jesucristo.

Jesucristo, al presentarse ante nosotros, también nos presentó a su padre; Dios se ha vuelto visible, evidente, palpable.

La Iglesia al presentarse ante nosotros, también debe presentarnos a un jefe visiblemente sucesor de Jesucristo, y animado por el mismo espíritu.

(Una objeción a los papas malos fácil de resolver: ha habido hombres malos en la sede de San Pedro, pero nunca hubo papas malos.)

El espíritu de caridad es una verdad, porque es una luz, un calor, una fuerza.

Lo *sobrenatural* visible, es el espíritu de caridad; los verdaderos milagros, los milagros incontestables, son los del espíritu de caridad.

El espíritu de caridad le da a la vida una plenitud y una alegría bastante superior a todos los placeres de la vida.

De este modo, Dios es visible para los hombres, la religión verdadera es evidente e incluso no necesita ser demostrada.

El deber está trazado con claridad, y es fácil de seguir en todas las situaciones de la vida.

Es falso que el mundo carece de religión; la sociedad es más católica de lo que se piensa: todo el mundo adora, desea y espera al espíritu de caridad.

Cuanto más grandes son las miserias, más se acerca la renovación mediante este espíritu.

Nadie quiso el sufrimiento por el sufrimiento en sí, ni siquiera Nuestro Señor; se quiere al sufrimiento por caridad, del cual se obtienen por este precio los méritos y las alegrías.

Si quieren coger tu túnica, abandona también tu abrigo. El Maestro dijo esto a los individuos y no a la sociedad; la propiedad es un principio, y las sociedades son guardianas de los principios bajo pena de muerte. El cristiano Mastai debe dejar que le despojen, pero el papa Pío IX no debe permitir que despojen a la Iglesia.

"Haced concesiones, o bien os lo cogerán todo", dijo un soberano pontífice. *Non possomus,* responde el Papa, y al decirlo defiende un principio; él sabe que se expone a perderlo todo, y persiste. Ciertamente esto no es sacrificar lo espiritual por lo temporal. La justicia es eterna, y el Papa defiende a la justicia.

Hubiese valido más morir en su sede diciendo *non possomus,* que dejar derramar sangre (por no decir más) a Perouse y Castelfidardo. Pero todos los hombres cometen errores, y los Papas también son hombres.

Algunas parábolas del Evangelio parecen incompletas; por ejemplo, la del hijo pródigo. Le vemos de vuelta en casa de su padre, y se mata el becerro; pero ya no le queda nada y su padre, que repartió todos sus bienes entre sus dos hijos, ya no tiene nada para dar al pródigo. ¿Qué sucederá? El hermano sabio le prestará al pródigo corregido: éste trabajará y se hará valer, se volverá rico gracias a su hermano y a sus esfuerzos, esto es lo que Jesucristo no quiso decir, sin duda porque aún no era el momento.

Se echa a un hombre de la sala del festín porque no lleva una túnica nupcial, pero si uno de los invitados sale y le da la suya, ¿no podría entrar? ¿Y dejará el padre de familia fuera al que habrá sido generoso? Al contrario, creo que él mismo daría una de sus túnicas al invitado caritativo. Esto es algo que se puede esperar, pero que no se debe enseñar.

Si los espíritus del más allá se pueden comunicar con los hombres de por aquí, ¿por qué no lo han hecho siempre? ¿Por qué un Cristo?; ¿por qué una Iglesia?; ¿por qué estos concilios?; ¿por qué nuestros trabajos?; ¿por qué nuestras ciencias?; ¿por que nuestra razón? Pero sabemos que siempre ha habido visionarios e impostores; todos los herejes se creen inspirados. Luther conversaba con familiaridad con el diablo y este diablo de Luther era un retorcido y un bruto con su amo. ¿Qué ha sacado de todo esto? Confusión, anarquía y, en definitiva, escepticismo o demencia. Las mismas causas siempre producirán los mismos efectos. Se reconoce al árbol por sus frutos.

Decía san Pablo que si un ángel de Dios anunciase otro evangelio que el que os fue anunciado, ¡que sea un anatema! No se piensa con suficiente profundidad sobre esta palabra. Si Dios mismo, en efecto, pudiese perturbar el orden que Él mismo estableció, todo caería en la confusión, y Dios mismo va no sería Dios.

Mientras se cometan abusos en la Iglesia legítima, los protestantes tendrán una razón de ser, pero si se suprimen los abusos, la protesta cae por su propio peso.

Cuando los hijos tengan tanta experiencia como sus padres, cuando los hijos nazcan del todo sabios y del todo formados, cuando no hayan más espíritus débiles e incompletos la jerarquía, al ya no existir en la naturaleza, dejará de ser necesaria en la Iglesia. Entonces, la libertad de conciencia será sólo una verdad, y se podrá prescindir de curas y del Papa. ¿Pero que clase de padre de familia sería aquel que, sin ser un monstruo, dejaría que sus hijos se envenenaran con el pretexto de que son libres? No, esté no es libre, el que, si se le deja solo, hará necesariamente el mal. El que no impide, incluso por la fuerza, a un loco que se mate, es de por sí un asesino.

¿Saben ustedes cuál es el crimen de los cristianos de nuestros días? No es el de no ser suficientemente cristianos. El de los católicos tampoco es el de no ser suficientemente católicos. Los verdaderos protestantes deben considerarse más cristianos y más católicos que el Papa. Entonces son archipapistas, o no son nada.

El hombre no puede prescindir de la autoridad, y el que cree que está por debajo de su razón consultar a la Iglesia, irá seriamente a consultar a su velador o a su sombrero.

El espiritismo es una fotografía de las ideas actuales. Los libros de Allan Kardec están cargados de Sansimonismo, de swedeborgismo y de mormonismo; pero él es menos sabio que Saint-Simon, menos educado que Swedenborg, menos lógico que Joe Smith. Por lo tanto, había que creer que se envejece aún más después de la muerte y que se tira a tierra las chocheras de ultratumba. ¡Que perspectiva más triste la de los grandes hombres! ¡Qué ganga más triste para los vivos!

¡Bella y santa monarquía del cielo, Jesús hombre-Dios, y María madre de Dios! Ángeles de fray Angélico, santos de la leyenda dorada, vírgenes del paraíso de Dante: ¡cuanto más grandes sois, más poéticos, más bellos que los espectros de Cahaguet y las larvas errantes de Allan Kardec! Dogma severo e incorruptible, bella y santa caridad que distribuye a los elegidos por la escala de oro de la jerarquía, doctrina profunda llena de luz para la dulzura del espíritu y de tinieblas para el orgullo, sol de gloria y de justicia, los hombres ya no os ven porque sus ojos están enfermos. Deben recuperar la razón, y volverán a la fe, pues la fe y la verdadera razón son hermanas, y ambas son las hijas queridas de Dios. ¡Desgracia para el que no las distinga, pero doble desgracia a quien quiera separarlas!

Estamos en las vísperas de una transformación religiosa, el conde de Maistre lo dijo y todo el mundo lo sabe: ¿pero cómo será esta transformación?

La ciencia y la fe ya nos lo dicen bastante, será el paso del análisis a la síntesis, del cristianismo al mesianismo, del catolicismo ciego al catolicismo iluminado.

Será la reconciliación entre la fe judaica y la fe cristiana: el retorno a los estudios cabalísticos preparará este gran acontecimiento predicho por los apóstoles, y esperado en general por todos los padres de la Iglesia. Los judíos más iluminados, los que conocen y estudian al Sohar, esperan este acercamiento. El señor Franck, en su libro sobre la Cábala, habla de una escuela de Soharitas en la que casi todos se volvieron cristianos, pero, añade, consideraban al cristianismo actual únicamente como una transición necesaria del antiguo dogma de Moisés hacia la síntesis religiosa universal.

Esta síntesis, la presienten todas las inteligencias elevadas de nuestros tiempos. Goethe la soñó magníficamente; Lamennais quería que la Iglesia oficial la aceptara; Chateaubriand la deja adivinarse en los velos de la poesía con la cual cubre a la sacerdotisa de Homero, la cristiana Cymodocea; Michelet la canta en prosa rítmica en la Biblia de la Humanidad, pero se percibe demasiado en él al hijo de Voltaire amargado por el cristianismo debido a las barbaries teológicas de la Edad Media. Sea como sea, la síntesis se hace. Michelet explica los símbolos de la India, de Persia y de Grecia, pero entiende peor los de la Roma cristiana, quizá porque la Roma cristiana ha llegado al punto en que ni ella misma los entiende. El espíritu que alimentaba a los evangelios apócrifos se ha perdido junto con los misterios del gnosticismo, y la crítica eclesiástica moderna, tiranizada por la fría y estrecha razón del protestantismo, prefirió mutilar las leyendas o borrarlas antes de buscar su contenido alegórico.

Hemos encontrado una entre los pequeños libros de la biblioteca azul, y esta leyenda, evidentemente antigua, parece remontarse a la época de los evangelios gnósticos, está llena de alegorías conmovedoras y de nombres que vienen del griego. Es la leyenda de Santa Ana, la madre de la santa Virgen; Ana, cuyo nombre significa *la graciosa o la gracia.* Su nacimiento es anunciado por un anciano llamado Arcos, nombre que significa el principio o el comienzo; nace de una dama llamada Emerenciana, o la dama de nuestros días. Su leyenda es una verdadera epopeya alegórica, y la ofrecemos aquí como el complemento de nuestro trabajo sobre los evangelios apócrifos, y como una pieza justificadora a favor de nuestra opinión sobre el genio de las primeras edades del cristianismo y sobre el significado filosófico de nuestros libros sagrados.

LA VIDA DE SANTA ANA

MADRE DE LA VIRGEN MARÍA

Quienes eran los padres de Santa Ana

En una época muy lejana, había una niña llamada Emerenciana que vivía en la ciudad de *Zephor*, del país de Judea, situada a dos leguas de Nazaret. Esta niña descendía de la tribu de David y era muy devota de Nuestro Señor.

Tenía en su corazón el propósito de vivir en el temor de Dios, con pureza corporal y en soledad durante toda su vida, si esto era lo que agradaba a Dios.

Solía visitar a las personas debotas, a los profetas Elías y Eliseo que vivían en el Monte Carmelo, y hablaba con ellos de la vida espiritual y de las cosas prodigiosas que Nuestro Señor hizo en otros tiempos en doce tribus de Israel, de los profetas a quienes Nuestro Señor ordenó que transmitieran sus promesas, como, por ejemplo, la de la llegada del Hijo de Dios para poner remedio a la naturaleza humana, que nacería de una joven virgen, y del motivo por el cual esta promesa tardaba tanto en cumplirse.

Un día que Emerenciana estaba conversando de este modo con los discípulos de Elías y de Eliseo, ella dijo a uno de ellos, llamado Arcos, de ciento treinta y tres años, lo siguiente: "¡Oh, Venerable Padre! Deseo tu paternidad para poder preguntarte una cosa que llena mi corazón de dudas y aprensiones!" Él le contestó: "Emerenciana, mi dulce niña, pregunta con valor y no escondas nada, pues tu dulce palabra me complace y me llena de alegría".

Entonces ella le dijo: "Venerable padre, mi corazón no puede entender que se pueda encontrar en este mundo transitorio mujer alguna en estado de matrimonio que sea digna de procrear a la santa muchacha que se merezca dar a luz al Hijo de Dios, pues ni la Tierra ni el cielo puede acercársele, y cómo podría estar preñada y llevarle en su seno y tierno cuerpo.

"Ahora bien, ¿cómo se comprende esto? Pues soy del parecer, y según mi entender, que si se pudiera acumular la santidad de todos los que la han tenido desde el principio del mundo y de todos los que la tendrán hasta su fin en una sola persona, aún así no se podría comparar con semejante mujer de quien nacerá la futura Madre del Hijo de Dios.

"¡Oh, querido padre!, cuando pienso en todo esto, no salgo de mi asombro; además, no puedo explicarme por qué nuestro Redentor ha esperado cuatro mil años para llegar."

Mientras caían las lágrimas de los ojos de la muchacha, habló de nuevo y dijo: "Por desgracia, me temo que van a pasar muchos años antes de que se pueda encontrar tan santo matrimonio en la Tierra".

El santo padre Arcos, al oír estas palabras, y considerando el profundo pensamiento de esta santa, quedó asombrado; la miró durante un largo rato como si hubiera quedado encantado y no pudo proferir una sola palabra. Finalmente, volvió a hablarle, diciendo:

"¡Oh! Emerenciana, muy noble dama, joven en edad, pero madura en sentido y en comprensión, me pareces ser la raíz de este santo e incorrupto lecho de boda del cual hablo, pues de esta santa hija, futura madre, ha de nacer el Hijo de Dios. Antes de que nos vayamos de este mundo, procederá. Pues te digo, en verdad, que entre las hijas de Jerusalén no hay ninguna que se te parezca ni tenga un conocimiento tan profundo como el tuyo, por lo cual has de alegrarte, pues el Espíritu Santo se encuentra en ti; en ti se verán bendecidos todos los poderes de la Tierra."

Emerenciana, al oír hablar a aquel anciano sintió consuelo, y llorando se puso de rodillas y dijo: "¡Oh, Dios de Israel! ¡Cuán nuestro será vuestro oculto rostro, y de nuestros padres en los limbos, os grito sin cesar con gran hastío, esperando lo que nos prometieron los profetas y las Santas Escrituras! Hemos contraído la mancha del pecado. ¿Quién nos levantará si no eres tú, Virgen vaticinada? ¿Cuándo podremos pasar las puertas de las tinieblas sin vacilaciones? ¡Oh, Dios mío! ¿Cuándo llegará el cordero que borrará los pecados de los hombres y pagará las deudas de nuestros antepasados este fuerte león romperá las puertas de metal y derrumbará las puertas del infierno? ¿Cuándo cantaremos jubilosamente: Ha llegado Nuestro Señor, y todas las oscuras tinieblas están llenas de luz? Soy una pobre doncella muy convencida de que tendremos que descender hacia nuestros padres en los limbos que, sin embargo, han sido más perfectos que yo durante sus vidas, pero hay algo que me da alegría, pues tengo fe en que los futuros descendientes de mi tribu no se acercarán a las tinieblas del infierno, hasta el punto que una claridad infalible se elevará detrás mío dando luz a toda la oscuridad".

Cuando los discípulos de Elías y de Eliseo, con el anciano padre Arcos, oyeron las palabras de la joven Emerenciana, se alegraron mucho con ella en Jesucristo, encomiándola, tal como lo menciona el libro de los milagros.

De las costumbres y ejercicios de Emerenciana

Emerenciana era de una gran belleza y bien hecha de cuerpo, también era rica en bienes temporales, de linaje noble pero más noble en virtudes; pues con penitencia castigaba su cuerpo y guardaba silencio hasta el punto que desde vísperas hasta nona del día siguiente no quería pronunciar una sola palabra; tres días por semana se abstenía de comer carne, y comía y bebía las duras y amargas raíces de unas hierbas que crecían en los desiertos. No frecuentaba a las personas viciosas sólo buscaba a las personas virtuosas y espirituales, fuesen hombres o mujeres, con tal de ser devotos. Visitaba también a los profetas Elías y Eliseo que residía en el Monte Carmelo, viviendo con austeridad.

Asimismo servía y rezaba a menudo a Dios, encerrar en su habitación, huyendo de la ociosidad, persistiendo en el servicio divino, ayudando con cuidado a los pobres desde su más tierna juventud; cuando empezó a tener uso de razon en el momento que, por consejo de su padre, tomó marido, nunca hubiera mirado el rostro de un hombre excepto las personas piadosas y devotas, a quienes hablaba sin levantar la mirada del suelo. Por eso el rumor de su santidad se extendió por toda Judea.

No hay maravilla que no provenga de buen árbol y buena raíz y que no produzca buen fruto; pues es lo que se dice en el Evangelio, un buen árbol no puede producir malos frutos.

De cómo se casó Emerenciana

Cuando Emerenciana tuvo dieciocho años, sus padres y amigos se reunieron y se pusieron de acuerdo para casarla con un hombre bueno, lo cual ella no quiso prometer. Antes de dar su consentimiento quiso conocer la voluntad de Dios por medio de los servidores de Dios, pues antes se había propuesto hacer voto de castidad durante toda su vida; y por no saber cuál era el estado que Dios deseaba que aceptase, se fue al Monte Carmelo para consultar a los santos personajes y para que rogasen a Dios que manifestara por medio de algunos signos su voluntad divina. Así hicieron los santos padres que rezaron a Dios, perseverando en continuas oraciones. Al final del tercer día les apareció una rama de árbol muy grande, que llevaba un solo fruto, y tan pronto se comía el fruto, la rama se secaba. Inmediatamente después se vio que un fruto muy hermoso fue puesto en la dicha rama seca y parecía que el fruto quedaba envuelto por una fuerte claridad divina y tan luciente que los ojos del hombre no podían mirarlo, y los santos padres quedaron asombrados por esta visión; pues por estos signos milagrosos no podían entender en absoluto la voluntad divina ni los resultados de sus oraciones, y rogaron a Dios que les revelara su significado.

Al tercer día, mientras seguían orando, se oyó una voz que provenía del cielo, que revelaba el significado del signo, diciendo que la rama verde significaba el matrimonio que sería consumado en Emerenciana; el fruto que daba mostraba al niño que nacería de ella algún día; la sequedad de la rama marca la esterilidad; la claridad con la cual el fruto está atado a la rama significa el poder divino por el cual Emerenciana, en su vejez infecunda por naturaleza concebirá y dará un fruto que traerá la salvación del mundo universal y cuyo nombre ahuyentará a los espíritus malignos y los ángeles buenos lo venerarán, y será revelado y anunciado por todo el mundo.

Y cuando los santos padres oyeron esta voz milagrosa, alabaron y bendijeron a dios El Creador, llorando de alegría, lo dieron a conocer a Emerenciana, explicándole cómo en poco tiempo, por voluntad divina y consejo de sus amigos, tomaría marido, y cómo por medio de su matrimonio iba a demostrar al mundo su gran misericordia.

Emerenciana, viendo esto, dio gracias a Dios, rogándole muy humildemente que fuese del agrado de su benignidad unirla por matrimonio a un buen, justo y leal marido, que temiese a Dios, y sólo pidió lo que corresponde al estado de matrimonio, o sea la bendición de Dios a su descendencia en el honor del Creador. Y se rindió finalmente a estas acuciantes solicitudes.

Del linaje de Santa Ana

En aquellos tiempos había un hombre joven, rico y de buena reputación, llamado Estolano, de sangre real, noble desde su más tierna infancia, criado en el temor de Dios, y que fue dado en legítimo matrimonio a Emerenciana por sus amigos, de quien tuvo una hija llamada Ysmaria. Cuando tuvo quince años, ésta fue casada con Eliden, y tuvo una hija llamada Isabel, que se casó con Zacarías, el soberano sacerdote de quien desciende Juan Bautista. Ysmaria concibió también una hija llamada Enim, madre del santo obispo Servais. Más adelante, cuando Emerenciana tuvo sesenta y un años y estaba convencida de que ya no tendría más hijos, de acuerdo con las leyes de la Naturaleza, quedó, sin embargo, embarazada, así como se lo había prometido el santo padre Arcos. Unos días más tarde, hallándose en oración en su habitación, se encontró envuelta por una gran claridad y oyó una voz que le decía: "Emerenciana, hoy te anuncio una gran felicidad para este mundo, ¡pues Dios Todopoderoso quiere mostrar su bondad infinita a los hijos del género humano! Se aproxima el tiempo prometido por los profetas, pues va a florecer la raíz de Jese y la semilla de Abraham será bendecida, y habrá quien se siente en el trono de David. Por lo que debes escucharme, querida amiga, pues en mí está vivo el espíritu de Dios".

De la maravillosa Natividad de Santa Ana

Cuando Emerenciana vio aquel gran resplandor, sintió pavor; pero oyó una voz que le dijo: "Emerenciana, no tengas miedo pero honra a tu Creador con todas tus fuerzas, pues por su gracia concebirás a pesar de las leyes de la Naturaleza, de Estolano, tu esposo, y darás nacimiento a una hija, de quien nacerá una hija que ha sido predestinada antes de la creación del mundo, más preciosa que todas las criaturas humanas, porque Dios quiere realizar en ella unas cosas incomprensibles, que sobrepasan el entendimiento de los ángeles y de los humanos, y son sobrenaturales".

Entonces Emerenciana respondió: "Soy hija de Adán, mayor de edad, me falta el fruto del matrimonio; por eso no puedo concebir naturalmente; sin embargo, sé muy bien y confieso que para Dios nada es imposible. Haz de mí lo que te plazca, y de acuerdo con tu misericordia pues nuestros padres y yo misma te hemos ofendido gravemente y nada nos merecemos". Entonces oyó de repente la voz que le decía: "Hija, ve en paz, pues tengo que dar a conocer también a tu marido, Estolano, el poder y la voluntad divina".

En aquel momento, Estolano había salido para vigilar al ganado que pacía en los campos; mientras estaba en oración fue de repente rodeado por una luz y oyó una voz que le decía: "Estolano, que la paz esté contigo, levántate y ve a tu casa, acuéstate con tu mujer Emerenciana cuyo nombre va a ser revelado por el mundo universal".

Cuando Estolano oyó esta voz, sintió mucho temor y asombro, pues tenía setenta años, y ya ninguno de los dos tenía capacidad de procrear, según las leyes de la Naturaleza.

De pronto oyó la voz que le decía: "Estolano, no dudes, pues nada para Dios es imposible y como prueba de lo que te estoy diciendo, cuando entres en la habitación, allí donde has de acostarte, mira la cabecera de la cama, y encontrarás escritas tres letras de oro que nadie escribió". Y al decir esto desapareció el resplandor. Cuando Estolano lo oyó, se levantó de su celda, alabando a Dios, y se dirigió hacia su mujer, Emerenciana, y ellos se contaron el uno al otro lo que habían visto y oído, luego fueron a su habitación y encontraron la señal de las tres letras de oro escritas en la cabecera de la cama, dos *A y una N,* que juntas formaban la palabra *Ana*, que Emerenciana iba a concebir pronto y agradeciero a Dios, esperando la promesa que les hizo el Creador.

Poco tiempo después Emerenciana concibió de Estolano, su marido, un fruto, por la gracia especial de Dios, y con gran anhelo esperó el momento del alumbramiento.

Al acercarse la fecha, se fue a visitar a los discípulos, rezando muy humildemente que quisieran orar a Dios por ella, para que quisiera proteger del enemigo al fruto que llevaba, y que en su tiempo y lugar pudiese dar a luz con salud. En aquel tiempo había un discípulo llamado *Francisco* que se prosternó cuando vio a Emerenciana, gritando y diciendo en voz alta: ¿Quién es esta santa matrona que está a mi lado?" Emerenciana le contestó: "Muy venerable padre, no me conoces, soy la vieja Emerenciana, tu muy humilde servidora". Él le dijo: "Emerenciana, veo en ti el gran misterio que sobrepasa las leyes de la Naturaleza. En verdad, te digo que, al igual que un cirio o una lámpara dan luz a las tinieblas, penetró en tu seno una hija resplandeciente de claridad, de quien no puedo maravillarme bastante, pues está mis allá del entendimiento humano".

Emerenciana le dijo: "Reverendo Padre, las obras de Dios no se comprenden, y su misericordia es impenetrable, que es lo que va a mostrar pronto a su pueblo. Por favor, ruegue por mí, pues la bondad divina quiere manifestarse, tal como lo prometió hace mucho tiempo".

Cuando el buen padre Francisco y sus compañeros oyeron esto, rezaron con fervor por ella; le dijeron: "Emerenciana, alégrate, pues tu oración será escuchada, vuelve a tu casa y prepárate para dar a luz".

Cuando nació Santa Ana

Cuando llegó la hora, y según la promesa del ángel, Emerenciana dio a luz una niña tal y como se había anunciado; sobre el pecho de la niña aparecieron tres letras de oro que formaban el nombre de Ana. Este nombre resplandecía como las piedras preciosas.

De cómo ocurrió un milagro causado por este nombre

Cuando las mujeres que asistían al parto vieron este hermoso milagro del nombre, se difundió el rumor de esta maravilla por todas partes y una multitud acudió para ver este prodigio. Entre la gente había un caballero ciego, y como sus ojos no podrían ver el nombre de Santa Ana, pidió tocarlo con los dedos, lo que le fue otorgado. Emerenciana, al darse cuenta de que era uno de los buenos personajes de Jerusalén, no se atrevió a negárselo y le dio permiso para hacerlo. Cuando el tocó su nombre y con gran devoción quiso besarlo, ocurrió que la mano de Ana rozó sus ojos, los cuales se abrieron súbitamente y él recobró la vista de la que había sido privado hasta entonces, ya que nació ciego; cuando vio el nombre de Santa Ana con tanta claridad, dio un grito de felicidad diciendo: "¡Bendito sea el Dios de Israel!" Emerenciana quedó muy impresionada por este milagro, temiendo que si el pueblo se enteraba de ello vinieran en masa a ver a su hija, y que la niña pudiese caer enferma por las incomodidades de tantas personas, y por eso pidió al caballero que no publicara lo que le había sucedido. Cuando el caballero vio que Emerenciana estaba preocupada, le prometió no contárselo a nadie, la besó con gran respeto, con los ojos cerrados como si todavía estuviese ciego, y se hizo llevar por su servidor a Jerusalén, lugar donde vivía.

De cómo Ana fue durante cinco años sirvienta en el templo de Jerusalén con las demás chicas

Después de que Emerenciana y Ana, su hija, viniesen a vivir a Belén, llegaron al templo de Jerusalén y nueve sacerdotes recibieron a Santa Ana de su madre con grandes honores, si bien sólo tenía tres años; la llevaron con mucha reverencia al templo de Jerusalén, para servir a las otras devotas que allí vivían, entre quienes Ana crecía y se educaba en el amor de Dios y en todas las virtudes, devota, día y noche, en todas sus oraciones, era también muy diligente en las manualidades que se le mandaba hacer, pues las muchachas que servían en el templo tenían que lavar, coser y limpiar los adornos del templo. En cuanto se encontraba sola, se arrodillaba para rezar a Dios con gran devoción. Por esta razón, un sacerdote del templo que se había dado cuenta de esta devoción, se sorprendió mucho y para informarse mejor se escondió en secreto en su habitación donde hacía sus devociones para ver y oír su modo de orar. Al llegar la medianoche, Ana se levantó de la cama como de costumbre, rezando con las manos juntas, las rodillas en el suelo, la vista alzada hacia el cielo y diciendo: "¡Oh, Dios de Israel! Mi conciencia es testigo de que os hemos ofendido, por esta razón os habéis alejado de nosotros; es cierto, Señor; ¿cuánto tiempo hace falta para que nos libremos de esta dura esclavitud? Estamos a la espera, según las promesas que hizo a nuestro padre Abraham, para que nos dé un liberador. ¡Señor, no vuelva a acordarse de nuestras faltas pasadas, pero haga que su misericordia nos dé consuelo! ¡Acuérdese de nuestros padres Abraham, Isaac y Jacob, y de la misericordia que les habéis prometido!

"Le ruego, Señor, que escuche la súplica de mi tierno corazón, y no rechace mi oración, pues es mi Padre que me ha creado, es por eso que mis labios cantaron sus loas en mi juventud y cuando tendré más edad le cantaré más loas aún, confesándole y tendré en la memoria su misericordia, y la predicaré a los que no crean en vos."

Cuando Ana acabó de rezar de este modo, se prosternó en el suelo, y tomó algún descanso. El sacerdote que se había escondido para ver y oír las fervientes oraciones de esta muchacha quedó asombrado por tanta devoción, y se dijo a sí mismo:

"Si todos los sabios de Jerusalén viesen la piedad de esta doncella, no quedarían menos asombrados que yo", y como estaba amaneciendo, el sacerdote no se atrevió a quedarse más tiempo de miedo que le viese y se retiró en secreto. Tenía tanto interés en saber quién era esta santa chica que iba a verla muchas veces, hasta que vio el rostro de Ana, las manos juntas, y entonces dijo:

"¡Oh, Dios Todopoderoso! No podía vivir en paz hasta conocer a esta santa doncella y se dice que de ella nacerá una virgen que alcanzará un eminente grado de santidad."

Ana siguió haciendo sus ejercicios de devoción y se hizo más y más agradable a Dios.

De cómo Emerenciana murió y fue sepultada al lado de Estolano, su marido

Cuando Emerenciana, la madre de Santa Ana, tuvo setenta y ocho años, le dijo a su hija Ana: "Mira, se acaba mi vida, y es hora de que descanse con mis padres y de que me entierren al lado de Estolano, vuestro padre. ¡Oh, mi querida hija!, graba en tu memoria la misericordia que Dios nos ha otorgado y espera pacientemente el tiempo de gracia que Dios nos ha prometido. Guarda los mandamientos de Dios, ten compasión por los pobres, consuela a los desconsolados, pide consejo a la gente piadosa y sabia, lee la Santa Escritura, rinde gracias al Creador de todos los bienes que te hizo y con todos sé humilde, y no te olvides del último día de tu vida, sino que estés siempre dispuesta".

Mientras instruía de este modo a su hija, Ana, vino la muerte a arrebatarle la vida.

Ana lloró amargamente la muerte de su madre, rezando a Dios con devoción por ella. Luego, Ana congregó a toda su parentela, enterraron a Emerenciana con gran respeto, y junto a su marido, como se lo había pedido. Ana lloró a su madre tantos días como años tenía.

De cómo Santa Ana a la edad de dieciocho años tomó marido

Cuando Ana tuvo dieciocho años, por consejo de sus amigos tomó marido, un hombre temeroso de Dios de sangre noble, de la tribu del rey David. Se llamaba Joaquín, y vivía en santidad, temeroso de Dios, guardando sus mandamientos y misericordioso con los pobres.

Se comenta que, al cumplir los quince años, repartió sus bienes en tres cuartos, dio una parte a los pobres, la otra al templo, y la tercera parte sirvió para atender a las necesidades.

Cuanto tuvo veintiún años se casó con Ana y la desposó. Ella era muy caritativa, hacía el bien a los pobres e incluso a los enfermos y afligidos; vivía en Nazaret, una pequeña ciudad de Galilea en la cual el ángel Gabriel anunció a María, su hija, que iba a concebir y a parir el Hijo de Dios; así, pues, Ana llevaba una vida muy santa. Una vez, leyó que Tobías instruía a su hijo que, en caso de que Dios le enviase abundantes bienes temporales, los diera libremente a los pobres; estas palabras la espantaron, pues pensó en su corazón: "¡Oh, Dios, cuántos bienes tengo, y cuán provista estoy de todas las cosas necesarias! Desgraciadamente, he sido ingrata y no he cumplido con mi deber como lo ordena aquel escrito". Mientras estaba tan pensativa, llegó Joaquín, su marido, quien al verla triste, le dijo: "Mi querida amada, ¿por que razón estás tan triste?" Ella respondió: "Porque hace mucho tiempo que no hemos cumplido los mandamientos de la Santa Escritura", y le mostró lo que acababa de leer en Tobías. Después de haber leído le dijo: "¿Que te parece que hagamos?" Ella le respondió: "Dado que Dios nos proveyó de bienes, me parece que los tendríamos que repartir en tres partes, que las dos primeras se distribuyan en honor a Dios y la tercera parte y la guardemos para nuestras necesidades". Él le respondió que así harían, pues ya había deseado hacerlo antes de casarse. Cuando Ana lo oyó, se puso muy contenta, y se hizo preparar una mula, la montó y se fue con sus servidores a los campos y lugares donde pacía el ganado para traerlo a casa. Tenía dos mil doscientas cabezas de ganado, y cuando las trajo de vuelta, las repartieron en tres partes iguales: una de las partes se dio al templo, la otra a los pobres, y la tercera la conservaron para alimentarse, y para alimentar además a las pobres viudas y huérfanos donde los encontraba, y lo hacía con el consentimiento de su marido Joaquín, pues era igualmente misericordioso con los pobres, y luego vivieron en el temor de Dios, en paz y amor mutuo, y guardando cuidadosamente los mandamientos de Dios.

Por degracia, ¡qué lejos estamos de que los matrimonios actuales se comporten así! ¡Que Dios les ayude! Así sea.

De cómo Ana estuvo casada con Joaquín durante veinte años sin tener progenitura y de como el soberano sacerdote se lo reprochó a Joaquín cuando fue a la ofrenda

Joaquín estuvo casado con Ana durante veinte años, viviendo en conformidad con Dios, no tuvieron progenitura, lo cual era motivo de oprobio para la gente, pues en aquel tiempo se burlaban de los que eran infructuosos y que no hacían crecer a la población; y, por esta razón, muchos los despreciaban.

Por ello, rezaron a Dios con fervor para que tomara en cuenta aquel reproche y les mandase un fruto, quien le sería ofrecido para servirle en el templo de Jerusalén.

Un día que Joaquín fue con los demás de su tribu a Jerusalén para una gran fiesta y hacer la ofrenda según la ley, al acercarse al altar, depositó encima su ofrenda.

El sacerdote lo tomó de mala manera, arrojó la ofrenda fuera del altar en presencia de todo el pueblo, y le reprochó su infructuosidad, diciendo que no era decente recibir su ofrenda con los que eran fructuosos, puesto que, en estado de matrimonio, no multiplicaba la casta del pueblo de Israel.

Al oír estas palabras, Joaquín se entristeció, y confuso y cabizbajo, no se atrevía por vergüenza a mirar a nadie a la cara.

De cómo Joaquín se fue a visitar a los pastores que se cuidaban de su ganado; y de cómo le consoló el ángel

Dado que Joaquín, en presencia de sus amigos y de todo el pueblo, había sido rechazado, pues era su culpa, de pena no se atrevía a volver a Nazaret, con el temor de que sus vecinos le reprochasen lo que había sucedido en el templo, y se marchó con sus pastores, y pensó en quedarse con ellos y no volver a Nazaret, lo que hizo, con la esperanza de que Dios le diera consuelo y le hiciera comprender lo que tenía que hacer.

Permaneció allí durante cierto tiempo, y una vez, estando solo, sucedió que el ángel de Dios, con una gran claridad, vino a visitarle, consolándole y exhortándole a que no se asustara, y le dijo: "Soy el ángel de Dios, enviado para anunciarte que tu oración ha sido escuchada por Dios, y que tus limosnas se han elevado hasta el cielo; ha visto la vergüenza y el reproche de tu infructuosidad; Dios es el vengador de los pecados, y no de la naturaleza. Y cuando quiere que una mujer sea infecunda, es para que, más milagrosamente, le devuelva su fecundidad cuando le parezca, al igual que Sara, la mujer de Abraham, quien en su vejez parió a Isaac. También Raquel quedó infecunda, y en su vejez dio a luz a José, que fue gran señor de Egipto; tanto Sansón como Samuel tuvieron madres que permanecieron estériles durante mucho tiempo; cabe creer entonces que las natividades tardías son tanto más maravillosas cuanto han sido tardías. Has de saber que tu mujer concebirá a una niña que llamarás María. Esta niña consagrada a Dios y al vientre materno, estará llena del Espíritu Santo; por eso no permanecerá en el pueblo sino en el templo, para que nadie sospeche de ella, y dado que ha nacido de una mujer infértil, también nacerá de ella el Hijo de Dios, que se llamará *Jesús,* y por él recibirá a todas las criaturas para su salvación. Como señal de verdad, tu mujer, Ana, se encontrará contigo en la puerta dorada de Jerusalén, pues espera tu regreso".

Al oír las palabras del ángel, Joaquín se alegró, y puesto que Ana, su mujer, estaba aburrida, esperando su llegada, el mismo ángel se le apareció y la consoló. Le repitió lo mismo que había anunciado a Joaquín y que fuese a Jerusalén a la puerta dorada donde se encontraría con él. Y así hizo.

Cuando se encontraron, se pusieron muy felices por la promesa del ángel de que iban a tener una niña. Después de ir al Templo para servir a Dios con devoción, regresaron juntos a Nazaret donde esperaron con gran regocijo la promesa divina.

Muy pronto, Ana concibió y nueve meses después dio a luz una niña que fue llamada María, como lo había ordenado el ángel. Ahora bien, ¡cuánta alegría en el cielo y la Tierra causó esta natividad! ¡Nadie pude describir la felicidad que la Humanidad había recibido!

De la natividad de María

Cuando Ana estuvo a punto de parir al bienaventurado niño que el ángel había anunciado a Joaquin, su marido, éste se fue a buscar a unas comadronas para asistir a Ana en su parto, y también fue a buscar a Isabel, la mujer de Zacarías, e Ysmania, la hermana de Ana que tenia ochenta y un años. Cuando llegaron a la habitación de Ana, les pareció que el corazón se les llenaba de una inmensa alegría y a medida que se acercaban a Ana, sentían aún más alegría y olor. Cuando llegó la hora de parir, Ana se encontró de repente envuelta en una gran claridad y dio a luz una hermosa niña, resplandeciente como el Sol, y en el acto llegaron una multitud de espíritus celestes, que cantaban melodiosamente. ¡He aquí la reina de los cielos y madre futura del Hijo de Dios! Cuando las comadronas estuvieron juntas en la habitación de Ana y quedaron allí durante seis días, vieron cosas maravillosas y cantaron loas a Dios.

Un milagro

En el mismo instante en que nació María, llegó de repente un águila que sobrevoló la casa en la cual Ana había parido llevando en su pico varios ramos; hizo un nido encima de esta casa, que permaneció ahí durante muchos años, incluso después de la resurreción de Jesucristo.

Otro milagro

Al mismo tiempo, en un desierto, cerca de allí, había un unicornio tan grande que nunca se había visto otro igual, y que los reyes intentaron cazar muchas veces sin poder lograrlo; pero cuando nació María, venía delante de su puerta y nadie conseguía cazarlo. Entonces, un caballero llamado Adrianes, que vivía cerca de Nazaret, lo hirió con una lanza y lo mató, y lo ofreció al soberano sacerdote de Jerusalén que se lo agradeció mucho.

Otro milagro

En aquel tiempo, todos los alrededores de Jerusalén y del país de Judea estaban oprimidos por los malos espíritus que proferían unos gritos tan horribles que la gente se sorprendió, temiendo que Dios quisiese confundir a todo el país. Había entonces en Jerusalén un santo varón que conjuró a uno de los oprimidos para que le dijera por qué se organizaba este tumulto. El mal espíritu dijo entonces por la boca de un demoniaco que ese día había nacido en Nazaret una niña, por lo que los ángeles estaban muy felices, y ellos no podían permanecer en posesión de los cuerpos, y tendrían que salir de ellos para meterse en lo más profundo del infierno por virtud de esta divina criatura.

Otro milagro

En aquel tiempo, doscientas cincuenta mil personas endemoniadas fueron libradas del enemigo en el país de Judea y en Samaria.

De cómo el ángel anunció a Joaquín la natividad de María

Cuando Ana estaba dando a luz a María, Joaquín se encontraba fuera de su casa, esperando las felices noticias del parto. En cuanto nació la niña, el ángel vino hacia él, diciendo: "Joaquín, te anuncio una gran alegría, pues ha nacido el fruto que te ha sido prometido y te ordeno que esperes dieciséis días para entrar donde Ana ha parido para que las comadronas no se alteren en lugar de regocijarse. Será un día de gran felicidad para ti y para todo el mundo".

Dicho esto, el ángel desapareció y Joaquín se prosternó en el suelo, agradeciendo a Dios. Luego se levantó y entró en su casa, lleno de alegría, y ordenó a todos los de su familia que nadie entrase durante dieciséis días donde su mujer había estado de parto. Luego, Joaquín se vistió con sus mejores galas y con donativos y ofrendas fue con su familia a Jerusalén a ofrecerlos a Dios. Cuando los sacerdotes del templo oyeron que Dios les había mandado una hija se alegraron mucho, alabando a Dios en sus cánticos y rindiendo honores a Joaquín y a su familia, así como presentándoles su respeto. Joaquín se quedó en el templo con su familia durante ocho días, para solemnizar el nacimiento de la hija recién nacida, y luego volvieron a la posada y cuando pasaron los dieciséis días, Joaquín envió a una de sus sirvientas a la habitación de Ana, donde se encontraban aún las comadronas, y les hizo saber que habían pasado los dieciséis días, lo que no podían creer, pues les parecía que ni siquiera había pasado medio día ya que no se habían percatado de la noche, de modo que no podían creer lo que dijo la sirvienta y, para asegurarse, lo preguntaron de nuevo a Joaquín que les confirmó que habían pasado los dieciséis días. Luego salieron y volvieron cada una a su casa.

De cómo Joaquín visitó a Ana después de parir y besó con alegría a su hija recién nacida

Habiéndose quedado las comadronas dieciséis días con Ana, y habiéndose ido, Joaquín se dirigió a Ana, su mujer, y la saludó. Inmediatamente ella le puso a la niña en los brazos y él la recibió con gran alegría, alabando a Dios y de felicidad se puso a llorar al ver la belleza de esta niña. Luego la devolvió a Ana y la llamó María, como se lo había ordenado el ángel. Cuando le impusieron este nombre llegaron nueve ángeles y se prosternaron nueve veces, diciendo: "Bendito es el dulce nombre de María, hoy nos ha sido revelado el nombre de nuestra reina: por eso nos alegramos al oír este dulce nombre". Luego desaparecieron, cantando melodiosamente.

Cuando María oyó el canto melodioso de los ángeles los miró con un rostro sonriente, y sus padres la miraron con gran alegría, asombrándose de las maravillas que Dios hacia sobre la Tierra, y entonces oyeron una voz del cielo que decía: "Joaquín y Ana, no tiene que sorprenderos lo que habéis visto y oído, como si fuera algo nuevo, pues ha sido previsto por la Santa Trinidad y ahora sucede por la voluntad de Dios, para ser manifestado a todas las criaturas de la Tierra". De lo cual, Joaquín y Ana se asombraron; se arrodillaron rindiendo gracias a Dios Todopoderoso.

De cómo María está prefigurada en el Antiguo Testamento

San Jerónimo decía en un sermón de la Asunción de María: "Ha sido prefigurada por los patriarcas, anunciada por los profetas, enseñada a los evangelistas; María es aquella señora que se menciona en el primer libro del Antiguo Testamento, llamado Génesis, que rompe la cabeza de la serpiente, a saber, el enemigo que empuja a la concupiscencia carnal y al orgullo del corazón; es también la luz que Dios ordena que se haga y de la cual surge.

"Ella es la fiel copia de Jesús en plenitud de la gracia de Dios, el hombre que tuvo cuando concibió del Espíritu Santo y dio a luz sin dolor, y permaneció Virgen inmaculada. Es por esto que Eva sólo se llama madre de los muertos, amiga de los moribundos, tanto de la muerte del alma como de la del cuerpo; pero María nos ha liberado de estas dos muertes pues Jesús, su Hijo, es la verdadera vida del alma y del cuerpo de los fieles, que por él han sido salvados y lo serán a continuación; pues ella es también el arca de Noé, que está hecha de madera incorruptible, del verdadero Noé, Jesucristo que ha sido encontrado el único justo en su natividad; ella es aquella Rebecca cuyo hijo, Jacob, luchaba con el ángel que ha procurado y obtuvo la bendición paterna para todos los que luchaban con el enemigo maligno. Ella es la escalera, de la cual el buen patriarca Jacob tuvo la visión, y por la cual los ángeles subían y bajaban. Ella es también la hermosa Raquel de quien Dios se enamoró, como Jacob, y que ha bajado del cielo para tomar forma humana, y se ha humillado, afligiéndose por amor de ella. Ella es también la hermosa Raquel que ha dado a luz al verdadero José, quien no sólo ha sido el señor de sus hermanos sino de todo Egipto, y que además es príncipe de los ángeles, Señor de todas las criaturas. Jesucristo siempre bendecido. También es ella representada por la zarza ardiente de Moisés que parecía quemar pero que no quemaba, pues ella ha concebido un hijo, y ha quedado Virgen Inmaculada. Ella está representada también por la vara floreciente de Aarón con humildad, pues ella ha procreado a Jesucristo. Ella está también representada por el vellón de Gedeón, sobre el cual cayó el rocío de la noche sin humedecer la tierra, pues el hijo de Dios ha descendido en ella sin fracción ni mancilla de su castidad. Además está representada por la vara de Moisés que dividió el mar en dos partes, por donde los hijos de Israel pasaron a pie enjuto, y con la cual Moisés golpeó la piedra que dio gran abundancia de agua, de la que el pueblo y todo el ganado bebieron y quedaron saciados. Ella está también representada por el verdadero escudo de Josué, con el cual venció a los enemigos de Dios; pues ella sola ha exterminado todas las herejías. María es también el trono del verdadero rey Salomón y es asiento de marfil; pues su pura virginidad ha preparado para Jesucristo un trono y un asiento en su seno virginal donde descansó durante nueve meses. Además, ella es el renombre del templo de Jerusalén, que se edificó sin herramientas, hachas ni martillos, pues dio a luz a Jesucristo sin dolor. María es también la bienaventurada Virgen que profetizaron Isaías y Jeremías; el primero dijo: 'Saldrá una vara de la raíz de

Jesé, y una hija parirá un hijo', y el otro dijo que el Señor iba a hacer algo nuevo en la Tierra, pues una mujer estaría cerca de un hombre. Si hubiera hablado de un niño no sería algo sorprendente, si Jesucristo era un hombre en el vientre de su madre, no en edad pero en sabiduría, no en fuerza corporal, pero en fuerza espiritual, tanto en el pesebre como a la edad de treinta años, en que predicó, y que ahora está sentado a la derecha de su padre eterno, pero no ha utilizado su sabiduría durante cierto tiempo ni de la sabiduría mundana para mostrar que verdaderamente había tomado forma humana. Ella es también la montaña de la alta perfección, de la cual ha sido tallada una piedra sin la mano del hombre, y por esta piedra entendemos a Jesucristo, que nació de la Virgen sin intervención del hombre. Ella es también la puerta cerrada por la cual sólo el Señor ha pasado y vuelto a pasar; pues María ha permanecido virgen aún concibiendo y pariendo, y siempre lo permanecerá.

"María es también el candelero de oro, el cual, dijo el profeta Zacarías, tenía siete lámparas iluminadas en el templo de Jerusalén que significaban las siete obras de la misericordia de María, y el ejemplo luminoso de su santa vida y buenas costumbres. Ella es también el arca del Testamento donde fueron depositados los mandamientos de la ley, y las dos tablas de Moisés donde fueron escritas de la mano de Dios los diez mandamientos, que María guardó cuidadosamente, viviendo según ellos; en la misma arca estaba también la vara de Aarón, la cual, al florecer producía el fruto de la vida. Jesucristo que nos alimentó con su carne divina y sangre preciosa en el santo sacramento del altar; esta arca contenía el maná que los hijos de Israel recibieron en el desierto, y María ha llevado el verdadero maná del cielo durante nueve meses, el verdadero pan de los ángeles, y la carne de los enfermos; esta arca estaba hecha también de madera incorruptible, como lo fue María, sin corrupción fue transportada al cielo en cuerpo y alma; el arca llevaba cuatro anillos de oro en los lados, por los cuales se transportaba; María llevaba en ella las cuatro virtudes cardinales que son las raíces de todas las virtudes. El arca tenía dos fustas que se llevaban entre los cuatro anillos de oro y que representan la caridad que está en María, a saber, el amor de Dios y de su prójimo. El arca era dorada por dentro y por fuera como María está adornada, resplandeciendo en ella todas las virtudes. María está representada por la hija del rey Astiages, quien, tal y como lo relata la historia escolástica, tuvo la visión de una viña que crecía del vientre de esta muchacha que se extendió tanto que llegó a cubrir todo el reino. Se le dijo que de su hija provendría un rey, y luego ella procreó el rey Cirus que liberó a los hijos de Israel del cautiverio de Babilonia; y esto fue lo que dijo el ángel a Joaquín y Ana, que de ellos provendría una hija que nos libraría de la pasión del diablo, también representada por la fuente que surge de un jardín cerrado pues estaba encerrado en el vientre de su madre, fue santificado por el Espíritu Santo, y por la Santa Trinidad, prevenida de que ningún pecado de impureza pudiese penetrar en ella; también la anuncia el profeta Balaam, quien dijo que de la Tribu de Jacob saldría una estrella del mar grande, o sea de aquel mundo peligroso, que no se puede traspasar, sin naufragar ni llegar al puerto de salvación, sin la ayuda del himno AVE, MARIS STELLA, o sea, te saludo, estrella del mar; es el himno con el cual la saluda la Santa Iglesia; también San Bernardo escribe en la homilía al ángel: 'María es la estrella brillante de este gran mar del mundo, resplandeciente de sus virtudes, obras y ejemplos de buena vida y de buenas costumbres'. María está también representada por el templo de Salomón que se edificó a Dios en piedra blanca de mármol dorado por encima; al igual que María, blanca y santa en pureza, virginal en su cuerpo y alma, adornada con amor y caridad."

De cómo Joaquín y Ana alimentaban a María, su hija

Después del parto y de que hubieran presentado a María en el templo según la ley, y de su regreso a casa, Ana y Joaquín la criaron cuidadosamente y con gran veneración. Nadie más que ellos y Fina, la hermana de Ana, podían tocarla. ¿Quién podría describir la tremenda alegría que sentían cuando miraban a la bendita niña, la besaban y jugaban con ella? Creo que nadie lo puede expresar. Joaquín y Ana la miraban con tanta admiración que se olvidaban a veces de comer y de beber, y les parecía que el tiempo volaba. Habían ordenado a su familia que nadie les molestara cuando se encontraban con la niña en la habitación, a lo que se obedeció.

De la presentación de María en el templo

Cuando María cumplió tres años, Joaquín dijo a Ana: "Querida Ana, recuerda la promesa que hicimos, pues no podíamos tener un hijo, y la hicimos a Dios para que nos diera un fruto que ofreceríamos al templo". Entonces Ana le respondió: "Querido amigo, aun cuando nos es muy duro dejar a nuestra hija, más doloroso sería retractarnos de nuestra promesa y ofender a Dios. Por eso estoy dispuesta a seguir tu consejo y a cumplir la promesa". Fue a preparar las cosas y congregó a sus amigos más cercanos y las honestas comadronas de su tribu, llevándose ricos donativos y un lujoso traje color de miel que estaba tejido con hilos de oro que brillaban como las estrellas del cielo, e hizo una corona de flores hermosas que María llevó en la cabeza, a las que se añadieron cinco piedras preciosas, las más esplendorosas de todas las piedras; y cuando todo quedó dispuesto, ella con su marido, su hija y sus buenos amigos, se dirigieron hacia Jerusalén y estuvieron tres días en camino. Hay treinta y cinco leguas de Nazaret a Jerusalén; hicieron el camino jubilosamente, pues iban acompañados por los ángeles.

Cuando llegaron a Jerusalén, Joaquín mandó decir a los sacerdotes del Templo que se preparasen a recibir a su hija, y éstos se alegraron; se prepraron, cogiendo sus más lujosos trajes, y se vistieron con ellos.

De cómo María fue recibida en el templo

Cuando Joaquín y Ana, con María, su hija, y sus amigos quedaron revestidos de sus mejores galas, y pusieron a María su traje y su corona, fueron juntos al templo, pues el templo estaba situado en la montaña y tenían que subir quince grados.

Cuando empezaron a subir, pensaban coger a la niña en brazos hasta arriba, o llevarla de la mano. Pero María subió las escaleras sola, tan velozmente que parecía tener doce años, lo que provocó gran admiración en los sacerdotes, en los padres y los amigos, en todos los que lo vieron y lo oyeron contar, pues sólo tenía tres años. Al acercarse al templo con la ofrenda preparada, y entrar, dirigiéndose hacia el sacerdote, le presentaron a su hija María con ricos donativos, como lo habían prometido. Entonces, el sacerdote la recibió con gran reverencia cantando loas, y la llevaron acompañada por otras vírgenes que vivían en el templo, sirviendo noche y día.

De cómo María fue presentada en el templo tres veces

Sin embargo, según lo que dicen los santos obispos Epiphanus, Carisius y Basilides, María fue presentada en el templo tres veces; pero Vicentibus, en el espejo de las historias, y muchos otros, escriben que al cumplir tres años, fue ofrecida en el templo donde permaneció bastante tiempo, pues primero fue presentada en el templo por su madre ochenta días después de su natividad con don de purificación según el mandamiento de la ley, pues si una mujer tenía un hijo permanecía ochenta días fuera del templo, y si era un hijo, cuarenta días ya que según lo que escriben los maestros de la naturaleza, un hijo recibe la vida en el vientre de su madre la mitad del tiempo más pronto que una hija. Después de que Ana presentara a María en el templo con la ofrenda habitual, la llevó de vuelta a casa enseguida. La segunda presentación se hizo en el templo cuando María tenía tres años, como dijimos antes. Poco tiempo después fue llevada de vuelta a casa de sus padres donde se quedó hasta los siete años y la tercera vez fue presentada de nuevo en el templo donde permaneció hasta la edad de catorce años.

De cómo la presentación de María en el templo había sido prefigurada

La presentación de María en el templo fue anunciada por la tabla que se encontró en el Sorbion, según la Scholastica Historia. Un día, unos pescadores tendieron sus redes en el mar y cuando las recogieron encontraron en ellas una tabla de oro que presentaron al Sol de la Naturaleza, pues consideraban el Sol como su dios y lo adoraban en el templo del Sol, que estaba edificado en la orilla del mar. En aquella tabla se anunciaba claramente la llegada de María; por la hija de Jefte que se describe en la Biblia en el libro de Judicum, que fue ofrecida sin discreción pues no podía luego servir a Dios; pero María fue ofrecida con discreción, sirviendo a Dios todos los días de su vida.

De cómo María fue presentada en el templo donde permaneció hasta la edad de catorce años

Entonces María fue presentada en el templo donde permaneció hasta la edad de catorce años y la colocaron con las demás doncellas que también eran agradables a Dios. En su corazón quería tomar a Dios por padre y madre y poder decir con David: "Padre y madre me han abandonado, pero el Señor me ha recibido". Se dejó enseñar la ley mosaica por los sacerdotes y en su corazón se preguntaba lo que tenía que hacer para ser más agradable a Dios, y en aquel año rezó sin cesar a Dios para que le diera la gracia necesaria para cumplir su voluntad, y pudiese guardar los mandamientos de la ley, y que su voluntad fuese unida a la suya, y pudiese amar a todo lo que Dios amaba y odiar lo que odiaba, tener en ella todas las virtudes por las cuales podía agradar a Dios; perseguía y crecía cada día en virtud y sabiduría, sobrepasando a todas las jóvenes vírgenes que estaban allí; ella contemplaba siempre la infinita bondad divina de la redención del ser humano. Rezaba a menudo a Dios, y, ora leía las Santas Escrituras, ora zurcía los hábitos usados y los limpiaba como lo ordenaban los sacerdotes del templo. Cuando tenían la edad de casarse, o sea, más o menos a los catorce años, las mandaban a sus padres para que las casaran. María solía ejercitarse también en la lectura de la Santa Escritura y en la llegada de Nuestro Señor, y encontraron que era la más sabia de todas las que estaban en el templo, con más sabiduría y humildad, más caridad, más ferviente castidad y más perfecta en todas las virtudes. También era constante en todas las bondades e inmutable en el valor. Jamás se la vio encolerizada, sus palabras estaban llenas de dulzura, de modo que, por lo que decía, se podía saber que pertenecía a Dios. Era considerada con sus compañeras, evitando que ofendieran a Dios o a sus prójimos, o que diesen mal ejemplo, o provocasen a alguno para que dijera o hiciera daño. Sin cesar daba loas a Dios y rezaba para la salvación del género humano, y cuando la saludaban respondía Deo gratias. Es probable que de ella provenga esta costumbre, pues cuando se saluda a la gente de bien contestan Deo gratias. María hizo voto de su castidad a Dios, de lo cual no había antecedente, pues ninguna chica, desde el principio del mundo, había hecho algo semejante. Así que fue la primera en hacer voto de castidad a Dios. Se comportaba en todos los asuntos con tanta sabiduría que su virtud era para toda la gente un espejo de buenas costumbres y virtudes; tal como lo describe San Ambrosio, crecía cada día en santidad y cada día la visitaban los ángeles. Tuvo unas visiones divinas. San Jerónimo escribió en una epístola a los santos obispos Cramario y Heliodato que María había regulado su vida hasta tal punto que desde la mañana hasta prima estaba en oración, y luego se dedicaba a alguna manualidad hasta la hora de la tercia y de la sexta, entonces el ángel le traía su refacción, luego volvía a la oración, de modo que nunca quedaba ociosa, sea que rezara a Dios, meditara o hiciera alguna buena obra. Permaneció en el templo hasta los catorce años, viviendo de esta manera.

Después de presentar a su hija María en el templo, Joaquín y Ana regresaron a Nazaret

Después de presentar a su hija María a Dios en el templo, Joaquín y Ana regresaron a su casa. En el mismo año, Joaquín se puso enfermo y rogó a Dios que le recibiese como a sus antepasados. Estando enfermo en el lecho, sintió aproximarse la muerte y llamó a Ana, su mujer, para decirle: "Ana, mi mujer, ha llegado la hora para que descanse con nuestros padres. Te ruego que me lleves a la tumba de mi padre Barfanter, y que sigas guardando el resto de tu vida los mandamientos del Señor. Recuerda con frecuencia y gratitud hacia Dios las bondades que nos ha prodigado en este mundo, pues me marcharé a los limbos y anunciaré a nuestros padres la misericordia de nuestro Dios, para que encuentren consuelo y esperen su liberación; y cuando anuncies mi muerte a nuestra hija María, dile que guarde mi recuerdo grabado en su corazón como el Sol en el firmamento. Apenas dijo esto rindió su alma a Dios. Entonces Ana se prosternó en el suelo, llorando por el amor y el afecto que le tenía. Ordenó que se untara con preciosos ungüentos y lo enterró al lado de su padre, conforme a su deseo, y permaneció sobre su sepultura, laméntandose y deplorando su muerte; luego regresó a su casa donde siguió llorando durante cuarenta días.

De cómo Ana, después de la muerte de su esposo, tomó otro marido, llamado Cleofas, tal como le ordenó el ángel

Un año después de la muerte de su esposo Joaquín, Ana cogió sus trajes de fiesta y quiso deshacerlos y regalarlos a los pobres, diciendo: "A partir de ahora no llevaré mas trajes de fiesta, y me vestiré de luto como una viuda, y lloraré la muerte de mi marido toda mi vida". No bien hubo cogido el cuchillo para cortar sus vestidos, cuando apareció el ángel que le dijo: "Ana, no deshagas tus vestidos, pues recuerda que Dios hizo que fueras fecunda cuando eras estéril, y te mandó un fruto con mucha salud, que nadie fue ni será nunca igual, del cual nacerá el Hijo de Dios eterno, para la salvación de todo el mundo. Tienes, por lo tanto, que obedecer a Dios y tomar por marido al que yo te indicaré, quien es justo ante Dios y se llama Cleofas; tendrás una hija de quien nacerán grandes hombres que tendrán la fe cristiana y combatirán hasta que se derrame su sangre por ella, y luego recibirán la corona de mártir, y serán los primeros del mundo en sentarse para juzgar a las doce tribus de Israel. Creeme, Ana, y sigue mi consejo, pues Dios me ha enviado para esto; quítate la ropa de luto, y vístete solemnemente, de este modo cumplirás la voluntad de Dios". Cuando Ana oyó lo que dijo el ángel, se arrodilló, agradeciendo a Dios, y se casó con Cleofas, de quien concibió y dio a luz una hija, tal como lo había anunciado el ángel, que fue llamada María, por veneración hacia la primera, que tuvo con Joaquín: antes de parir, Cleofas, su segundo marido, murió dejando a su mujer embarazada. Al ver esto, Ana se llenó de tristeza. diciendo: "¡Oh, qué desolada estoy! ¿Cuándo podré disfrutar del fruto que llevo? Me sucede una gran desgracia, pues la hija que nacerá de mí no conocerá ni verá jamás a su padre". Y con esta desgracia estuvo Ana esperando el día de su parto, y cuando llegó la hora dio a luz una hija que llamó María. Cuando esta hija tuvo la edad de casarse, y por el consejo de su madre, tomó por esposo un hombre de bien que temía a Dios, llamado Alfeus y de ellos nacieron Santiago el menor, San Alfeus o Judas, su otro nombre, y José el Justo, que fueron apóstoles de Jesucristo. Ana lloraba desde la muerte de su marido Cleofas, y un año después, se dijo a sí misma: "Ahora he cumplido la voluntad de Dios, y de ahora en adelanta no quiero estar en compañía de un hombre", y apenas pronunció estas palabras, llegó el ángel que le dijo: "Ana, ya sabes que cualquier testimonio lleva un número temerario, por lo que es preciso que tomes un tercer marido que Dios ha considerado justo, llamado Salomé y de quien concebirás y darás a luz a una hija que llamarás María, como las demás. De ella nacerán dos príncipes que reinarán sobre las doce tribus de Israel, y Dios hará unas cosas maravillosas por medio de ellos delante de todo el mundo. Es por eso, Ana, que has de regocijarte de tus hijos, pues Dios quiere hacer unas cosas maravillosas por intermedio de ellos sobre la Tierra, y el que descienda de ti recibirá la bendición eterna; por lo que has de consentir a mis palabras, pues después de la muerte de tres maridos quedarás viuda como te ha sido ordenado".

De cómo Ana tomó por tercer marido a un hombre llamado Salomé, según el mandamiento del Ángel

Cuando Ana oyó el mandamiento del ángel, bendijo a Dios, que en todas sus obras es maravilloso, tomó por tercer marido a un hombre llamado Salomé, y vivieron juntos justamente en el temor de Dios, guardando sus mandamientos. Habiendo estado un año juntos, Ana concibió y dio a luz una hija que llamó María, quien, en edad de casarse, fue dada en matrimonio a un personaje muy poderoso llamado Zebadeo, de quien concibió y dio a luz dos hijos, apóstoles de Dios, Santiago el Mayor y San Juan Evangelista. Después de cierto tiempo, murió Salomé y Ana le lloró como lo había hecho con sus otros maridos; después de la muerte de éste, dejó sus alegres y hermosos trajes, proponiéndose vivir el resto de su vida en austera penitencia, lo cual hizo.

De cómo María fue dada en matrimonio a José

Habiendo llegado María a la edad de trece años, y sirviendo en el templo donde fue ofrecida, el Sumo Sacerdote ordenó que todas las muchachas de esta edad se retirasen, lo cual hicieron, excepto María, hija de Ana, y el Sumo Sacerdote preguntó a María por qué no obedecía a su orden. Respondió que había hecho voto de virginidad, y que por esto no podía tomar marido. El Sumo Sacerdote, al oír esto, quedó sorprendido, pues sabía que la Escritura ordena cumplir los votos y promesas hechas a Dios; pero no quería consentirlo pues era una cosa nueva, por eso tenía dudas acerca de lo que tenía que hacer. Pidió que viniese Ana, la madre de María para pedirle consejo, pues sabía que era una mujer que vivía en conformidad con Dios, y cuando acudió a su llamada, ella le contó varios hechos milagrosos que le habían ocurrido en el viaje al templo, cuando presentó a su hija en el templo, por lo que el sacerdote quedó aún más perplejo acerca de lo que tenía que hacer; por fin resolvió llamar a los sacerdotes del templo, y se fue con ellos al templo, prosternándose en el suelo y rezando a Dios que quisiera inspirarles lo que tenían que hacer. Oyó entonces una voz que provenía del gran altar nombrado Sancta Sanctorum, y que decía: "Saldrá una flor sobre la cual descansará el Espíritu Santo, así como lo profetizó Isaías". Cuando el sacerdote lo oyó, ordenó que todos los hombres en edad de casarse de la tribu de David se reunieran y que cada uno trajera una vara al templo, y la vara que produciría la flor sobre la cual descansaría el Espíritu Santo sería la del hombre que tendría a María por esposa. Lo cual hicieron todos, menos José. Y como no floreció ninguna vara, llamaron a José y le dijeron que trajese su vara, y poniéndola con las demás sobre el altar, en seguida dio una flor, y sobre ella descendió el Espíritu Santo en forma de paloma blanca. Cuando Ana supo que José tendría a su hija María en matrimonio se alegró mucho pues sabía que temía a Dios y que iba a honrarla; él solía comer y beber con ella y después de la muerte de su marido, iba a consolarla como si fuera un hijo; además, tenía una hija aún viva, y por eso, esta amistad entre Ana y José fue más estrecha que nunca.

De cómo María fue dada en matrimonio a José por el sumo sacerdote

Siendo así, José se dio cuenta de que la divina Providencia quería que se casase con María, y sabiendo que había hecho a Dios voto de castidad, se alegró, dando loas a Dios que le había juntado con aquella persona, que había sido ofrecida por sus padres y presentada a Dios El Creador y le había ofrecido su virginidad para vivir en castidad y que le había propuesto permanecer y vivir en castidad.

Cuando María vio que el Sumo Sacerdote y los amigos de José hablaban de casarles, pensó en el voto que había hecho y bajó los ojos. Cuando Ana la vió, la llamó a su lado ya que estaba en compañía de muchas muchachas y fueron juntas a Nazaret donde vivía. José se retiró a su casa para preparar lo que era necesario para las bodas. Algunos días más tarde, el Sumo Sacerdote los casó. Cuando María fue dada a José en matrimonio, se fueron con su madre, Ana, a Nazaret, y permanecieron allí durante cierto tiempo, en el transcurso del cual tenían que prepararse para celebrar las bodas. José se retiró apresuradamente y se preparó para recibir a María, su esposa, en su casa.

De cómo el ángel Gabiel anunció a María que concebiría al hijo de Dios

Mientras José se preparaba apresuradamente para recibir a María, su esposa, en su casa, vino el ángel Gabriel, como lo atestiguó San Lucas, enviado de Dios, a Nazaret, a la virgen casada con un llamado *José,* de la casa de David, y el nombre de la virgen era *María.* Parece cierto, según San Bernardo, que la virgen María estaba en su habitación encerrada y practicaba la lectura de las Santas Escrituras; entró el ángel Gabriel y le dijo: *Te saludo, María, llena eres de gracia, el Señor está contigo; serás bendecida entre todas las mujeres.*

Cuando oyó estas palabras quedó muy perturbada, preguntándose la razón de esta salutación. El ángel le dijo: "No temas, María, que has recibido la gracia de Dios, concebirás y darás a luz a un hijo que llamarás Jesús y será muy alto y se llamará el Hijo del Altísimo, su padre: reinará en la casa de Jacob eternamente, y su reino no tendrá fin". María dijo al ángel: "¿Cómo se cumplirá, pues yo no tengo conocimiento del hombre?" El ángel dijo: "El Espíritu Santo llegará a ti y la virtud del Soberano te cobijará, y el niño que nacerá de ti se llamará el Hijo de Dios. Isabel, tu prima, ha concebido un hijo en la vejez, y está en el sexto mes del embarazo, pues para Dios nada es imposible". Entonces María dijo al ángel: "He aquí la servidora del Señor, hágase su voluntad". Así, con el consentimiento de María, este mensaje fue ejecutado por el Espíritu Santo y concibió al Hijo de Dios.

De cómo María visitó a su prima Isabel

Poco tiempo después de que María fue saludada por el ángel Gabriel, y fue sometida a la voluntad del Señor, se marchó, según lo que escribió San Lucas apresudaramente, por las montañas para ver a su prima. Isabel, al oír el saludo de María, sintió que el niño que estaba en su seno se estremeció de felicidad; Isabel sintió en ella el Espíritu Santo y dijo en voz alta: "Bendita eres entre las mujeres y bendito el fruto de tu vientre. ¿A qué debo la felicidad de que la madre del Salvador venga a visitarme? Al verte, el niño que está en mi seno se estremeció de alegría; estás muy feliz, pues las cosas que se han anunciado, se cumplieron". Entonces, María compuso este hermoso cántico, Magnificat. María permaneció allí cerca de tres meses y luego volvió a su casa.

José, viendo a María embarazada, quiso en secreto abandonarla; y de cómo le disuadió el Ángel

Cuando María fue dada a José en matrimonio, y regresó de la casa de Isabel, según San Mateo, José, al darse cuenta de que estaba preñada, no quiso difamarla, pero tomó la decisión de dejarla; dado que tenía este deseo, el ángel le apareció en sueños, diciéndole: "José, hijo de David, no temas recibir a María, tu esposa, pues lo que está en ella es del Espíritu Santo. Dará a luz un hijo que se llamará Jesús, él será el salvador del pueblo". Al oír estas palabras del ángel, José encontró consuelo y recibió a su esposa María en su casa, y la cuidó mucho.

Por qué nuestro señor quiso que María, su futura madre, fuera esposa de José

Hemos de saber, por varias razones, que Nuestro Señor quiso que su madre tuviera marido. Primero, según San Ambrosio, para evitar toda sospecha viéndola embarazada si no tuviese marido. Dios quiso que este misterio quedase encubierto por el sacramento del matrimonio para impedir la calumnia, pues se creía que María estaba embarazada de su marido José; de otro modo, sin este matrimonio, los malos espíritus hubiesen juzgado a María adúltera, y así todo esto quedó resuelto por el matrimonio que también sirvió para que José ayudara a María y al niño Jesús, como, por ejemplo, en la huida a Egipto y en su regreso después de la persecución de Herodes, según San Jerónimo y San Ambrosio para que este misterio no fuese revelado a los malos espíritus y que no supiesen realmente que era el Hijo de Dios.

Ana se alegra, sabiendo que María, su hija, había concebido al hijo de Dios

Cuando Ana oyó hablar de María, su hija, y también de la salutación que le hizo el ángel, y de cómo había concebido al Hijo de Dios, se alegró, bendiciendo al Señor de todos sus dones y gracias, diciendo: "¡Oh, Dios!, si tuviera tantas lenguas como partes de mi cuerpo, las utilizaría todas para alabar su bondad infinita, por todas las grandes maravillas que realiza en mi hija para la salvación del mundo. ¡Oh!, vosotros, el cielo y la Tierra, y todas las criaturas que se encuentran en ellos y los que están constituidos en los limbos y en las tinieblas, alegraos conmigo, dando loas y bendiciones a Dios por su inmensa misericordia hacia nosotros".

De cómo Ana buscó a su hija María la noche en que nació Jesucristo

Mientras Ana estaba esperando con gran anhelo la hora del parto de María, preparaba cuidadosamente lo que hacía falta. Preparó una cama de madera de cedro que le había dado el Caballero de Jerusalén en agradecimiento de haberle curado la vista a su nacimiento, como ya lo hemos relatado. Pues por fin se acercaba la hora del alumbramiento y Ana se fue a Jerusalén a buscar todo lo que una mujer precisa para alumbrar. Cuando Ana fue a Jerusalén, llegó el edicto del emperador Augusto de que toda la gente de su inmenso imperio tenía que ser registrada, según San Lucas. Así, cada cual se retiró a la ciudad de donde era nativo para inscribirse. Por esto, José se marchó a Belén, pero al no estar Ana en casa, no se atrevió a dejar a María, su esposa, sola, pues ya estaba su embarazo a término; la montó encima del burro, pues ya no podía andar, y se llevó también un buey para venderlo y tener lo que les hiciera falta durante el viaje, pues no sabían cuándo podrían volver; así, José fue con María a Belén. Y cuando Ana volvió de Jerusalén a su casa no encontró a María, por lo que se afligió. Sus vecinos le dijeron que se había marchado con José a Belén, para obedecer a las órdenes del César. Ana temía que el día del alumbramiento de su hijo fuera a ocurrir en camino, o antes de su regreso a Nazaret; por eso se puso en camino y se fue a Belén. Pero sucedió que en camino se encontró perdida y alejada del recto camino y cuando se dio cuenta se sentó en el suelo para descansar y empezó a llorar amargamente, teniendo que hubiera sucedido algún inconveniente. Estuvo muy triste e inquieta hasta medianoche cuando oyó un canto melodioso que resonaba en el aire, y sintió además una alegría inmensa: Gloria in excelsis Deo, Gloria a Dios el Altísimo, y en la Tierra, paz a los hombres de buena voluntad. Entonces los ángeles vinieron a consolarla, asegurándole que María, su hija, ya era madre del Hijo de Dios Todopoderoso. Al oír estas palabras, Ana se sintió maravillosamente consolada y se regocijó, bendiciendo a Dios con todo su corazón.

De cómo Ana se fue a Belén para buscar a su hija María, con Jesús

Cuando Ana oyó el canto melodioso de los ángeles, y aquellas palabras de paz anunciadas a los hombres, cogió el recto camino que había perdido y se marchó a Belén. Al llegar allí, preguntó de casa en casa por María y José, pero nadie supo informarla; con todo, alguien le dijo que les había visto y que buscaban alojamiento, y que no podían encontrar un techo, y no se sabía lo que les había sucedido. Ana sintió mucha tristeza al oír estas cosas, y volvió a Nazaret creyendo que ellos también habrían regresado después de que ella se marchara de allí; llegada allí, no les encontró y ya no sabía qué hacer; por la preocupación se fue hacia Jerusalén a buscarles, creyendo que podían haber sido devorados, o que les había sucedido algo extraordinario. Y cuando Ana llegó a Jerusalén, buscó en toda la ciudad a María y a José, y no oyó ninguna noticia de ellos, y empezó a sentirse mal y a lamentarse, no sabiendo que hacer ni que decir.

De cómo Ana se encontró con los tres reyes y les preguntó si no había visto ni encontrado a su hija María y a José

Pues Ana estaba desconsolada, había buscado a su hija durante tanto tiempo sin encontrarla, y no podía dejar de buscarlos hasta encontrarlos; por eso se fue de nuevo a Belén buscándolos de punta a punta de la ciudad donde ya les había buscado y encontró a los tres reyes, a quienes preguntó, llorando, si en el camino no habían encontrado a un hombre y a una mujer, describiéndoles y uno de ellos consideró que Ana parecía una mujer virtuosa y piadosa, y por compasión bajó de su montura, preguntándole la causa de su aflicción.

Entonces, Ana, al ver que un personaje importante la interrogaba por compasión, le contó la historia de María, por lo cual supo en seguida que María era la madre del Rey recién nacido que él y los otros dos, sus compañeros, habían visitado y ofrecido sus ofrendas, y se regocijaron de verla y de hablar con ella, y le contaron cómo habían venido de un país lejano para adorar al Rey recién nacido, y honrarle con sus ofrendas; además, le dijeron cómo los tres se juntaron por orden de Dios. Ana, al oír contar todas estas cosas convirtió su tristeza en alegría, maravillándose de oír que había nacido este gran Rey. Y le contaron cómo los tres tenían conocimientos de astronomía y vieron una nueva estrella, en la que vieron un niño recién nacido que llevaba una cruz en los hombros; y que se les ordenó que fueran al país de Judea, que allí encontrarían el niño. Cuando llegamos, seguimos nuestra guía, la estrella, que nos llevó a Jerusalén. Nos preguntamos dónde estaba el que había nacido Rey de los Judíos, tal como lo recita San Mateo; y, además, el dicho Rey les llevó al camino y les mostró el establo donde nació el Niño. Entonces se abrazaron con gran reverencia y se separaron el uno del otro. Y Ana, con gran admiración, se olvidó de preguntar su nombre al Rey.

Ana encontró a su hija con Jesús y José

Cuando Ana llegó a Belén, fue al establo donde nació Jesús, y le vio acostado en el pesebre. En cuanto María vio a su madre, se dirigió hacia ella y la acogió con gran alegría, dándole la bienvenida. Lo mismo hizo José, y de tanta alegría se pusieron a llorar. José y María llevaron a Ana al pesebre donde se hablaba el dulce Jesús entre el asno y el buey. En cuanto le vio se prosternó a sus pies y le adoró diciendo: *¡oh, Dios mío! ¡oh, Señor mío! ¡oh, Hijo de Dios Todopoderoso! ¡oh, Dios mío! ¡Mi Creador! ¡oh, Rey entre los Reyes! ¡oh, Señor de los Señores! ¿Cómo? ¿Es este establo tu palacio? ¿Es este pesebre la preciosa cuna que te habría preparado?* Luego alzó los ojos a, cielo y llorando enternecida, dijo a María: *¡oh, muy querida hija, el consuelo de mi alma! ¿Es ése el lujoso lecho que te había preparado?* Y miró a su alrededor, y vio el establo abierto y en ruinas por todos lados, y dijo, con lágrimas en los ojos: *¡oh, niño mío! Se me parte el corazón de tristeza viendo este precioso tesoro del mundo expuesto en este lugar a las injurias del tiempo y a esta tan ruda estación.*

Entonces, María, su hija, y José la consolaron dulcemente, diciéndole que era la voluntad de Dios; le dijeron también otros motivos consoladores, de modo que se consoló. Luego, cogió a Jesús en sus brazos y lo besó con gran devoción y Jesús la abrazó con sus pequeños brazos y le mostró signos de amor. Se quedó con ellos, asistiéndoles en lo que podía, y esperando el día de la Purificación, según la ley de Moisés, para que pudiesen retirarse con ella en su casa de Nazaret, pues pensaba colocar entonces a Jesús en su rica cuna que le había hecho y a María en la hermosa cama que le había preparado.

De cómo María, Ana y José fueron con Jesús al templo de Jerusalén

Cuando llegó el día de la Purificación de María, cuarenta días después de la natividad de Jesús, María, Ana y José fueron todos juntos con Jesús a Jerusalén, y cuando llegaron se dirigieron al templo para hacer sus oraciones y ofrendas de conformidad con la ley; luego regresaron a Nazaret, y se alegraron mucho de que Jesús tuviera una buena casa y se fue Ana, dejando atrás a los demás con María para que viniesen con comodidad.

De cómo el Ángel apareció a José y le exhortó a que llevara al niño y a su madre a Egipto

Cuando Ana regresó a su casa de Nazaret, María, José y los demás estaban aún en camino, y el ángel se presentó a José en sueños, diciéndole que se levantara, cogiera al niño con su madre y se fueran a Egipto, y que sólo se marchara de allá cuando se lo dijera, pues estaba seguro de que Herodes buscaba al niño para matarle; José se levantó apresuradamente y avisó a María, que se entristeció, tanto más porque no podía avisar a su madre, Ana, de su marcha. José puso a María en su burro con el niño Jesús y José los llevó con temor en este penoso viaje.

Milagro

Se encontró un escrito que decía que cuando Jesús llegó a Egipto, todos los ídolos que se encontraban allí cayeron y se demolieron.

De la tristeza de Ana porque su hija se había quedado atrás

Cuando Ana llegó a su casa de Nazaret, la preparó lo más cómodamente posible para recibir al Niño Jesús con su madre, y con tanto anhelo deseaba su llegada que iba a cada momento a mirar si les veía llegar. Y no viéndoles llegar se dirigió hacia el camino de Jerusalén, con el temor de que les hubiera sucedido algo en el camino ya que tanto tardaban. Después de andar mucho preguntó de casa en casa si no les habían visto, describiéndoles. Cuando vio que no conseguía noticias de ellos se fue a Jerusalén muy desolada, preguntando por todos lados si nadie les había visto; hizo lo mismo en Betania, en Belén, en Jericó, en África, en Siria, en Samaria, en Naím, y en todos los lugares donde se podía ir, pero desgraciadamente no pudo descubrir dónde estaban.

Habiéndoles buscado durante un año, y sin poder encontrarles, tomó el camino de su casa, diciéndose: "¡Qué desgracia! ¡Qué desolada estoy!, y ¡qué precioso tesoro he perdido! ¡Qué plazca al Señor quitarme la vida pues lo he merecido dado que he dejado a mi madre Emerenciana durante dos años buscarme en todos los países con gran dolor de su corazón; me doy cuenta ahora de cuánto sufrió por amor a mí". Con esta tristeza regresó a Belén para que una vez antes de su muerte pudiera ver el lugar y el pesebre donde había dormido Jesús.

De cuanta compasión sintió Ana al llegar a Belén viendo la masacre de los pequeños inocentes

Cuando Ana, llena de inquietud llegó a Belén, oyó los gritos agudos de los inocentes y las lamentaciones de las madres que lloraban tanto que no sólo las personas estaban tristes sino también los animales, pues era tan fuerte el tumulto que toda la Naturaleza estaba consternada: los bueyes, las ovejas y demás ganado erraban por los campos, indicando por su situación la tristeza en que se encontraban. Cuando Ana estuvo más cerca de la ciudad de Belén, oyó cada vez más los clamores, y al entrar en la ciudad vio a los pequeños inocentes que yacían en las calles. Vio también a los niños que los inhumanos verdugos habían degollado en los brazos de sus madres.

Varios padres y madres seguían a sus hijos, llorando y tirándose de los pelos; otros ofrecían sus bienes para salvar la vida de sus hijos: pero nada era capaz de impedir aquella crueldad y su resistencia les hacía a veces perder la vida con la de sus hijos, y en general todo el mundo estaba en constelación en aquellas ciudades afligidas; incluso los había que se marchaban de su casa para evitar el espectáculo de tanta crueldad. "¡Oh, Dios Todopoderoso! Ahora sé que desde que estoy viva nunca había visto semejante tiranía. ¡Señor Todo Misericordioso, consuela a estas pobres madres desoladas cuyos niños han sido masacrados! Os ruego, ¡oh, Dios muy alabado!, de vengaros de los que son los autores de esta horrible matanza; pues el mundo universal no podría reparar semejante ofensa; sólo vos, Dios mío, podéis repararа".

Ana mandó que se recogiera a los niños muertos que estaban en las calles, ahogados en su sangre, y luego los hizo enterrar

Cuando Ana vio que Herodes había matado a los niños, y que el pueblo se había ido de Belén, sintió tanta compasión a la vista de estos pobres inocentes que se encontraban así tirados por doquier en las calles que los puso en un lugar para enterrarlos con gran respeto. Habiendo pasado cuatro días, el pueblo que había huido volvió, cada uno a su casa. Viendo la gran caridad que Ana había mostrado hacia sus niños muertos, dijeron el uno al otro: "Ana nos ha hecho mucho bien en el pasado, curando a nuestros ciegos, cojos, paralíticos y demás enfermos, y a nosotros, dando la sepultura a nuestros niños, y le somos ingratos, pues incluso, cuando vimos a su hija embarazada, nadie le dio de comer; y tuvo así que alojarse en este establo donde dio a luz, y nadie le dio asistencia, por eso nos podemos preguntar si por esta ingratitud, Dios nos ha mandado este castigo", y dijeron además: "Ana, dama piadosa de las hijas de Jerusalén, nadie se puede comparar contigo, te agradecemos por tus bondades; te confesamos que no somos capaces de agradecerte como se debe". Ana fue a consolar a los padres y las madres afligidas.

Ana fue a descansar donde nació Jesucristo

Seis días después, Ana se fue al lugar que sirvió de asilo a María para dar a luz al Hijo de Dios; estaba entonces muy cansada y casi no había comido. Se arrodilló allí mismo donde Jesucristo había descansado e hizo su oración delante del pesebre. Luego cogió un poco de paja del pesebre donde nació Jesucristo y se echó encima para descansar, y estando dormida fue raptada en su espíritu y vio todas las penas que sufría para la salvación de su pueblo, y que se hizo hombre para servir esta causa y que era conveniente para la salvación de su pueblo; luego vio los dolores que María, su hija, y sus dos hermanas y sus hijos sufrirían y combatirían por Jesucristo hasta la muerte. Luego Ana se despertó y dijo: "¡oh, Dulce niño Jesús! Eres este cordero inocente que va a ser inmolado sobre el calvario para la salvación del mundo. ¡Oh, pena saludable! ¡Oh, dolor bienaventurado! Que todos los que descienden de mí puedan sufrir así por su nombre, si se prevé que es conveniente, y que mi propio cuerpo siga sin sufrimientos; para esto le ruego, ¡oh, Dios mío!, que quiera mostrarme un lugar en donde, por el amor de usted, pueda castigar mi cuerpo; quiero reconciliar el árbol para que su fruto, al crecer, no vaya a pudrirse, pues sé que el fruto más precioso es el que perdura".

Ana se marchó a Belén para retirarse al desierto

Cuando Ana decidió irse al desierto por el amor de Dios para llevar una vida austera, tuvo que despedirse de los pobres enfermos que solía aliviar, y antes de marcharse los ungió y les distribuyó también el resto de sus bienes. Una vez hecho esto, se marchó a los desiertos. Cuando los pobres lo supieron, corrieron detrás suyo, llorando y diciendo: "Nuestra madre bienhechora nos ha dejado. ¿Quién nos cuidará? ¿Quién nos ayudará? ¿Quién nos dará de comer y de beber? ¡Sol, alúmbranos para que podamos encontrar a Ana que tanto bien nos hizo!" Se lamentaron y corrían por el desierto para buscarla; pero no pudieron encontrarla, por lo que muchos murieron de tristeza.

Jesús, María y sus hermanas visitaron a Ana en el desierto

Después de llevar durante muchos años su vida austera en el desierto, y teniendo entonces la edad de setenta y un años, Ana empezó a declinar; siempre había vivido con gran tristeza desde que se había visto separada de Jesús y María sin saber dónde se hallaban. Pero Jesús, hijo de María que todo lo sabía, conforme a su divinidad, sabía muy bien dónde estaba; había sido el testigo ocular de sus sufrimientos y de su austera penitencia, además sabía muy bien que estaba cerca de la muerte y que se iba a morir. Jesús le dijo a María su madre: "Todo el Antiguo Testamento nos ha proporcionado un más perfecto ejemplo de virtud que tu santa madre que, sin tardar, arderá de un amor divino, y pronto tiene que pasar de esta vida a la otra para gozar del reposo eterno. Para esto, madre mía, vamos juntos, tus hermanas y tus hijos, a verla y consolarla antes de su muerte". Cuando María oyó este discurso se alegró de poder ver otra vez a su madre y hablarle; reunió a sus hermanas y sus hijos y luego se nacieron, Jesús con ellos, al desierto, donde Juan bautista hizo penitencia cerca del río Jordano, donde los hijos de Israel pasaron con Josué a la Tierra Prometida, y como Isabel, madre de San Juan, era hermana de Ana, Jesús le dijo: "Ven también a ver a una santa dama que lleva en el desierto una vida angélica en un cuerpo mortal. Mi madre descansó nueve meses en su seno, su gran santidad atrae sobre ella las miradas del ciclo y de la Tierra; y para esto, es conveniente, en vista de que todavía estamos en la Tierra, que vayamos a visitarla". Habiendo oído esto, Juan Bautista se alegró y deseó ver al árbol que había llevado tan preciosos frutos.

Jesús vino a visitar a Santa Ana con su compañía y de cómo fueron recibidos

Cuando Jesús y su compañía llegaron al desierto donde se concentraba Ana, ella se alegró mucho. Se levantó fue a encontrarlos y les recibió con gran reverencia. Jesús y María estaban delante de los otros cuando Ana se acercó a Jesús, se prosternó a sus pies, los besó, llorando y luego, cantando el salmo In Te Domine speravi, etcétera. En ti, Señor, puse mi confianza eterna. Este salmo prosiguió hasta el final. Luego besó a su buena hija con ternura e hizo lo mismo con sus hermanas y los del cortejo. Luego Jesús y María se sentaron, y Ana estuvo rodeada de ellos y los de su cortejo hicieron lo mismo con sus hijos.

Los buenos consejos que nada dio a los que la visitaban

Cuando Ana se vio en medio de su familia, les habló con ternura, diciéndoles: "Os ruego, hijos míos, que oigáis lo que voy a deciros: Amaos los unos a los otros, de modo que ninguna aversión o pena os aleje del amor fraterno, tenéis que recordar que sois de la estirpe de los que veis andar ante vuestros ojos en la vía del Señor; sed misericordiosos, no condenéis a nadie, sed caritativos con los pobres, llevad una vida pura y apacible en la Tierra; no seais ambiosos de bienes perecederos de la Tierra, sólo desead los bienes eternos. Os ruego que en los tiempos de la pasión de Jesús no le abandonéis, pues sabréis, después de su pasión, que es verdaderamente el Redentor de los hombres". Habiéndoles hablado de este modo, sintió que la muerte estaba cerca, puso su cabeza en el pecho de Jesús y dijo: "Recordad a la que expira en Vuestro amor".

Jesús vino a visitar a Ana con su compañía y cómo fueron recibidos

Luego Jesús vio una gran claridad en el cielo donde estaban reunidos los ángeles. Entonces Jesús dijo a Ana: "Mi bien amada, los que te honrarán en la

Tierra me invocarán en tu nombre y serán oídos. Este martes es el día de tu nacimiento y es también el de tu muerte. Es por eso que te bendigo en este día, y lo consagraré en tu nombre y todos los que te invocarán en este día, accederé a sus deseos pues has vivido en santidad, y has alabado a mi padre. Además, gracias a la santidad de los que descienden de ti, estarás sentada sobre uno de los tronos de mi Padre celestial para que puedas ver a toda la tribu reunida así como a los que te servirán con devoción". Entonces dijo a San Juan el Evangelista que aún era muy joven: "Querido niño, llegará un día en que María, mi hija, estará en una gran aflicción y poca gente entonces confesará la divinidad de Jesucristo; por eso, os la recomiendo y os ruego que no la abandonéis en estos tiempos de dolor pues estará hundida en una extrema tristeza". Apenas pronunció estas palabras, sintió aproximarse su último momento.

La muerte de Santa Ana

Ana apoyó su cabeza sobre el pecho de Jesucristo y Jesús puso su cabeza contra la suya, hablándole amablemente. En el momento, Ana extendió sus brazos, y María se los sostuvo, rociándoles con sus lágrimas. Luego se percibió una claridad que descendía del cielo y la envolvía. Entonces recitó un versículo del salmo de David que decía: *Como el ciervo cansado desea las fuentes refrescantes, así mi alma suspira por usted. ¡oh, Dios mío!, la fuente de la vida. ¿Cuándo apareceré ante el rostro del padre celestial?* Siguió recitando el salmo hasta el fin. Y cuando lo acabó, entregó su alma a Dios.

El cuerpo de Santa Ana fue enterrado

Jesús y María, su madre, y el cortejo se quedaron con Ana durante veinte días, y cuando murió, llevaron su cuerpo a Nazaret, la untaron con ungüentos preciosos pues la madre del Hijo de Dios provenía de sus entrañas, la enterraron al lado de Joaquín, su marido; permanecieron hasta el domingo por la noche; una vez enterrada la lloraron durante cuarenta días.

Conclusión del autor para respaldar lo que está escrito sobre la vida de Santa Ana

Dado que nada es imposible para Dios, no se puede dudar en absoluto de las grandes maravillas que Dios ha realizado en los que han vivido en santidad en la Tierra; por eso vemos en la vida de los santos y santas que Dios les ha otorgado el don de hacer una infinidad de milagros, y de cosas extraordinarias por virtud de su Santo nombre.

Los que han reclamado y que reclaman con devoción a Santa Ana han sentido los efectos de su poderosa intercesión con Dios.

• • •

Al principio (Arcos) fue la luz (la dama de los días, Emerenciana) y la luz dio luz a la gracia y la gracia dio luz a la belleza sin mancha que fue llamada María. Así empieza esta leyenda que se podría llamar el evangelio de la Virgen.

Ana, como su hija María, se santifica en el dolor pues el genio del cristianismo es el sacrificio. El inocente sacrificado por el culpable. ¡Qué injusticia!, dirá Michelet. ¡Oh, Filósofo del amor! ¿Puede calificarse de injusto un sacrificio voluntario?

El cristianismo es la gracia, porque es el cristianismo.

Es el deber preferido al derecho, pues el hombre, en efecto, no tiene más derecho que el de cumplir con su deber.

Y el cristianismo dice que el deber es sacrificarse por los demás. Y por eso el cristianismo es sobrehumano.

Si bien las fábulas paganas tan admiradas por Michelet son la Biblia de la Humanidad, el Evangelio es y seguirá siendo el Testamento de la Divinidad.

Michelet, en su libro, intenta separar la gracia de la ley, y de oponer la una a la otra.

¿Cómo no comprende que, en vez de separarlas, hay que reunirlas, y que la gracia sin ley, así como la ley sin gracia, son dos soberanas injusticias?

Sin embargo, su libro tiene algo grande y verdadero que muestra la grande y única religión de la Humanidad, siempre revelada a la fe por el genio, y siempre la misma bajo los velos de todas las mitologías y de todos los símbolos.

Incluso el señor De Mirville, ese incorregible diabolista, rinde homenaje a esta maravillosa unidad del dogma universal que es la catolicidad de las naciones.

La alta filosofía de la naturaleza, escondida bajo los velos de la alegoría ha creado las mitologías que se continúan y se completan en nuestras leyendas.

EPÍLOGO

COMPUESTO COMO LAS LEYENDAS EVANGÉLICAS QUE RESUME EL ESPÍRITU DE ESTA OBRA

I. Los vivos y los muertos

En aquella época el Cristo atravesando el campo santo encontró allí un joven de rodillas que lloraba ante una cruz.

Al ver este joven, Jesús fue presa de conclusión por su dolor y acercándose le dijo:

—¿Por qué lloras?

El que lloraba se dio vuelta y constestó, extendiendo la mano:

Hace tres días que mi madre está allí.

Jesús le dijo:

—Corre, hijo mío, tu madre no está allí. Se ha despositado aquí la última vestimenta que se ha quitado. ¿Por qué lloras sobre este despojo insensible? Levántate y anda, tu madre te espera.

El joven sacudió tristemente la cabeza y dijo:

—No me levantaré y no iré a buscar la muerte: la esperaré aquí y vendrá y entonces yo sé que estaré reunido a mi madre.

A lo que respondió Cristo:

—La muerte espera la muerte y la vida busca la vida, no entristezcas con dolor egoísta y estéril el alma de la que te ha precedido; no detengas su marcha hacia Dios con tu dolor y tu inercia. Pues su amor vive todavía en tu corazón, y no la habrás perdido si la haces vivir dignamente en ti. En vez de llorar a tu madre, resucítala. ¡No me mires con asombro y no pienses que estoy jugando con tu dolor! La que echas de menos está cerca de ti; uno de los velos que separaba vuestras almas ha caído pero todavía queda uno. Separados solamente por este velo, debéis vivir el uno para el otro; tú trabajarás por ella y ella rezará por ti.

—¿Cómo trabajaré por ella? —contestó el huérfano—; ya no necesita cosa alguna, ahora que está bajo tierra.

—Te equivocas, hijo mío, confundes todavía el cuerpo con el vestido. Ella tiene más que nunca necesidad de inteligencia y de amor en el mundo de los espíritus. Pues tú eres la vida de su corazón y la preocupación de su espíritu, ella te llama en su ayuda.

"Para tener derecho al descanso, es menester trabajar. Porque si no trabajas para tu madre, atormentarás su alma. Por eso te decía: levántate y anda porque el alma de tu madre se levantará y andará contigo, y la resucitarás en ti si haces fructificar su pensamiento y su amor.

"Ella tiene un cuerpo sobre la Tierra, es el tuyo, tú tienes un alma en el cielo, es la de ella; que esta alma y este cuerpo anden juntos y tu madre revivirá.

"Créeme, hijo mío, el pensamiento y el amor jamás mueren, y los que consideras como muertos están más vivos que tú si piensan y aman más.

"Si el pensamiento de la muerte te entristece y te atemoriza, refúgiate en el seno de la vida, es allí donde encontrarás a todos los que amas.

"¡Deja que los muertos lloren sobre los muertos y vive con los vivos!

"El amor es el lazo de las almas, y cuando es puro, ese lazo es indestructible.

"Tu madre te precede, anda hacia Dios; pero todavía está unida a ti y si te adormeces en el entorpecimiento o el dolor egoísta, estará obligada a hacerte esperar y suspirar.

"Mas, en verdad te digo, que todo el bien que hagas será en beneficio de su alma, y que si obras mal, ella sufrirá voluntariamente la pena.

"Por eso te digo: si la amas, vive por ella".

Entonces, el joven se levantó y sus lágrimas cesaron de correr, contemplaba el rostro del Señor con asombro, pues su cara irradiaba la inteligencia y el amor y la inmortalidad brillaba en sus ojos.

Tomó entonces al joven de la mano, diciéndole:

—Ven.

Enseguida le condujo a una colina que dominaba toda la ciudad y le dijo:

—Este es el verdadero campo santo. Allá en esos palacios que entristecen el horizonte, hay muertos que es preciso llorar antes que a aquellos cuyos restos están aquí, pues que éstos descansan.

"Se agitan en la corrupción y contienden con los gusanos por los alimentos: son parecidos al hombre que ha sido enterrado vivo.

"El aire del cielo falta a su pecho, y la tierra los agobia con su peso. Están clavados en las estrechas y miserables instituciones que han hecho, como entre las tablas de un ataúd.

"Joven que llorabas, y cuyas lágrimas han sido enjugadas por mis palabras, llora ahora y quéjate por los muertos que sufren todavía; llora por los que se creen vivos y son cadáveres atormentados.

"Es a éstos que se debe gritar con voz potente: Salid de vuestras tumbas. ¡Oh! ¿Cuándo sonará la trompeta dei ángel?

"El ángel que debe despertar al mundo, es el ángel de la inteligencia; el ángel que debe salvar al mundo es el ángel de amor.

"La luz será como el rayo que brota al Oriente y que se ve al mismo tiempo al Occidente. ¡A su voz, el cuerpo de Cristo, que es el pan fraternal, será revelado a todos, y alrededor del cuerpo que debe alimentarlos, se juntarán las águilas!

"Entonces, el verbo humano, libre de intereses egoístas, se unirá al Verbo divino.

"Y la palabra unitaria resonando en el mundo entero será la trompeta del ángel.

"Entonces, los vivos se levantarán, los vivos que se creía muertos y que padecían esperando la redención.

"Entonces, todo lo que no está muerto se pondrá en marcha y saldrá al encuentro del Señor, mientras que las cenizas de los que ya no son serán barridas por el viento.

"¡Joven, permanece atento y ten cuidado de no morir!

"Vive para los que amas, ama a los que viven, y no llores a los que han ascendido un escalón más sobre la escala de la vida, llora a los que han muerto.

"Tu madre te amaba y te ama más aún ahora que su pensamiento y su amor están libres de trabas terrenales. Llora por los que no piensan en ti y que no te aman.

"Pues, te digo en verdad que la Humanidad tiene un solo cuerpo y una sola alma, y que vive en todas partes donde trabaja y sufre.

"Un miembro que ya no es sensible al bienestar o al dolor de los demás miembros ha muerto y debe ser excluido."

En cuanto acabó de hablar, el Cristo desapareció a la vista del joven, el cual, después de haber quedado algunos instantes inmóvil y como impresionado por el recuerdo de un sueño, se encaminó silenciosamente hacia la ciudad, diciendo: "Voy a buscar vivos entre los muertos. Haré el bien a todos los que sufren, sufriendo con ellos y amándolos, para que el alma de mi madre lo sepa y me bendiga en el cielo. Pues comprendo ahora que el cielo no está lejos de nosotros, y que el alma es al cuerpo lo que el ciclo material es a la Tierra. El ciclo que rodea y sostiene la Tierra se abreva de la inmensidad, así como nuestra alma se embriaga de Dios. ¡Y los que viven en el mismo pensamiento y el mismo amor no pueden jamás ser separados!"

II. El filósofo desanimado

En aquel tiempo, vivía un hombre que había estudiado todas las ciencias, meditado sobre todos los sistemas, y que había terminado por dudar de todas las cosas.

El ser mismo le parecía un sueño, porque no le encontraba una causa suficiente. Había investigado la naturaleza de Dios pero no la había adivinado, porque jamás había amado, y su inteligencia estaba oscurecida como el ojo de quien mira el Sol.

Por esta razón estaba triste y desalentado.

Jesús, que se ocupa de los muertos y gusta de sanar a los ciegos, tuvo lástima de esta pobre inteligencia enferma y de su corazón apagado, y una tarde entró en la pieza solitaria del filósofo.

Este era un hombre pálido y calvo, de ojos hundidos con la frente arrugada y los labios desdeñosos.

Velaba solo, cerca de una mesita cubierta de papeles y de libros, pero ya no leía ni escribía.

La duda encorvaba su cabeza como bajo una mano de plomo, sus ojos fijos no miraban y su boca sonreía vagamente con profunda amargura.

Su lámpara ardía cerca de él, y sus horas pasaban en silencio, sin esperanza y sin recuerdos.

Jesús se detuvo ante él, sin proferir palabras y oró con los ojos levantandos al cielo.

El sabio alzó lentamente la cabeza, después la sacudió y la dejó caer nuevamente, murmurando por lo bajo:

—¡Visionario!

—Padre nuestro que estás en el cielo, que tu nombre sea santificado —dijo Jesús.

—Te ha dejado morir sobre la cruz —replicó el pensador— y le has gritado inútilmente: "¡Dios mío, Dios mío, por qué me has abandonado!"

—Que llegue tu reino —continuó el Salvador.

—Hace mil ochocientos cuarenta años que lo estamos esperando —dijo el filósofo— y está más alejado que nunca.

—¿Cómo lo sabes? —le dijo entonces el Maestro, dejando caer sobre él una mirada suave y severa.

—Ni siquiera yo sé qué es ese reino de Dios que ha de venir —contestó el filósofo—. Si hay un Dios, reinará o no reinará jamás. Pues, como no veo el reino de Dios, no lo espero, ni aun trato de saber si hay un Dios.

—Su distinción es arbitraria, ya que varía según los tiempos y los lugares.

—Pon el dedo sobre la llama de tu lámpara —dijo el Salvador—. ¿Por qué retiras la mano con tanta rapidez? ¿No sabes que un pensador como tú ha dicho que el dolor no era un mal?

—No participo de su opinión, pero no sé si tengo más razón que él.

—¿Por qué no participas de su opinión?

—Porque siento el dolor y me repugna invenciblemente.

—¿La distinción del bien y del mal no es pues arbitraria relativamente a tus repugnancias y a tus gustos? —y añadió Jesús—: En efecto, el mal no sabría ser absoluto. El mal existe para ti y para todos los seres todavía imperfectos. Es pues para éstos que debe llegar el reino de Dios. Te he convencido de una repugnancia física y te convencería de una repugnancia moral con la misma facilidad. Por el dolor, el fuego te advierte que destruiría la vida de tu cuerpo, y la conciencia te avisa, por sus gritos y sus remordimientos, que el crimen perdería la vida de tu alma. El mal para ti es la destrucción; el bien, es la vida, y la vida es Dios. La Tierra sumida en las tinieblas espera ahora que salga el Sol y, sin embargo, el Sol queda radiante en el centro del Universo, y es la Tierra que gravita a su alrededor. Dios reina, pero no ha entrado todavía en su reino; pues el reino de mi Padre es el reino de la ciencia y del amor, de la sabiduría y de la paz. El reino de Dios es el reino de la Luz; deslumbra tus ojos que no la ven, porque buscan su iluminación en sí mismos y encuentran tan sólo oscuridad.

—Señor, ábreme los ojos —dijo el filósofo— y disipa mis tinieblas.

Jesús dijo:

—Si hubieras cerrado los ojos, debería abrírtelos; pero si los abro y te place cerrarlos otra vez, ¿cómo verás la luz?

"¿No sabes que la voluntad del hombre obra sobre los párpados de sus ojos, y que, si se le obliga a tener los ojos cerrados o abiertos, pierde la vista?

"Te puedo exhortar a encender en ti el fuego que alumbra, y es por eso que te hablo, y ya que tú deseas que tus ojos se abran, verás pronto. Que tu deseo se trueque en una voluntad enérgica, tú mismo abrirás los ojos y verás."

—¿Cuál es el fuego que alumbra? —preguntó el sabio.

—Lo sabrás —dijo Cristo— cuando hayas amado mucho. Pues si la razón es como una lámpara, es que el amor es su llama.

"Si la razón es como el ojo de nuestra alma, es que el amor es su fuerza y su vida.

"Una razón grande sin amor, es un hermoso ojo muerto, es una lámpara ricamente cincelada, pero fría y apagada.

"Cuando el egoísmo de las pasiones animales rebajó la filosofía humana, he salvado al mundo mediante la fe, porque la fe es la filosofía del amor.

"Se cree en los que se aman, y en los que nos sabemos amados: por eso he dado como base de la fe una caridad inmensa y yo y mis apóstoles hemos probado la sinceridad de nuestro amor mediante un sangriento martirio. Y mientras la Iglesia ha reinado por la caridad, ha triunfado por la fe; pero la fe espera la inteligencia, y se acerca el momento en que los que han creído sin ver, comprenderán y verán.

"Si quieres comprender, principia por amar para creer."

—¿Qué creeré, Señor?

—Todo lo que ignoras; pues la fe es la confianza de la ignorancia razonable. Cree todo lo que Dios sabe y tu fe abarcará la inmensidad. Confía a tu padre celeste todas las cosas cuyo conocimiento se ha reservado, y lo te preocupes desde luego de los destinos infinitos. Ama esta inmensa sabiduría de la cual eres el hijo, ama a los hombres que pasan ignorantes como tú sobre la Tierra, y limita ahora tu ciencia al cumplimiento de tus deberes: pronto la verás aumentar sola y subir hasta Dios, pues Dios sólo se deja ver de los corazones puros.

—¡Oh, ver a Dios! —exclamó el sabio entreabriendo sus labios temblorosos, como un hombre que tiene sed y que espera la lluvia del cielo—. ¡Oh!, reunir por fin en mi pensamiento todos los rayos dispersos de esta verdad que tanto ha amado y que siempre se me escapaba. ¿Pero quien me dará este amor inmenso que hace comulgar al hombre con Dios; lo acerca al centro de toda luz?

—Tú lo merecerás por tus obras —le dijo el Cristo—, pues si uno se pervierte con las obras de la corrupción, si se extravía con las obras de odio, se engrandece y se salva con obras de amor. Para acercarse a Dios, hay que andar, y las acciones santas son los movimientos de las almas.

—¿Cuáles son las acciones realmente santas? —preguntó el doctor—. ¿Es la oración o el ayuno?

—Oye —dijo el Cristo— y no juzgues temerariamente a tus hermanos que han pasado buscando y llorando. La Humanidad se ha confirmado en el deseo por la oración y las lágrimas, y los primeros de sus hijos que tuvieron sed de las cosas del ciclo se han abstenido de las de la Tierra: pero todo eso era solamente el principio. Era menester saber abstenerse, para aprender a usar bien. Era menester sacrificar primero el cuerpo al pensamiento, para emancipar el pensamiento. Pues el ciclo moral es la libertad del alma: el alma está llamada a regir al cuerpo y no a destruirlo; así mismo, el ciclo físico rige la Tierra y no la destruye. La época de la oración y de las lágrimas debe ser sustituida por días de trabajo y de esperanza. La oración de los antiguos era el trabajo, y es menester que nuestro trabajo sea una oración más eficaz y más activa.

—¿Cómo trabajaré? —dijo el filósofo—. No sé hacer nada que sea de utilidad.

—Has gastado pues vanos esfuerzos y el vigor de tu pensamiento —contestó el Cristo—, y tú, que quieras saberlo todo, ni siquiera has aprendido a vivir. Conviértete en un niño y anda a la escuela del amor. Aprende a amar y a hacer el bien, ésa es la verdadera ciencia de la vida.

"Recuerda la leyenda de Cristóforo. Era un gigante tremendo, pero como no sabía emplear sus fuerzas, era débil como un niño.

"Necesitaba, pues, un tutor, y se puso al servicio de un rey; pero el rey se enfermó y Cristóforo lo abandonó

"Buscó a quien podía hacer sufrir a los reyes, y como no conocía a Dios, se puso al servicio del genio del mal.

"Sin embargo, un día apareció una cruz sobre una roca, y el genio del mal cayó como herido por un rayo.

"Cristóforo buscó entonces de quién la cruz era el signo; un anciano le dijo que lo hallaría practicando el bien.

"Cristóforo no sabía rezar ni trabajar, pero era robusto y alto, se dedicó a transportar sobre sus hombros los viajeros extraviados que querían atravesar el torrente.

"Pero, una tarde, llevó a un niño bajo el cual se dobló como si hubiera llevado un mundo, porque en la persona del pobre huérfano extraviado había reconocido al Gran Dios que estaba esperando.

"¿Has comprendido esta parábola?"

—Sí, Señor —dijo el filósofo hecho cristiano.

—Pues bien, anda y haz como Cristóforo, lleva al Cristo cuando cae de fatiga o cuando los torrentes del mundo se oponen a sus pasos. Para ti el Cristo será la Humanidad doliente. Sé el ojo del ciego, el brazo del débil y el bastón del anciano; y Dios te dirá el gran porqué de la vida humana.

—Lo haré, Señor, y siento que en adelante no estaré solo en el mundo. ¿A cuál de mis hermanos tenderé primero la mano?

—Al que sea más desgraciado que tú y que se muere desconocido de ti en una habitación vecina a la tuya. Anda pues en su ayuda, háblale para que espere, ámale para que crea, hazte amar de él para que viva.

—Condúceme a él, Señor, y háblale por mí.

—Ven y mira —dijo el Salvador, y tocó levemente la pared que se abrió como una cortina doble, y el sabio fue transportado en espíritu a la habitación vecina de la suya.

Era la de un poeta joven que iba a morir abandonado.

III. El poeta moribundo

Había en aquel tiempo un joven que temprano había puesto el oído en su alma al eco de las armonías universales.

Y esta música interior había apartado su atención de todas las cosas de la vida mortal, porque vivía todavía en una sociedad sin armonía.

Siendo niño, era el juguete de los otros niños que le tomaban por idiota;

joven encontró apenas una mano para estrechar la suya, un corazón donde descansar el suyo.

Pasaba sus días en un silencio continuo y en un profundo ensueño; contemplaba con éxtasis extraño el cielo, las aguas, los árboles, las campiñas reverdecientes; después, su mirada se volvía fija, magnificiencias interiores se desplegaban en su pensamiento y aun superaban el espectáculo de la Naturaleza. Entonces, lágrimas involuntarias corrían sobre sus mejillas pálidas de emoción, y si se le hablaba no oía.

Por eso se le hablaba raras veces, y se le consideraba generalmente como un loco.

Vivía así solo con Dios y la Naturaleza, hablando a Dios con lenguaje de armonía y dejando caer sobre la tierra cantos que nadie escuchaba.

Mas, las necesidades materiales de la vida lo envolvieron en su red inextricable; despertó sobre la tierra todavía deslumbrado por sus visiones celestes, y cuando quiso andar, tropezó con los hombres y las cosas, hasta que cayó jadeante y desesperado.

Se encerró en su pobre vivienda y allí esperó la muerte.

Fue entonces cuando el Cristo lo vio y tuvo lástima de él.

La habitación del poeta era triste, desnuda y fría; apenas si estaba cubierto con algunos vestidos gastados; tendido sobre una pobre cama de paja, era presa de la fiebre y un fuego sombrío centelleaba en sus ojos.

El Cristo se presentó vestido con la túnica blanca, emblema de la locura, que había recibido de Herodes y con la frente coronada con sangrantes espinas y una aureola de gloria.

—Hermano —dijo al pobre enfermo—, ¿por qué quieres morir?

—Porque ya no se puede vivir sobre la Tierra cuando se ha visto el cielo —suspiró el poeta.

—Y yo, sin embargo, para vivir y sufrir sobre la Tierra, he bajado del cielo —contestó Jesús.

—Soy el hijo de Dios y sois fuerte.

—Yo he querido ser el hijo del hombre para tener hambre, para temer y para llorar. ¿No caí desfallecido en el jardín de los olivos? ¿No gemí sobre la cruz como si Dios me hubiese abandonado?

—Pues bien —dijo el enfermo—, salgo de la vida como vos del jardín de los olivos, y estoy sobre un lecho de dolor, como vos sobre la cruz.

—Si yo hubiera orado solamente a mi Padre, en los valles, respirando el perfume de los rosales de Sarons, si yo me hubiera enajenado con los éxtasis del Tabor, no habría conseguido rescatar al mundo desde la cruz —contestó el Salvador—. Pero he buscado la oveja descarriada, y para detener mis pies que corrían sin cesar tras las miserias del pueblo, se necesitaron los clavos del verdugo. Fue preciso traspasar mis mallos para impedirles repartir pan a las multitudes hambrientas; ¡y fue entonces, cuando no pudiendo dar otra cosa a mis hermanos, deje correr toda mi sangre!

—He cantado —dijo el poeta, y los hombres no me han oído.

—Porque cantabas sólo para ti y desdeñaste su menosprecio. Era preciso, siguiendo el ejemplo del Verbo eterno, bajar bastante para hacerte oír.

—¡Quizás en lugar del olvidarme me hubiera crucificado también!

—¡Era entonces, hermano mío, que hubieran crucificado también!

—Maestro, en vez de consolarme a mi llora postrera, ¿queréis asustarme y reprenderme?

—Vengo para sanarte e inspirarte valor para vivir, a fin de que seas acreedor a una muerte tranquila y prometedora de inmortalidad.

"¿Por qué quieres vivir solamente en el ciclo durante los días que Dios te asignó sobre la Tierra?

"¿Por qué dejas perderse en vanas aspiraciones el inmenso amor de tu corazón?

"¿Por que te aíslas en el orgullo de tus ensueños, cuando dolores reales sangran y palpitan alrededor de ti?

"Dios no te ha dado el bálsamo celeste para perfumar tu cabeza; no te ha entregado el vino de su cáliz para embriagar tu boca e inspirarte repugnancia por las amarguras de la Tierra.

"Debías suavizar, levantar, consolar, debías ser el médico de las almas, y resulta que tú mismo, por haber escondido los remedios de Dios, eres más enfermo que los otros.

"No me han comprendido, dices tú, pero eres tú, pobre joven, que no ha comprendido a tus hermanos.

"¡Tu inteligencia era superior, y no has sabido hablar a los pobres de espíritu! ¡Te creías grande y has tenido miedo de bajar para acercar tu boca al oído de los pequeños! ¡Amabas, y te inspiran repugnancia las dolencias humanas!

"¡Levántate, pobre ángel caído y empieza tu misión!

"Sabe que el espíritu de armonía es el espíritu de amor que yo anunciaba al mundo con el nombre del consolador. Si es el Espíritu Santo que te anima, sé en adelante el consuelo de tus hermanos, y para tener el derecho y el poder de consolarlos, aprende a sufrir y a trabajar con ellos.

"Yo era más grande que tú y más que tú elevaba mi alma en el seno de las armonías eternas; y, sin embargo, he pasado mi vida trabajando con carpinteros y conversando con los pobres; ilustrando su mente, conmoviendo sus corazones y sanando sus enfermedades. Hasta hoy has hecho poesía en sueño y palabras, pero ha llegado el tiempo de hacer poesía en acciones. Pues, todo lo que se hace por amor a la Humanidad, todo lo que es abnegación, sacrificio, paciencia, valor y perseverancia, es sublime en armonía, pues es la poesía de los mártires.

"En lugar de amar vagamente lo infinito, trata de amar infinitamente a los hermanos que están cerca de ti.

"Aquí te traigo uno; sufría como tú, y sólo había logrado el vacío del pensamiento por haber aislado el trabajo del pensamiento, como tu corazón llegó a la desesperación por haber aislado tu amor.

"En adelante, ambos sabréis que no es bueno que el hombre quede solo".

Entonces, el filósofo convertido al cristianismo se acercó al lecho del enfermo cuya fiebre se había desvanecido repentinamente y con las palabras suaves y severas de Jesús, le dijo:

—Hermano, acepta mis cuidados y la mitad del pan que me queda; mañana trabajaremos juntos, y cuando me toque estar enfermo, me cuidarás y tendrás pan para mí.

"Hermano, por haber visto el ciclo, no rompas la escalera que te hará subir a él, tómame más bien de la mano y condúceme, pues he pensado mucho y he meditado mucho, y siento ahora que no he amado lo bastante.

"Tú, cuya voz es el eco viviente de la armonía eterna, eres el hijo del celeste amor, porque la boca revela la plenitud del corazón.

"Pero el amor no podría volverse egoísta sin darse la muerte a sí mismo, pues solamente encuentra la plenitud de la vida al darse por entero a los otros.

"Vive para que te ame, pues si amo seré dichoso; y si amas a Dios, querrás la felicidad de los que son hijos de Dios como tú. La armonía es a la vez ciencia y poesía; la exactitud numérica es la gran ley de la belleza y las magnificencias armónicas son la razón divina de los números; pero para que todo eso sea viviente y real, debe aplicarse a lo que es.

"Hermano, lo positivo de Dios es mil veces más poético que el ideal del hombre. Busquemos a Dios en la Humanidad y no desesperemos de sus destinos; pues sus extravíos mismos la conducen a la armonía, y si Dios nos ha puesto en el número de los que ven primero dónde debe ir ese pueblo errante en medio de las soledades, pongámonos a la cabeza de ese grande y laborioso movimiento, en vez de quedar aislados y morir.

—Hermano, te doy las gracias —dijo el poeta—, y las doy al que te inspira.

"En adelante ya no me apartaré del campo de batalla para morir solo, mientras pueda combatir todavía, antes me consideraría un cobarde o un desertor.

"Si caigo con las armas en la mano al primero o al segundo rango de la milicia humana, moriré lleno de valor bendiciendo a Dios, y mi alma no se presentará sola ante el Juez Supremo."

Desde aquel dia, una santa amistad unió al filósofo y al poeta, y no desdeñaron muchas veces entregarse a humildes trabajos para ganar su vida.

Recorrían todas las clases de la sociedad y encontraban en todas partes corazones enfermos que esperaban el bálsamo de una palabra de sabiduría y de amor.

Comprendieron que en todas partes podían hacer el bien y los dolores de la vida les parecieron leves porque los soportaban con valor; para inspirar valor a los que sufrían como ellos, la abnegación les daba una fuerza nueva.

IV. El nuevo Nicodemo

En aquel tiempo, había un sacerdote que amaba la verdad y que buscaba el bien con toda la sinceridad de su corazón.

Una noche, mientras velaba y rezaba, el Cristo vino a sentarse cerca de él y lo miró bondadosamente.

—Maestro, ¿sois vos al fin? —dijo el pastor—. Hace mucho tiempo que os busco, y sois vos que venís a mí durante la noche.

Jesús le contestó:

—Nicodemo ha venido a verme de noche, porque tenía miedo a los judíos. Yo sé que tu existencia depende de la nueva sinagoga y no he querido comprometerte.

"Pues los escribas y los fariseos, los falsos doctores de la ley, todavía me persiguen y persiguen a los que me reciben."

—Señor —dijo el sacerdote con tristeza—, ¿los gloriosos años de los hermosos siglos de la Iglesia han sido pues infecundos para el porvenir? ¿La verdad escapa siempre a las ardientes aspiraciones del hombre? ¿Los santos y los mártires se habrán equivocado, ya que dieciocho siglos de combates y de estudio lograron tan sólo que los que deben ser vuestros ministros sean vuestros enemigos?

Jesús le dijo:

—No todos son mis enemigos, y mi Padre cuenta todavía entre ellos con almas generosas y corazones puros. Hacia ellos iré como he venido hacia ti, para recordarles los signos de los tiempos y para abrir sus ojos a fin de que vean.

"Vengo a explicarte todavía en secreto lo que enseñaba en secreto a ese doctor de la antigua ley, quien era también un hombre de deseo.

"Yo le decía que la entrada al reino de Dios era un nuevo nacimiento.

"La vida del mundo es una generación que se renueva sin cesar, es menester que los gérmenes del año que fenece sean depositados en la tierra para preparar las riquezas del año venidero.

"Pero no se debe poner vino nuevo en vasijas viejas.

"La viña de mi Padre nunca es estéril, y cada año renueva sus frutos, pero llama a los vinateros a diferentes horas del día.

"Por eso llamaba a los doctores fieles de la antigua ley a un nuevo nacimiento, pues su antigua madre, la sinagoga judaica, estaba moribunda, y para nacer había que salir de su seno.

"Los que han creído han abandonado el cadáver de la sinagoga, quedando unidos a su alma, y han sido los primeros hijos de la Iglesia universal.

"Pero la Iglesia universal era un cielo nuevo y una tierra nueva; y para renovar todas las cosas, había que combatir primero contra todos los poderes de la Tierra y del cielo.

"Por eso, los primeros cristianos construyeron un arca para luchar contra el desencadenamiento de los vientos solevantamiento de las aguas.

"Esta arca fue la Iglesia jerárquica, la santa Iglesia universal, guardadora del símbolo de la unidad.

"Mientras el arca está llevada por las aguas, avanza empujada por el soplo de Dios, y es en su seno que toda alma viviente busca un refugio; pero en cuanto se para, la familia nueva debe salir de ella para poblar de nuevo el mundo; es de este nuevo nacimiento del cual te he hablado."

El sacerdote dijo:

—Señor, ¿debo pues salir de la Iglesia católica? ¿A que otra Iglesia puedo yo ingresar?

—No te digo de salir de la Iglesia católica —replicó Jesús—, te invito a entrar en ella. Yo te digo que te apartes de las sombras para principiar a vivir en la luz. ¡Te digo salir de la escuela para entrar en la sociedad y difundir allí la ciencia que has debido adquirir!

"No vine a destruir la ley antigua, sino a hacerla cumplir, y ahora vengo a cumplir la nueva ley.

"¿No he dicho ya: creed primero y comprenderéis después y conoceréis la verdad y la verdad os hará libres?

"¿No he dicho yo que mi segundo advenimiento sería como el relámpago que hiere los ojos de todos y que brilla a la vez en el mundo entero?

"¿No he anunciado que el espíritu de inteligencia vendría y sugeriría a mis discípulos el cumplimiento de mis palabras? ¿Y no dicen vuestros símbolos que el espíritu de inteligencia es el espíritu de amor que debe efectuar una nueva creación y que rejuvenecerá la faz de la Tierra?

"Pues bien, ¿no es el espíritu de amor, el espíritu de orden y de armonía que debe asociar a todos los hombres y hacerlos comulgar con la unidad divina y humana?

"Quita, pues, todas las trabas que impiden a los hermanos ir hacia sus hermanos, derriba las barreras que separan, ensancha las moradas que aíslan, libra a unos de las doctrinas que rechazan y a otros de las que escogen; sal de la sinagoga ciega y entra en la Iglesia universal que no es un conventículo de sacerdotes y doctores, sino la asociación de todos los hombres de inteligencia y de amor."

—Señor —dijo el sacerdote—, haré todo lo que me dices. ¿Dónde iré primero y cómo he de empezar?

—Quédate donde estás —dijo Jesús— y haz lo que tienes que hacer.

"Instruye a los niños, catequiza a los pobres, visita a los enfermos y reza por el pueblo.

"¡Vuestras obras no deben cambiar, pero un amor universal debe vivificarlas y fecundarlas!

"¡Predica la misericordia de la paz, predica la modestia y el perdón de las injurias, predica las santas aspiraciones hacia Dios y la unión entre hermanos!

"¡Que la caridad sea la ley de vuestra alma y no impondréis a la conciencia de los otros obligaciones desesperantes!

"¡Sé bueno y humilde como mis primeros discípulos, cuando hables a las mujeres, a los niños, al pueblo: pero sé inflexible como mis mártires cuando se quiera corromperte o intimidarte!

"Lo que yo te digo, lo digo para todos los que como tú creerán en el espíritu de inteligencia y de amor, y por eso dirijo la palabra a todos ellos.

"No confundas el espíritu de abstinencia con el espíritu de muerte, pues no he ordenado a mis discípulos abstenerse por algún tiempo de las riquezas de su padre, sino para enseñarles a emplearlas dignamente.

"Yo te digo, en verdad, que no he venido para matar la carne, sino para salvarla, sometiéndola al espíritu.

"Pues no puede haber división entre el espíritu y la carne del hombre; Dios los bendijo igualmente.

"El espíritu es el rey de la carne; un rey no debe reinar para destruir.

"Los órganos y los sentidos son los súbditos de la inteligencia.

"Un rey debe impedir que sus súbditos obren mal, pero debe cuidar de su prosperidad y de su felicidad.

"¿No es el atractivo la ley general de los seres, y no es el equilibrio y la armonía de la atracción?

"Que el espíritu no aniquile la carne y que la carne no oprima al espíritu.

"¡Pues cualquiera de estos excesos sería la muerte!

"¡Porque no he venido para matar a los que vivían, he venido para devolver la salud a los que estaban enfermos y la vida a los que habían muerto!"

Después de decir estas cosas, Jesús desapareció de la vista del buen sacerdote y lo dejó lleno de esperanza y de valor; pues veía la fuerza de Dios sostener a través de las edades los desfallecimientos de los hombres, y comprendía cómo la religión anda siempre a través de los siglos engrandeciéndose y siempre triunfante.

V. La tumba de San Juan

En aquel tiempo, Jesús recorría todas las comarcas de la Tierra con la rapidez del espíritu.

Todas estaban tristes y esperaban, y en todas partes Cristo estaba solo todavía, como en el jardín de los olivos.

Entró como un pobre peregrino en la basílica de San Pedro, donde nadie lo reconoció, se acercó al sepulcro de los apóstoles para ver si sus reliquias estaban maduras para la resurrección, pero las cenizas de los santos aún estaban frías y continuaron durmiendo su sueño.

Uno de los apóstoles, el que según la tradición no debía morir jamás, que la pintura simbólica representa siempre joven y que tiene un águila por emblema, es el llamado apóstol de la caridad, discípulo del amor.

Es él, decían las leyendas de los primeros siglos, que debe despertar al fin de los tiempos para salvar al mundo, volviendo a encender el fuego sagrado de la caridad fraternal.

En efecto, decían las mismas leyendas que no se han hallado sus restos. Los fieles de Efeso han creído sepultarlo y guardarlo para ellos, pero ángeles han venido y han escondido al apóstol dormido en las soledades de Patmos.

Jesús se trasladó a la isla de Patmos, que parece sorprendida por el ruido de los siete truenos, y se acercó a la gruta donde dormía su fiel discípulo.

A la entrada del sepulcro yacía sentada una forma celeste e inmóvil; era una mujer cubierta con un largo manto azulado, que le cubría la cabeza y la envolvía por entero en sus anchos pliegues.

Sus manos pálidas se juntaban con fervor, y sus ojos llenos de tristeza resignada y de esperanza infinita, miraban fijamente la tumba.

Jesús se aproximó a ella y le dijo:

—Madre mía, ¿eres tú? ¿Sabías, acaso, que yo vendría aquí?

—Lo sabía, hijo mío —contestó María—; pues el que aquí descansa, fue tiernamente amado por ti, y antes de morir me habías confiado a él, diciéndole: "Aquí está tu madre".

"Ahora, para que pueda volver a la tierra en la persona de las mujeres que han de comprender lo que significa ser madre, es menester que el discípulo del amor vuelva a vivir para que me proteja. Pues yo debo, hijo mío, darte al mundo por segunda vez, en la persona de todas las mujeres de inteligencia y de amor."

—Madre mía —replicó Jesús—, recuerda lo que el ángel dijo a las mujeres que me buscaban en el sepulcro: " ¿Por qué buscáis a un vivo entre los muertos? Ha resucitado y no está aquí".

"Tú sabes que el profeta Elías, según las tradiciones de los judíos, debía volver a la Tierra para preparar mis vías. La forma de Elías se ha transfigurado y su espíritu ha vuelto en la persona de Juan el Bautista.

"Por eso te digo, en verdad, que vives ahora en la Tierra en la persona de todas las mujeres que sienten estremecerse la esperanza del porvenir en su seno. Por eso, madre mía, apareces por última vez en tu forma simbólica.

"Juan, mi discípulo bien amado, ha legado su espíritu a todos los hombres de fe y de amor que quieran edificar la nueva Jerusalén, la ciudad santa de la armonía, y yo te digo, en verdad, que éstos saben honrar a su madre y que son dignos de ser llamados hijos de la mujer.

"Porque someten su corazón a las inspiraciones de tu corazón, quieren repartir el trabajo entre todos los hijos de la gran familia, según los gustos y aptitudes de cada uno, y a fin de que juntos acopien la miel de la colmena humana que servirá después de alimento para todos.

"Los que desean preservar su amor de toda servidumbre sin que se prostituya jamás, para que la fuente de las generaciones sea pura, aprecien a la mujer.

"Levántate, pues, y ven, madre mía, al Calvario; después reviviremos en la Humanidad entera. Todas las mujeres serán como tú, y todos los hombres serán como yo, y ambos seremos uno solo."

Y el Cristo, levantando a su madre y llevándola en sus brazos, como tantas veces ella lo había llevado de niño, abandonó la isla de Patmos y caminando sobre las olas del mar se dirigió hacia las playas de Palestina.

En este momento se levantaba el Sol haciendo brillar la superficie de las aguas y ambas formas celestes se deslizaron sin dejar sombras ni rastros, como una tenue nube matizada de aurora y coloreada por los reflejos del arco iris.

VI. El adios al calvario

Jesús atravesó las yermas campiñas de la Judea y se detuvo en la cima árida del antiguo Calvario.

Allí descansaba un ángel de negras cejas y ojos sombríos, envuelto en dos vastas alas.

Era Satán, el rey del mundo antiguo.

El ángel rebelde, triste y cansado, apartaba con disgusto sus miradas de esa tierra donde la corrupción tímida había tomado el lugar de los combates titánicos de las grandes pasiones antiguas. Comprendía que al someter a los hombres a pruebas, había instruido a los fuertes y engallado solamente a los débiles; por eso ya no quería tentar a nadie, y sombrío bajo su diadema de oro contemplaba distraídamente caer las almas en la eternidad, como gotas monótonas de lluvia eterna.

Empujado por una fuerza desconocida había venido al Calvario; recordaba la muerte del Hombre-Dios y era presa de los celos.

Poderoso y bello, su celo estaba figurado por una serpiente que hundía la cabeza en su pecho y le roía el corazón.

Jesús y María, de pie, muy cerca de él, lo miraban en silencio con una profunda lástima. Satán, a su vez, miró al Redentor y sonrió con amargura.

—¿Vienes —le dijo— a morir por segunda vez para un mundo que tu primer suplicio no pudo salvar?

"¿No has podido trocar las piedras en pan para alimentar a tu pueblo y vienes ahora a confesarme tu derrota?

"¿Has caído de lo alto del Templo y se ha hecho trizas tu divinidad en la caída?

"¿Vienes a adorarme para poseer el mundo? Ahora es demasiado tarde, pues no querría engañarte. El imperio del mundo salió de manos de todos los que me adoraban en tu nombre, y yo mismo estoy cansado de un reino sin gloria. Si estás tan abatido como yo, siéntate aquí, y no pensemos más en Dios ni en los hombres."

—No vengo a sentarme contigo —le contestó el Cristo—, vengo a levantarte y perdonarte para que ceses de ser malo.

—No quiero tu perdón —contestó el ángel rebelde—, yo no soy el malo.

"El malvado es aquel que da a los espíritus sed de inteligencia y que cubre la verdad con misterio impenetrable.

"Aquel que deja entrever a su amor una virgen ideal, una belleza embriagadora, y se la da para arrancarla luego de sus brazos y cargarlos de cadenas eternas. Aquel que dio libertad a los ángeles y ha dispuesto suplicios infinitos para los que no querían ser sus esclavos.

"El malvado es aquel que dio muerte a su hijo inocente so pretexto de vengar el crimen de los culpables, a quienes no ha perdonado, sino acusado del crimen por la muerte de su hijo."

—¿Por qué recuerdas tan amargamente la ignorancia y los errores de los hombres? —replicó Jesús—; yo sé mejor que tú cuánto han desfigurado a Dios, y tú bien sabes que Dios no se parece a esa imagen que de él han hecho.

"Dios te ha dado sed de inteligencia para abrevarte para siempre de verdad eterna. ¿Pero por qué cierras los ojos y buscas la luz en ti mismo en lugar de mirar al Sol?

"Si buscaras la luz donde está, la verías, pues en Dios no hay sombras ni misterios; las sombras están dentro de ti y los misterios son las flaquezas de tu espíritu.

"Dios no ha dado la libertad a sus criaturas para quitársela después; pero se la da por esposa y no por amante ilegítima.

"Quiere que nos posesionemos de ella, pero que no se la violente, porque esta casta hija del cielo no sobrevive a un ultraje; pues cuando su dignidad virginal está herida, la libertad muere para el imprudente que la ofende.

"Dios no quiere esclavos; es el orgullo sublevado quien crea la esclavitud. La ley de Dios es el derecho real de sus criaturas, el título de su libertad es eterno.

"Dios no ha muerto a su hijo, es el hijo de Dios quien ha dado voluntariamente su vida para matar a la muerte, y por eso vive en la Humanidad entera y salvará todas las generaciones; de prueba en prueba, llevará a la familia humana a la tierra prometida, de la cual ya probó los primeros frutos.

"Vengo pues a anunciarte, Satán, que ha llegado tu última hora, salvo que quieras ser libre y reinar conmigo sobre el mundo, por la inteligencia y el amor.

"Pero entonces ya no te llamarás Satán, tomarás de nuevo el glorioso nombre de Lucifer y pondré una estrella sobre tu frente y una antorcha en tu mano. Y serás el genio del trabajo y de la industria porque has luchado y sufrido mucho y pensado dolorosamente.

"Extenderás tus alas de un polo al otro polo y te cernirás sobre el mundo; la gloria despertará a tu voz. En vez de ser el orgullo del aislamiento, serás el sublime orgullo de la abnegación y te daré el cetro de la Tierra y la llave del cielo."

—No te comprendo —dijo el demonio sacudiendo su cabeza tristemente—, bien sabes tú que ya no puedo amar —y con gesto doloroso, el ángel caído enseñó al Cristo la llaga que laceraba su pecho y la serpiente que le roía el corazón.

Jesús se volvió a su madre y la miró; María, que comprendió la mirada de su hijo, se acercó al ángel desgraciado y no desdeñó de alargar su mano y tocarle el pecho herido.

A su contacto, la serpiente cayó y expiró a los pies de María, quien le aplastó la cabeza; cicatrizó la herida del corazón del ángel y una lágrima, tal vez la primera, rodó lentamente sobre el rostro del arrepentido Lucifer.

Lágrima tan valiosa como la sangre de un Dios, con la cual fueron redimidas todas las blasfemias del infierno.

El ángel regenerado se prosternó en el Calvario y besó, llorando, el lugar donde antaño se clavó la cruz.

Después, levantándose triunfante de esperanza y radiante de amor, se echó en los brazos del Cristo. Tembló el Calvario la cima árida se cubrió repentinamente de tierno verdor y de flores.

Donde había estado la cruz, brotó una viña nueva que dio maduros y perfumados frutos.

Y el Salvador dijo entonces:

—Aquí está la viña que dará el vino de la comunión universal, y que crecerá hasta que sus ramas abarquen toda la superficie de la Tierra.

Tomando enseguida a su madre de la mano, dio la otra al ángel de la libertad y dijo:

—Que nuestras formas simbólicas vuelvan al cielo porque no volveré a sufrir la muerte en esta montaña, María ya no llorará a su hijo y Lucifer ya no arrastrará los remordimientos de su crimen que está borrado.

"Somos un solo espíritu: el espíritu de inteligencia y amor, el espíritu de libertad y de valor, el espíritu de vida que ha triunfado de la muerte."

Los tres emprendieron su vuelo a través del espacio y elevándose a prodigiosa altura, vieron la Tierra y todos sus reinos que extendían sus caminos unos hacia otros como brazos entrelazados; vieron las campiñas en que reverdecían las primeras cosechas fraternales y oyeron de Oriente a Occidente los preludios misteriosos del canto de la unión.

Hacia el Norte, sobre la cresta azulada de una montaña, se perfilaba la forma gigantesca de un hombre que alzaba sus brazos al cielo.

Sobre los brazos todavía relucían las huellas de las cadenas que acababa de romper y su pecho estaba cicatrizado como el de Lucifer.

Bajo el pie derecho y sobre el pico más agudo de la montaña, aún palpitaba el cadáver de un buitre cuya cabeza y alas colgaban.

Esta montaña era el Cáucaso; y el gigante libertado que alzaba las manos era el antiguo Prometeo.

Así se juntaban los símbolos divinos y humanos saludándose bajo el mismo cielo. Desaparecieron dejando el campo a Dios mismo que venía a habitar para siempre entre los hombres.

VII. La última visión

Encima de las formas materiales y de la atmósfera terrestre, hay una región donde las almas vuelan libres de sus cadenas.

Es allí donde los aromas etéreos, obedientes al pensamiento, los revisten sucesivamente de los esplendores de la forma ideal y adornan con maravillosas bellezas el mundo espiritual de la poesía y de las visiones.

Es a esa región que nos transportan los más hermosos sueños mientras dormimos, y es allá donde en sus vigilias laboriosas, la inspiración exaltaba el genio de los grandes poetas a quienes el sentimiento de la armonía ha hecho presentir, en todo tiempo, los grandes destinos humanos.

Allí viven las imágenes y reinan las analogías; pues la poesía está en las imágenes; y la armonía de las imágenes es esencialmente analógica.

Es en esa región donde Esquilo veía los sufrimientos de Prometeo y donde Moisés oía la palabra de Jehová.

Donde el poeta más grande del Oriente, el águila de Patmos, el cantor del Apocalipsis, veía la Iglesia cristiana bajo la forma de una mujer en gestación que penosamente daba a luz al hombre del porvenir.

Es en este mundo maravilloso de la poesía y de las visiones donde Dios le apareció bañado en luz, sosteniendo en la mano el Evangelio eterno que se abría lentamente, mientras los azotes asolaban al mundo y los ángeles exterminadores revolvían la Tierra para hacer un lugar a la ciudad de la santa unión y de la armonía, la nueva Jerusalén que bajaba del cielo completamente edificada. Y es que la idea de la armonía existe en Dios y se realizará sola sobre la Tierra, cuando los hombres la comprendan.

Después de haber recorrido la Tierra, la gloriosa figura de Cristo se remontó a esa región etérea, enseñó y mostró al ángel, otrora rebelde y hoy regenerado, la gran asamblea de los mártires.

Allí se encontraban todas las víctimas del despotismo humano, todos los que habían preferido morir antes que mentir a su conciencia.

Las víctimas de Antíoco, los mártires de la Roma antigua y los ajusticiados de la Roma nueva.

Unos por creencias legítimas y otros por ilusiones y sueños. habían afrontado valerosamente la tiranía de los hombres; todos eran puros ante Dios, pues habían sufrido para conservar el más noble y más hermoso de sus dones: la libertad.

Largo tiempo, sus almas vestidas de talares blancos y manchados de sangre, habían gemido bajo el altar y pedido justicia; y al fin había llegado el día; todos con palmas en las manos, venían al encuentro del Redentor.

Llegó el Cristo entre su madre y el ángel del arrepentimiento, y les preguntó qué venganza querían para sus perseguidores.

—Señor —dijeron—, que sus almas nos sean donadas, para que dispongamos de ellas durante la eternidad, así como ha dispuesto de nosotros en el tiempo.

El Cristo les entregó entonces las llaves del ciclo y del infierno, diciéndoles:

—Las almas de vuestros perseguidores son vuestras.

Un grito de alegría y de triunfo repercutió desde las alturas del cielo hasta las profundidades del abismo, y las almas de los mártires abrieron las puertas del infierno y dieron la mano a sus verdugos.

Cada reprobado encontró un elegido como protector, el cielo ensanchó su recinto y la virgen madre lloró de alegría al ver agruparse a su alrededor tantos hijos que creía perdidos para siempre.

Mientras que el cielo entero sonreía ante el espectáculo magnífico, un Sol nuevo se levantaba sobre la Tierra y la noche recogía sus velos hacia el Occidente.

Las sombrías nubes del pasado huían cargadas de fantasmas, eran las sombras de las grandes monarquías extinguidas y de los antiguos cultos muertos.

Entre la noche y la aurora naciente, el crepúsculo blanqueaba la cabeza de un anciano que permanecía sentado con el rostro vuelto hacia el Oriente. Era el viajero de los siglos cristianos, el maldito de la civilización bárbara, el tipo de los parias, el viejo Aasverus que descansaba. El pueblo al fin tenía una patria, y el judío errante había conseguido su perdón.

La Tierra se convertía en el templo de Dios. La asociación universal realizaba la caridad cristiana, trabajando todos para uno y cada uno para todos.

La asociación centuplicaba las riquezas de la Tierra, la unión de todos los intereses daba a los trabajos del hombre una dirección tan divina y una fuerza tan maravillosa que las estaciones mismas cambiaban; según la promesa del apóstol, había un cielo nuevo y una Tierra nueva. Y Jesús dijo al ángel de la libertad y del genio:

—Esta es la obra que debes cumplir. Esta es la ciudad nueva de la inteligencia y del amor.

“La Tierra está pronta, se estremece de esperanza. Los hombres la ven ahora como antes la vio el profeta, cubierta de cenizas y de osamentas; pero una vida nueva fermenta ya en esa ceniza, y un estremecimiento divino recorre esas osamentas desecadas.

“Pronto se levantará al llamado del espíritu nuevo, y un pueblo nuevo ocupará las campiñas de la Tierra; entonces, la Humanidad saldrá de un largo sueño y le parecerá ver la luz del día por primera vez.”

Habiendo proferido estas palabras, el Cristo se prosternó ante el trono de su Padre, diciendo:

—Señor, que vuestra voluntad se haga sobre la Tierra como en el cielo.

Y la virgen madre que es el tipo de la mujer regenerada, y el ángel de la libertad convertido en genio del orden y de la armonía, y todos los mártires consolados, y todos los reprobados arrepentidos y libres de sus penas, contestaron a una voz la palabra misteriosa que une la voluntad de las criaturas a la del Creador y todas las fuerzas humanas al poder divino: AMEN.

Índice

· Colección Sendero ·

· TÍTULOS DE LA COLECCIÓN ·

1. El libro de los espíritus,
Allan Kardec

2. Libro egipcio de los muertos,
Versión poética de A. Laurent

3. El libro de los médiums,
Allan Kardec

4. El libro de oro,
Conde de Saint Germain

5. La ciencia de los espíritus,
Eliphas Lévi

6. Tratado elemental de ciencia oculta,
Papus